Gust
Customer Value Management in Franchisesystemen

GABLER EDITION WISSENSCHAFT

Unternehmenskooperation und Netzwerkmanagement

Herausgeber:

Prof. Dr. Dieter Ahlert
Universität Münster
Inhaber des Lehrstuhls für Betriebswirtschaftslehre,
insb. Distribution und Handel,
Geschäftsführender Direktor des Internationalen Centrums
für Franchising & Cooperation

Prof. Dr. Utho Creusen
Mitglied des Vorstandes der
Obi Systemzentrale GmbH & Co. KG,
Honorarprofessor an der Universität Münster

Prof. Dr. Thomas Ehrmann
Universität Münster
Direktor des Instituts für Unternehmensgründung
und -entwicklung und des Internationalen Centrums
für Franchising & Cooperation

Prof. Dr. Günter Olesch
Direktor des Internationalen Centrums für
Franchising & Cooperation,
Honorarprofessor an der Universität zu Köln

Eva-Maria Gust

Customer Value Management in Franchisesystemen

Konzeptionelle Grundlagen der Franchisenehmer-Bewertung

Springer Fachmedien Wiesbaden GmbH

Die Deutsche Bibliothek - CIP-Einheitsaufnahme

Gust, Eva-Maria:
Customer Value Management in Franchisesystemen : konzeptionelle Grundlagen der Franchisenehmer-Bewertung / Eva-Maria Gust. - 1. Aufl..
- Wiesbaden : Dt. Univ.-Verl. ; Wiesbaden : Gabler, 2001
(Gabler Edition Wissenschaft : Unternehmenskooperation und Netzwerkmanagement)
Zugl.: Münster, Univ., Diss., 2001
ISBN 978-3-8244-7484-4

ISBN 978-3-8244-7484-4 ISBN 978-3-663-08322-1 (eBook)
DOI 10.1007/978-3-663-08322-1

D 6 (2001)

1. Auflage September 2001

Lektorat: Brigitte Siegel / Sabine Schöller

www.gabler.de
www.duv.de

Gedruckt auf säurefreiem und chlorfrei gebleichtem Papier.

Meinen Eltern

Geleitwort der Herausgeber

Kooperative Unternehmensnetzwerke verkörpern die weltweit am stärksten wachsende Organisationsform für unternehmerische Aktivitäten sowohl im Business to Consumer-Bereich als auch im Business to Business-Bereich. Die bekanntesten Beispiele sind Franchisesysteme, Gewerbliche Verbundgruppen und Vertragliche Selektivvertriebssysteme zwischen Industrie und Handel, hier insbesondere Vertragshändler-, Shop-in-Shop-, Lizenz- und Depotsysteme. Neuerdings gewinnen Systemdienstleistungs- und Service-Netzwerke auf gesellschaftsvertraglicher Grundlage (z.B. als Aktiengesellschaft konfiguriert), ferner Efficient Consumer Response (ECR)-Wertschöpfungspartnerschaften und die sogenannten Virtuellen Netze zunehmend an Bedeutung.

Unter den differenten Unternehmenskooperationen erweisen sich offenbar diejenigen als besonders erfolgreich, die über ein *professionelles Netzwerkmanagement* verfügen. Sie kennzeichnen sich durch eine spezifische Form der Koordination verteilter Aktivitäten bei der Erstellung und Vermarktung eines Leistungsangebots für die Nachfrager. Ihr Erfolgspotenzial besteht darin, dass sie marktliche und hierarchische Steuerungskomponenten sinnvoll kombinieren: *Unternehmensnetzwerke mit Systemkopf* verbinden das Prinzip der Kooperation zwischen eigenständig handelnden Akteuren mit den Vorteilen einer systematischen Steuerung durch eine Managementzentrale.

Ein erstes Anwendungsfeld für Unternehmensnetzwerke sind *räumlich verteilte Aktivitäten*: Die geographisch verstreut angesiedelten Nachfrager, seien es Konsumenten, gewerbliche Abnehmer oder seien es institutionelle Haushalte, erwarten eine individuelle Betreuung durch räumlich nahe, stationäre Leistungsanbieter. Für das kundennahe, flexible Agieren 'vor Ort' sind hoch motivierte Unternehmer mit hoher Eigenständigkeit prädestiniert, die jedoch durch effizient gesteuerte Hintergrundsysteme entlastet werden.

Ein zweites Anwendungsfeld sind *sachlich verteilte Aktivitäten* arbeitsteilig operierender Unternehmungen, die gemeinsam eine komplexe, z.B. aus differenten Waren, Service-, Handwerks- und/oder Dienstleistungen zusammen gesetzte Problemlösung für den Verbraucher anbieten. Im Idealfall ist die Arbeitsteilung derart konfiguriert, dass jeder Netzakteur diejenigen Aufgaben übernimmt, die er vergleichsweise am besten beherrscht.

Ein weiteres Anwendungsfeld sind *parallele, miteinander konkurrierende Aktivitäten*, die durch Kartellierung in monopolähnliche Leistungsangebote überführt werden sollen. Horizontale Unternehmensnetzwerke dieses Typs gehören allerdings nicht zu den hier betrachteten Unternehmenskooperationen.

Die in der vorliegenden Reihe publizierten Forschungsarbeiten entstehen überwiegend aus einer engen Kooperation zwischen Wissenschaft und Praxis. Sie sollen theoretisch vorgebildeten Praktikern in Bezug auf den oben angesprochenen Restrukturierungsprozess Hilfestellung leisten, indem mit einzelnen Beiträgen die **Grundzüge einer praxisorientierten Theorie des Netzwerkmanagements** erarbeitet werden. Hierbei werden im Wesentlichen vier Forschungslinien verfolgt:

(1) Institutionelle Aspekte von Unternehmensnetzwerken

Arbeiten innerhalb dieses Forschungsfeldes beschäftigen sich mit Fragen der typologischen Erfassung und Explikation der Funktionsweise von Netzwerken. Realtypen von Netzwerkarrangements sollen identifiziert und deren Entstehung und Entwicklung erklärt werden. Dabei wird auch die Konversion von Netzwerken - von einer eher dezentralen hin zu einer eher zentralen Steuerung - als Antwort auf veränderte Marktbedingungen eingehenden Analysen unterzogen. Vorgelagert sind Netzwerke kontextabhängig zu definieren sowie Netzwerkphänotypen zu charakterisieren.

(2) Benchmarking von Unternehmensnetzwerken

Die Arbeiten im Bereich des Benchmarking sind überwiegend empirisch und international ausgerichtet. In Form von Studien, die zugleich die Erfolgsfaktorenforschung integrieren, wird - neben der Identifikation vorbildlicher Netzwerk-(Teil-) Konzeptionen und deren Erfolgsursachen - herausgearbeitet, ob im Ländervergleich unterschiedliche Evolutionsstadien von Netzwerkarrangements auszumachen und zu erklären sind. Mit Blick auf die Übertragbarkeit sowie Verbreitung exzellenter Netzwerk-Praktiken sollen potenzielle Anwendungsbarrieren identifiziert werden, die eine Expansion beeinträchtigen könnten.

(3) **Managementkonzeptionen zur Führung von Unternehmensnetzwerken**

Arbeiten dieses Bereiches sollen zur Gestaltung geeigneter Managementkonzeptionen für die differenten Erscheinungsformen von Netzwerken beitragen. Im Mittelpunkt stehen der wertorientierte Managementansatz, das integrierte Markenmanagement, das Customer Value Management, das Customer Relationship Management, das Customer Trust Management und das Customer Satisfaction Management. Induktiv sollen dabei die Managementkonzepte (vermeintlich) vorbildlich betriebener Netzwerke im Rahmen des Benchmarking (vgl. Punkt 2) identifiziert und analysiert sowie deduktiv idealtypische Managementkonzeptionen für differente Netzwerkausprägungen abgeleitet werden.

(4) **Controlling, Evaluation und Zertifizierung von und in Unternehmensnetzwerken**

In diesem Bereich sind Arbeiten angesiedelt, die anhand unterschiedlicher Kriterien und aus verschiedenen Betrachtungsperspektiven die Performance (z.B. in Form der Effizienz oder Effektivität) von Unternehmenskooperationen beurteilen und bewerten.

Die Reihe „Unternehmenskooperation und Netzwerkmanagement" wurde durch das Team in der festen Überzeugung initiiert, dass im Systemwettbewerb den hybriden Systemen, die den kundenindividuellen, flexiblen Marktauftritt der Netzakteure im Front-End-Bereich (Unternehmertum 'vor Ort') mit einer zentralisierten, effizienzorientierten Gestaltung und Steuerung des Back-End-Bereichs (Ausschöpfung der neuesten Technologien) verbinden, die Zukunft der Güterdistribution gehört.

In der vorliegenden Arbeit von Frau Gust wird das Customer Value Management auf Franchisesysteme übertragen und ein Konzept zur Bewertung von Franchisenehmern entwickelt. Die Notwendigkeit eines Customer Value Managements in Franchisesystemen resultiert letztlich aus der Tatsache, dass der Erfolg des Franchisegebers über die Franchisegebühr bzw. Handelsspanne an den Erfolg des Franchisenehmers gekoppelt ist. Geht man davon aus, dass der Franchisegeber primär an einer angemessenen Verzinsung seines in das Franchisesystem investierten Eigenkapitals interessiert ist, sei es in Form laufender Entnahmen oder durch die Steigerung des Wertes seiner Unternehmung, sind alle Aktivitäten des Franchisegebers zur planmäßigen Gestaltung der Beziehung zum Franchisenehmer an diesem Ziel auszurichten. Folglich sind die einzelnen Franchisegeber-Franchisenehmer-Beziehungen jeweils als (Teil-)Investitionen zu begreifen, deren Vorteilhaftigkeit sich anhand des *Partner Value (PV)* bemisst.

Zur Ermittlung des Partner Value greift das von Frau Gust entwickelte Bewertungs-Konzept auf das Modell des Vollständigen Finanzplans (VOFIs) und Markov-Prozesse als Verfahren zur Prognose der originären franchisenehmerbezogenen Zahlungen zurück. Der Partner Value wird definiert als VOFI-Anfangswert aller zukünftigen Zahlungsüberschüsse, die im Rahmen der Geschäftsbeziehung mit einem bestimmten Franchisenehmer, ab dem Betrachtungszeitpunkt t_0 bis zu seinem Ausscheiden aus dem System, erzielt werden.

Mit Hilfe des erarbeiteten Bewertungs-Konzeptes ist es möglich, frühzeitig zu erkennen, ob sich die Franchisenehmer hinsichtlich der obersten Zielsetzung des Franchisegebers optimal entwickeln werden und welche Ansatzpunkte für wertsteigernde Maßnahmen existieren.

Die Reihe Unternehmenskooperation und Netzwerkmanagement wird durch das Bundesministerium für Bildung und Forschung (BMBF) im Rahmen eines Projektes zum internationalen Benchmarking von Unternehmensnetzwerken des tertiären Sektors sowie durch das Internationale Centrum für Franchising & Cooperation (F&C) an der Universität Münster gefördert. Diesen Institutionen, ihren Trägern und Mitarbeitern sowie dem Deutschen Universitäts-Verlag danken die Herausgeber für das vielfältige Engagement.

Münster, im Juli 2001

Prof. Dr. Dieter Ahlert
Prof. Dr. Utho Creusen
Prof. Dr. Thomas Ehrmann
Prof. Dr. Günter Olesch

Vorwort der Autorin

An erster Stelle möchte ich meinem akademischen Lehrer, Herrn Prof. Dr. Dieter Ahlert, für seine fachliche Unterstützung danken. Herrn Prof. Dr. Heinz Lothar Grob sei für die Übernahme des Zweitgutachtens gedankt. Die praktische Fundierung dieser Arbeit wäre ohne eine umfangreiche Unterstützung der Franchisepraxis nicht möglich gewesen. Mein Dank gilt daher allen Gesprächspartnern und Firmen, die durch ihre Teilnahme an schriftlichen und mündlichen Befragungen Anteil an der praktischen Fundierung des erarbeiteten Bewertungs-Konzeptes haben.

Danken möchte ich nicht zuletzt den Kolleginnen und Kollegen am Institut für Handelsmanagement und dem Internationalen Centrum für Franchising und Cooperation. Für die immer freundliche und verständnisvolle Unterstützung danke ich Frau Anne Feldhaus. Sie verstand es immer wieder durch ihre herzliche Art "die Dinge in das richtige Licht zu setzen" und eine produktive und angenehme Arbeitsatmosphäre zu schaffen.

Frau Pascale Zillmer und Herrn Patrick Otto danke ich dafür, dass sie mich insbesondere während der heißen Phase der Dissertation von den umfangreichen Aufgaben als Geschäftsführerin des Instituts für Handelsmanagement entlastet haben. Ohne ihre Unterstützung hätte diese Arbeit nicht neben meiner beruflichen Tätigkeit entstehen können.

Zu besonderem Dank verpflichtet bin ich Herrn Dr. Bernhard Jäger und Herrn Dr. Heiner Schlüter. Sie haben durch wertvolle fachliche Diskussionen und Hinweise sowie durch intensives Korrekturlesen wesentlich zum Erfolg dieser Arbeit beigetragen. Darüber hinaus haben sie mich freundschaftlich während meiner gesamten Assistentenzeit begleitet.

Mein herzlichster Dank gilt meinen Eltern. Sie haben stets meine persönlichen Belange gefördert und mir die Freiheit gewährt, meine Ziele frei zu wählen. Meiner Mutter danke ich ferner für ihren unermüdlichen und akribischen Einsatz im Rahmen zahlreicher Korrekturgänge dieser Arbeit. Ihnen beiden widme ich dieses Buch.

Münster, im Juli 2001 Eva-Maria Gust

Inhaltsverzeichnis

Abbildungsverzeichnis

Tabellenverzeichnis

Abkürzungsverzeichnis

Abb.	Abbildung
Abs.	Absatz
abzgl.	abzüglich
asw	Absatzwirtschaft
Aufl.	Auflage
Bd.	Band
BFuP	Betriebswirtschaftliche Forschung und Praxis
bspw.	beispielsweise
bzw.	beziehungsweise
CAPM	Capital Asset Pricing Model
c.p.	ceteris paribus
CV	Customer Value
CVM	Customer Value Management
DAX	Deutscher Aktienindex
d.h.	das heißt
DB	Der Betriebsberater
DBW	Die Betriebswirtschaft
DCF	Discounted Cash Flow
DFV	Deutscher Franchise-Verband
Diss.	Dissertation
DVFA	Deutsche Vereinigung für Finanzanalyse und Anlageberatung
ehb	Einzelhandelsberater
et al.	et alteri (und andere)
e.V.	eingetragener Verein

f.	folgende Seite
FAZ	Frankfurter Allgemeine Zeitung
FCF	Free Cash Flow
ff.	folgende Seiten
gem.	gemäß
GewStG	Gewerbesteuergesetz
ggf.	gegebenenfalls
GmbH	Gesellschaft mit beschränkter Haftung
GuV	Gewinn und Verlustrechnung
GVO	Gruppenfreistellungsverordnung
H.	Heft
HBR	Harvard Business Review
HGB	Handelsgesetzbuch
Hrsg.	Herausgeber
i.d.R.	in der Regel
i.e.S.	im engeren Sinne
i.S.d.	im Sinne des
i.w.S.	im weiteren Sinne
Jg.	Jahrgang
JoMR	Journal of Marketing Research
Kap.	Kapitel
krp	kostenrechnung und praxis
KStG	Körperschaftsteuergesetz
LZ	Lebensmittelzeitung
DM	Deutsche Mark
No.	Number
Nr.	Nummer

o. Jg.	ohne Jahrgang
o.V.	ohne Verfasser
PublG	Publizitätsgesetz
PV	Partner Value
S.	Seite(n)
SG	Arbeitskreis "Externe Unternehmensrechnung" der Schmalenbach-Gesellschaft - Deutsche Gesellschaft für Betriebswirtschaft e.V.
sogen.	sogenannter
Sp.	Spalte(n)
überarb.	überarbeitet
UStG	Umsatzsteuer-Gesetz
Vgl.	Vergleiche
Vol.	Volume
WiSt	Wirtschaftswissenschaftliches Studium
WISU	Das Wirtschaftsstudium
WPg	Die Wirtschaftsprüfung
z.B.	zum Beispiel
ZE	Zeiteinheiten
ZfB	Zeitschrift für Betriebswirtschaft
ZfbF	Zeitschrift für betriebswirtschaftliche Forschung
ZfO	Zeitschrift für Organisation
Marketing-ZFP	Marketing-Zeitschrift für Forschung und Praxis
ZgSt	Zeitschrift für die gesamte Staatswissenschaft
Ziff.	Ziffer

1 Notwendigkeit eines Customer Value Managements (CVM) in Franchisesystemen

1.1 Problemstellung der Untersuchung

Im Rahmen des sogen. Systemwettbewerbs kämpfen drei verschiedene Koordinationskonzepte um die Gunst der Verbraucher. Es handelt sich um den Wettbewerb zwischen den Akteuren auf den primären und sekundären Marktstufen. Während in freien Systemen die Koordination über reine Marktprozesse stattfindet, erfolgt die Koordination in integrierten Systemen durch zentrale Planung und Anweisung in der Hierarchie. Zwischen diesen beiden Extremen ist die Kooperation angesiedelt. Die Akteure in diesen hybriden Kooperationen kooperieren mehr oder weniger eng.[1]

Hinsichtlich der verschiedenen Koordinationskonzepte zeichnet sich eine Tendenz dahingehend ab, dass Angebotskonzepte, die von einem Systemkopf gesteuert werden, anderen überlegen sind. Verfügen kooperative Angebotssysteme über einen Systemkopf, spricht man von Netzwerkorganisationen oder Distributionsnetzen. Als spezielle Form der Systemkopfsteuerung von und in Distributionsnetzen gewinnt das Franchising seit den 60ern zunehmend an Bedeutung.[2] Mittlerweile ist das Franchising die am stärksten wachsende Organisationsform in Deutschland,[3] und häufig sind es Franchisesysteme, die zu den führenden Anbietern ihrer Branche zählen (z.B. GETIFIX, MCDONALD'S, OBI oder die SCHÜLERHILFE).[4]

Das moderne Franchising geht auf private Kooperationsformen in den Vereinigten Staaten gegen Ende des 19. Jahrhunderts zurück.[5] Die Franchisesysteme der sogenannten ersten Generation (*traditional franchising*) waren noch primär allein auf den Warenvertrieb ausgerichtet.[6] Hingegen konzentrieren sich die Aktivitäten von Franchisesystemen der zweiten Generation (*business format franchising*) nicht mehr ausschließlich auf den Warenvertrieb. Im Rahmen des business format franchising wird

---

1 Vgl. Ahlert (1996), S. 162 ff.

2 Vgl. JAVANOVSKI (1994), S. 24 f.; STERN (1994), S. 194; TIETZ (1991), S. 9.

3 Vgl. SEIDEL (1997), S. 26.

4 Vgl. SYDOW (1995), S. 17.

5 Vgl. ALTMANN (1996), S. 5 f.; KUNKEL (1994), S. 7 f.; MAAS (1990), S. 8; MARTINEK (1987), S. 33 ff.; MARTINEK (1992), S. 6; SKAUPY (1995), S. 1.

6 Vgl. ALTMANN (1996), S. 6; HARTMANN (1996), S. 12 f.; SKAUPY (1995), S. 2.

den Franchisenehmern gegen Entgelt ein komplettes Geschäftskonzept zur Verfügung gestellt.[7]

Trotz der zunehmenden Bedeutung des Franchising ist der Franchisebegriff in Praxis, Literatur und Gesetz bis heute nicht eindeutig definiert.[8] Von den zahlreichen Definitionen stieß jene von KAUB auf die größte Akzeptanz und wurde auch vom DFV übernommen. Daher erscheint es sinnvoll, auf eine eigene Definition des Franchising in dieser Arbeit zu verzichten und die folgende Definition von KAUB zugrunde zu legen:

> **"Franchising ist ein vertikal-kooperativ organisiertes Absatzsystem[9] rechtlich selbständiger Unternehmen auf der Basis eines vertraglichen Dauerschuldverhältnisses. Das System tritt am Markt einheitlich auf und wird geprägt durch das arbeitsteilige Leistungsprogramm der Systempartner sowie durch ein Weisungs- und Kontrollsystem zur Sicherung eines systemkonformen Verhaltens. Das Leistungsprogramm des Franchise-Gebers ist das Franchise-Paket; es besteht aus einem Beschaffungs-, Absatz- und Organisationskonzept, der Gewährung von Schutzrechten, der Ausbildung des Franchise-Nehmers und der Verpflichtung des Franchise-Gebers, den Franchise-Nehmer aktiv und laufend zu unterstützen und das Konzept ständig weiterzuentwickeln. Der Franchise-Nehmer ist im eigenen Namen und für eigene Rechnung tätig; er hat das Recht und die Pflicht, das Franchise-Paket gegen Entgelt zu nutzen. Als Leistungsbeitrag liefert er Arbeit, Kapital und Informationen."[10]**

Nach dieser Definition können Franchisesysteme als vertikal-kooperativ organisierte Absatzsysteme bezeichnet werden, in denen sich rechtlich selbständige Unterneh-

---

7 Vgl. ALTMANN (1996), S. 7.

8 Vgl. zu den verschiedenen Definitionen des Franchising in der Literatur sowie zu den konstitutiven Merkmalen des Franchising TIETZ (1991), S. 14; MEURER (1997); SCHLÜTER (2001). Während die alte GVO noch eine Definition des Franchisebegriffes enthielt, ist sie in der neuen GVO gestrichen worden.

9 Der Begriff Absatzsystem wird in dieser Arbeit synonym mit dem Begriff Angebotskonzept verwendet.

10 KAUB (1980), S. 29.

mer, die Franchisenehmer, vertraglich einem Franchisegeber anschließen (vgl. Abb. 1).[11]

Abb. 1: Das Prinzip des Franchising

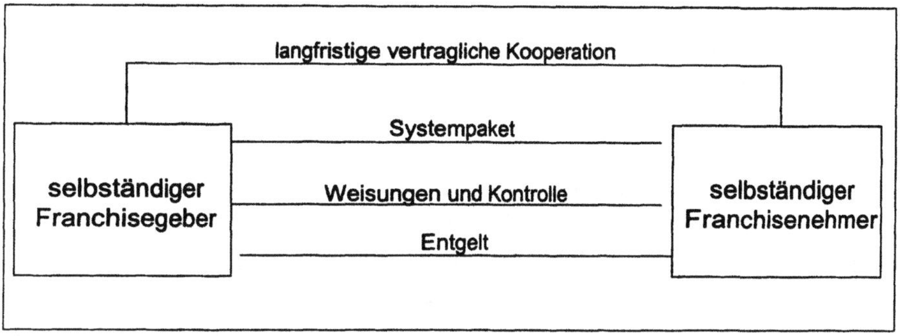

Quelle: SYDOW (1994), S. 96.

Der Franchisegeber ist verpflichtet, dem Franchisenehmer gegen Entgelt ein Nutzungsrecht an Schutzrechten zu gewähren, ihn auszubilden und fortwährend zu unterstützen sowie das Franchisekonzept kontinuierlich an die sich ändernden Marktbedingungen anzupassen. Damit überträgt der Franchisegeber das sogen. Systempaket in Form von Ideen, Know-how und Dienstleistungen an die Franchisenehmer.[12] Der Franchisenehmer kann auf das fundierte Expertenwissen der Zentrale zurückgreifen und sich auf seine originären Aufgaben, wie bspw. den direkten Kundenkontakt, konzentrieren.

Wenngleich es sich bei Franchisenehmern um rechtlich selbständige Unternehmer handelt, sind sie je nach Vertragsgestaltung und systemspezifischem Führungsstil

---

11 Vgl. SKAUPY (1995), S. 6.

12 Vgl. AUSSCHUß FÜR BEGRIFFSDEFINITIONEN AUS DER HANDELS- UND ABSATZWIRTSCHAFT (Hrsg.) (1995), S. 58.

Beim Abschluss des Franchisevertrages zahlt ein Franchisenehmer dem Franchisegeber häufig ein Entgelt für den Eintritt in das System (Eintrittsgebühr). Neben dieser einmaligen Gebühr fallen i.d.R. noch laufende, meist umsatzabhängige Gebühren für die laufende Betreuung eines Franchisenehmers durch den Franchisegeber (z.B. in Form weiterführender Schulungen, Beratungen etc.) an. Vgl. zur Eintrittsgebühr, der spezifischen Investitionssumme des Franchisenehmers sowie zu den laufenden Gebühren ausführlicher die Ausführungen in Kap. 2.3.4.1.

Vgl. MAYER/WEBER (1990), S. 875 sowie HERRFELD (1998), S. 10.

mehr oder weniger stark an das vom Franchisegeber entwickelte Absatz- und Organisationssystem gebunden. Hieraus resultiert der für Franchisesysteme charakteristische einheitliche Marktauftritt. Mittels eines Weisungs- und Kontrollsystems soll ein systemkonformes Verhalten der Franchisenehmer und damit der einheitliche Marktauftritt sichergestellt werden.[13]

Durch die Kombination des Know-hows der Franchisegeberzentrale mit dem Unternehmertum und dem idiosynkratischen Wissen des Franchisenehmers[14] vereint das Franchising als hybride Organisations- und Vertriebsform die Vorteile der Hierarchie mit denen des Marktes.[15] Hierdurch entsteht quasi ein hypothetischer "Alleskönner", der allen anderen Vertriebsformen überlegen ist.[16] Neben sozio-ökonomischen und konjunkturellen Einflussfaktoren erklären insbesondere diese Vorteile des Franchising auch den anfangs dargestellten Bedeutungszuwachs.

Allerdings ist die Franchisegeber-Franchisenehmer-Beziehung nicht nur zentraler Erfolgsfaktor, sondern zugleich auch das wesentliche Problemfeld in Franchisesystemen.[17] (vgl. Abb. 2):

---

13 Vgl. zum richtigen Ausmaß an Betreuung der Franchisenehmer und zu verschiedenen Führungsstilen BOEHM (1992), S. 205 ff.; SYDOW/KLOYER (1995), S. 96 ff.

14 Vgl. BONUS (1995), S. 8; HERRFELD (1998), S. 29. Die Selbständigkeit der Franchisenehmer hat eine positive Motivationswirkung zur Folge. Vgl. exemplarisch BOEHM (1997), S. 89 ff.

15 Vgl. RUBIN (1978), S. 223 ff.; BONUS/WESSELS (1994a), S. 109 ff.; BONUS/WESSELS (1994b), S. 1 ff.; PICOT/WOLFF (1995); zu den Begriffen "Markt" und "Hierarchie" vgl. AHLERT (1997a), S. 145.

16 Franchisesysteme als hybride Organisations- und Vertriebsformen verbinden die Vorteile

- *dezentraler Managementverantwortung* (autonomes Entscheiden, Flexibilität, Kundennähe, hohes Motivationspotential des Unternehmers vor Ort) mit denen eines
- *zentralistisch, effizient gesteuerten Systemhintergrundes* (effizientes Kostenmanagement, moderne Informationstechnologien, Synergieeffekte, kontinuierliche Verbesserung der Systemdienstleistungskonzeption).

Vgl. zur Überlegenheit hybrider Organisations- und Vertriebsformen im Allgemeinen FLECK (1995); GUST (1996). Zu den Wettbewerbsvorteilen von Franchisesystemen im Speziellen vgl. MEFFERT/MEURER (1995), S. 11 ff. Zum Begriff des hypothetischen "Alleskönners" vgl. AHLERT/OLBRICH (1999), S. 41 f.

17 Vgl. MEURER (1997), S. 21-26; HILLENHINRICHS (1999).

Abb. 2: Notwendigkeit des Customer Value Managements in Franchisesystemen

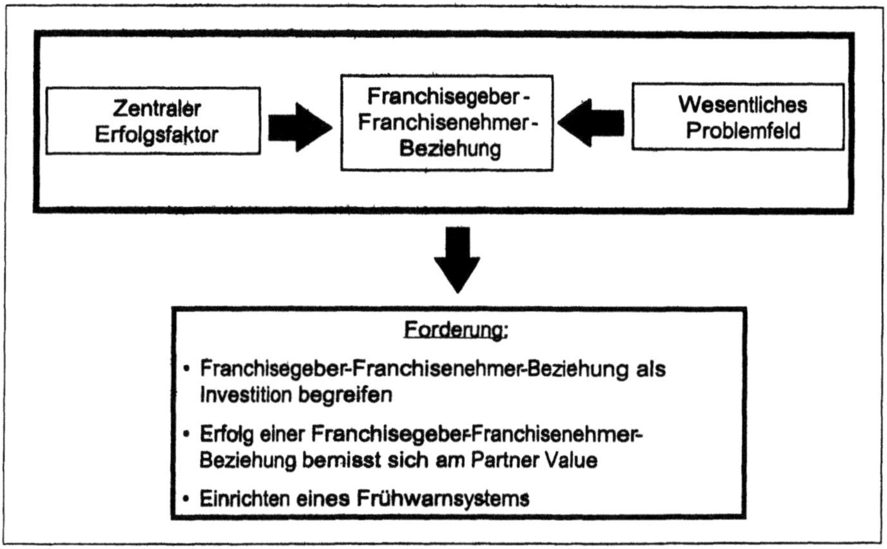

Quelle: Eigene Darstellung.

Die Notwendigkeit eines Customer Value Managements in Franchisesystemen resultiert letztlich aus der Tatsache, dass der Erfolg des Franchisegebers über die Franchisegebühr bzw. Handelsspanne[18] an den Erfolg des Franchisenehmers gekoppelt ist. Geht man davon aus, dass der Franchisegeber primär an einer angemessenen Verzinsung seines in das Franchisesystem investierten Eigenkapitals interessiert ist, sei es in Form laufender Entnahmen oder durch die Steigerung des Wertes seiner Unternehmung, sind alle Aktivitäten des Franchisegebers zur planmäßigen Gestaltung der Beziehung zum Franchisenehmer an diesem Ziel auszurichten. Folglich sind die einzelnen Franchisegeber-Franchisenehmer-Beziehungen jeweils als (Teil-) Investitionen zu begreifen,[19] und es ist zu prüfen, welche Franchisenehmer langfristig zu einer angemessenen Kapitalverzinsung für den Franchisegeber beitragen.

---

18 In einigen Franchisesystemen werden keine laufenden Gebühren erhoben, stattdessen stellt die Handelsspanne eine wesentliche Einzahlung für den Franchisegeber dar.

19 Vgl. PLINKE (1997a), S. 32 ff.; KÖHLER (1998), S. 351 ff.; AHLERT/GUST (2000); BARTH/MARZIAN/WILLE (2000), S. 172.

Zu Anfang einer Geschäftsbeziehung tätigt der Franchisegeber häufig hohe Auszahlungen für die Akquisition[20], Selektion[21] und Beratung neuer Franchisenehmer, weil er dadurch für die Zukunft Einzahlungsüberschüsse erwartet, die zu einer angemessenen Verzinsung des Kapitaleinsatzes führen sollen.[22] Wenngleich in vielen Systemen eine Eintrittsgebühr erhoben wird, deckt diese meist die entstandenen Kosten respektive Auszahlungen für die Gründung eines neuen Franchisebetriebes nicht.[23] Die Franchisegeber-Franchisenehmer-Beziehung hat, ebenso wie ein Investitionsobjekt, einen längerfristigen Charakter und die zukünftigen Zahlungen zwischen den Systempartnern sind hinsichtlich des zeitlichen Anfalls und der Höhe mit einer für Investitionen typischen Unsicherheit behaftet.[24]

Aber auch innerhalb einer bereits existierenden Geschäftsbeziehung zwischen Franchisegeber und Franchisenehmer ist die Investitionsbetrachtung und die Anwendung eines Investitionskalküls von Bedeutung. Zwar sind die vergangenen Akquisitionsauszahlungen für Entscheidungszwecke nicht mehr relevant, jedoch ist der zukünftige Ressourceneinsatz in der laufenden Betreuung der Franchisenehmer erneut als Investition, vergleichbar mit einer Ergänzungsinvestition, zu betrachten. Demzufolge sind auch Maßnahmen zur Betreuung und ggf. Selektion[25] der Franchisenehmer durch ein Investitionskalkül hinsichtlich ihrer Profitabilitätswirkung zu untersuchen.[26]

Aufgrund der Unsicherheit in Bezug auf die zukünftige Entwicklung von Unternehmungen erweist sich die Bewertung eines Franchisenehmers ausschließlich in der Selektions- und Akquisitionsphase als unzureichend. Eine fehlende Kontrolle im Sin-

---

20 Unter Akquisition versteht man sämtliche Aktivitäten eines Franchisegebers, die darauf gerichtet sind, die selektierten potentiellen Franchisenehmer für das Franchisesystem zu gewinnen. Im Rahmen der Franchisenehmer-Betreuung sind Maßnahmen zu ergreifen, um den Wert der Franchisenehmer zu steigern und profitable Franchisenehmer zu binden. Vgl. AHLERT (1996), S. 18; PLINKE (1997a), S. 43.

21 Vgl. JAMBULINGHAM/NEVIN (1999), S. 363 ff.

22 Vgl. ADAM (1997), S. 1.

23 CURRY ET AL. (1966), S. 24; FRAUENHUBER (1996), S. 52; JAVANOVSKI (1994), S. 38 f.; NEBEL (1999a), S. 438; SKAUPY (1995), S. 51.

24 Vgl. BUSSE VON COLBE/LAßMANN (1990), S. 3.

25 Vgl. SYDOW/KLOYER (1995), S. 21.

26 Vgl. DUBOFF (1992), S. 13. Auf Basis einer wirtschaftlichen Bewertung hat der Franchisegeber eine ziel- und systemkonforme Auswahl (vgl. SEIDEL (1997), S. 38) von Franchisenehmern sowohl vor der Aufnahme einer Geschäftsbeziehung (vgl. FRAENKLER (1994), S. 9) als auch innerhalb eines bereits bestehenden Geschäftsverhältnisses (vgl. SYDOW (1995), S. 30) zu treffen.

ne einer kontinuierlichen Performance-Messung kann die Franchisenehmer zu Verstößen gegen gesetzte Standards verleiten. Ein hieraus resultierender Vertrauensverlust der Endkunden aufgrund mangelnder Qualität schadet langfristig dem gesamten System und damit auch den anderen Franchisenehmern.[27] Daher ist ein Frühwarnsystem einzurichten, um Konfliktpotentiale frühzeitig erkennen zu können.[28]

Diese zuvor skizzierte investitionstheoretische Sichtweise einer Geschäftsbeziehung ist Kerngedanke des *anbieterorientierten* Customer Value Management (CVM), welches den Wert eines Kunden bzw. einer Geschäftsbeziehung für die zentrale Steuerungsgröße des Managements erachtet.[29] Vor dem Hintergrund des wachsenden Systemwettbewerbs[30] und der Tatsache, dass der Erfolg des Franchisegebers im Sinne einer angemessenen Kapitalverzinsung über die Franchisegebühr bzw. Handelsspanne an den Erfolg des Franchisenehmers gekoppelt ist, werden hier deshalb die folgenden Thesen vertreten:

1. Unter der Prämisse, dass der Franchisegeber als oberstes finanzielles Ziel die Maximierung seines Vermögens in einer bestimmten Periode und damit eine entsprechende Verzinsung seines Kapitals, das er in das Franchisesystem investiert hat, anstrebt, ist der Totalgewinn seiner Investition in das Franchisesystem, der *Strategic System Value (SSV)* eine geeignete Steuerungsgröße für das Management des Franchisesystems. Sämtliche Maßnahmen zur Gestaltung des Gesamtsystems sowie der Geschäftsbeziehung zwischen Franchisegeber und Franchisenehmer sind am obersten Ziel des Franchisegebers auszurichten. Jeder einzelne Franchisenehmer ist als eine Teilinvestition zu sehen, deren Vorteilhaftigkeit sich anhand des *Partner Value (PV)* bemisst.

---

27 Vgl. BONUS (1995), S. 11 f.

28 Vgl. MEURER (1997), S. 312. Derzeit können die meisten Handels- und Dienstleistungsunternehmungen nicht schnell genug auf Veränderungen am Markt und auf Kundenbedürfnisse reagieren, weil sie nicht über ein solches Frühwarnsystem verfügen. Stattdessen werden Informationen in unterschiedlichen Teilinformationssystemen wie dem Rechnungswesen oder Datenbanken der Kundenbetreuung abgespeichert und vielfach nicht zu einer Gesamtsicht verknüpft. Vgl. o.V. (2000a), S. 25.

Die Konzeption eines Frühwarnsystems im Rahmen des CVM wurde in den Expertengesprächen von allen Befragten als besonders dringlich beurteilt.

29 Vgl. MÜNGER (2000), S. 56 ff.

30 Vgl. hierzu die Ausführungen am Anfang dieses Kapitels.

2. Entgegen der derzeit vorherrschenden Auffassung von Franchisegebern reichen qualitative Beurteilungen durch Außen- und Innendienst des Franchisegebers sowie einfache ABC-Analysen nicht aus, um den Wert eines Franchisenehmers zu ermitteln. Die derzeitige Beurteilung und die daran anknüpfende Führung von Franchisenehmern sind im Hinblick auf das oberste Ziel des Franchisegebers nicht adäquat und deshalb durch betriebswirtschaftliche Methoden zu fundieren. Franchisesysteme werden in Zukunft nur dann erfolgreich sein, d.h. für den Franchisegeber eine *angemessene Verzinsung* erwirtschaften, wenn sie ein systematisches Customer Value Management (CVM) durchführen.

Ausgehend von diesen Thesen ist es das *Ziel der vorliegenden Arbeit*, das Customer Value Management auf Franchisesysteme zu übertragen und ein Konzept zur Bewertung von Franchisenehmern zu entwickeln. Bislang ist die praktische Umsetzung des CVM nur Finanzdienstleistern gelungen, da diese über die relevanten Kundeninformationen verfügen. Vielen anderen Unternehmungen fehlt hingegen die erforderliche Informationsbasis; daher wird es ihnen auch in Zukunft nicht gelingen, ein konsequentes CVM zu betreiben. Anders indessen ist es bei Franchisesystemen; sie sind neben Finanzdienstleistern für das Customer Value Management geradezu prädestiniert.

Im Rahmen einer längerfristigen und vertraglich geregelten Geschäftsbeziehung stehen dem Franchisegeber ohnehin schon umfangreiche Informationen über jeden Franchisenehmer zur Verfügung. So lassen sich franchisenehmerbezogene Einzahlungen relativ einfach in Form der Franchisegebühren quantifizieren. Wird zudem der Umfang an Betreuung und Schulungen, die ein Franchisenehmer in Anspruch nimmt, konsequent erfasst, können auch die franchisenehmerbezogenen Auszahlungen ermittelt werden. Folglich entsteht dem Franchisegeber für die Implementierung des CVM nur ein geringfügiger Mehraufwand. Diesem steht ein deutlich höherer Nutzen für den Franchisegeber gegenüber: Mit Hilfe des in dieser Arbeit entwickelten Konzeptes zur Bewertung von Franchisenehmern

- können die Franchisenehmer zu Clustern zusammengefasst werden,
- kann die Entwicklung der Franchisenehmer prognostiziert und ihr Partner Value berechnet werden,
- lässt sich der Handlungsbedarf bzgl. der Franchisenehmer-Betreuung und ggf. -Selektion rechtzeitig erkennen und

- lassen sich im Hinblick auf die oberste finanzielle Zielsetzung des Franchisegebers wertsteigernde Maßnahmen ableiten.

Das in der vorliegenden Arbeit entworfene Konzept des Customer Value Managements ist im Zusammenhang mit weiteren Managementkonzeptionen, wie dem wertorientierten Managementansatz[31], dem integrierten Markenmanagement[32], dem Customer Trust Management[33] und dem Customer Satisfaction Management[34] zu sehen.[35] Die genannte Problemstellung wird durch folgende Fragen konkretisiert:

1. Durch welche Charakteristika zeichnet sich das Customer Value Management (CVM) im Allgemeinen aus und welche Besonderheiten ergeben sich aufgrund der konstitutiven Merkmale von Franchisesystemen?
2. Welche Anforderungen sind an den SSV und die Partner Values, die zentralen Steuerungsgrößen des CVM in Franchisesystemen, zu stellen, und wie können diese Größen definiert werden? Aus welchen Komponenten setzt sich der Partner Value zusammen und welche Wirkungszusammenhänge zwischen den Komponenten sind zu berücksichtigen?
3. Wie muss ein Verfahren zur Bewertung von Franchisenehmern konzipiert sein, und lassen sich existierende Verfahren zur Bewertung von Kunden- bzw. Geschäftsbeziehungen auf die Bewertung von Franchisenehmern übertragen?
4. Auf welche Weise können Ansatzpunkte für wertsteigernde Maßnahmen des CVM identifiziert und Handlungsempfehlungen für ein proaktives Franchisegeber-Franchisenehmer-Beziehungsmanagement abgeleitet werden?

Zur Beantwortung der oben formulierten Fragestellungen wird der folgende Gang der Untersuchung zugrunde gelegt (vgl. Kap. 1.2).

---

31 Vgl. AHLERT (2001).

32 Vgl. AHLERT/KENNING/SCHNEIDER (2000).

33 Vgl. KENNING (2001).

34 Vgl. SCHLÜTER (2001).

35 Darüber hinaus werden in Arbeiten über *institutionelle Aspekte von Unternehmensnetzwerken* Fragen der typologischen Erfassung und Explikation der Funktionsweise von Netzwerken behandelt. Es werden Realtypen von Netzwerkarrangements identifiziert und deren Entstehung und Entwicklung erklärt. Vgl. STEFFEN (2001). Hingegen beurteilen Arbeiten zum *Controlling, zur Evaluation und Zertifizierung von und in Unternehmungsnetzwerken* anhand unterschiedlicher Kriterien und aus verschiedenen Betrachtungsperspektiven die Performance von Netzwerken. Vgl. VOGEL (2001).

1.2 Gang der Untersuchung

Nachdem in *Kapitel 1* die Problemstellung der Arbeit dargelegt und in konkrete Fragestellungen überführt worden ist, werden in *Kapitel 2* zunächst die Charakteristika des CVM erläutert (Kapitel 2.1). Anschließend wird untersucht, durch welche konstitutiven Merkmale Franchisesysteme sich auszeichnen und welche Besonderheiten sich hieraus für das CVM in Franchisesystemen ergeben (Kapitel 2.2). Auf der Basis des gewählten theoretischen Bezugsrahmens sollen die Identifikation von Ansatzpunkten des CVM, die Ableitung von Renditeforderungen der Kapitalgeber und die Berechnung des SSV und der Partner Values theoretisch fundiert werden (Kap. 2.3). Vor dem Hintergrund der bisherigen Erkenntnisse werden die monetären und nicht-monetären Komponenten des Partner Value herausgearbeitet. Hierzu wurde in der Zeit von Juni bis August 2000 in ausgewählten Franchisesystemen eine explorative Befragung zum Thema Customer Value Management durchgeführt.[36] Ziel war es sicherzustellen, dass im Rahmen der theoretischen Untersuchung alle wesentlichen Komponenten des Partner Value und die Wirkungszusammenhänge zwischen monetären und nicht-monetären Komponenten des Partner Value berücksichtigt werden. Ausgehend von diesem Untersuchungsziel wurde ein Fragebogen mit 20 Fragen entwickelt. Teil A dieses Fragebogens enthält allgemeine Fragen zu den jeweiligen Franchisesystemen, insbesondere zu den Leistungen des Franchisegebers für die Franchisenehmer und zu den Franchisegebühren. In Teil B wurde erhoben,

- ob und wenn ja, mit Hilfe welcher Verfahren, die Franchisegeber ihre Franchisenehmer bewerten,
- welche Anforderungen die Franchisegeber an ein Konzept zur Bewertung von Franchisenehmern stellen,
- welche franchisenehmerbezogenen Ein- und Auszahlungen bei der Ermittlung des Partner Value zu berücksichtigen sind und
- welche Ursache-Wirkungszusammenhänge zwischen monetären und nicht-monetären Komponenten des Partner Value berücksichtigt werden müssen.

36 Vgl. zum Fragenkatalog der explorativen Befragung sowie zu der Liste der befragten Franchisesysteme Anhang I.

Bei der Auswahl der befragten Franchisesysteme wurde darauf geachtet, dass besonders professionell geführte Franchisesysteme *unterschiedlicher Branchen* in die Untersuchung einbezogen wurden (Kap. 2.4).

In *Kapitel 3* wird zuerst ein Überblick über existierende "klassische" Verfahren zur Bewertung von Kunden- bzw. Geschäftsbeziehungen gegeben (Kapitel 3.1), um danach ausgewählte monetäre und nicht-monetäre Verfahren auf ihre Eignung hinsichtlich der Ermittlung des Partner Value zu untersuchen (Kapitel 3.2, 3.3). Abschließend wird die Aussagekraft der dargestellten Verfahren kritisch gewürdigt, und aufgrund der dargestellten Kritik werden grundlegende Anforderungen an ein Konzept zur Bewertung von Franchisenehmern abgeleitet (Kap. 3.4).

In *Kapitel 4* wird ein neues Konzept zur Bewertung von Franchisenehmern erarbeitet, das den speziellen Charakteristika der Franchisegeber-Franchisenehmer-Beziehung Rechnung trägt und die Mängel bisheriger Verfahren beseitigt. Dem Konzept liegen das Modell des Vollständigen Finanzplans (VOFIs) und Markov-Prozesse als Verfahren zur Prognose der originären franchisenehmerbezogenen Zahlungen zugrunde. Daher wird zunächst das VOFI-Modell näher beschrieben (Kapitel 4.1). Anschließend wird der Planungszeitraum für die Bewertung festgelegt (Kapitel 4.2). Darauf aufbauend wird anhand eines Demonstrationsbeispieles Schritt für Schritt erläutert, wie die Entwicklung der Franchisenehmerstruktur-Dynamik und damit die zukünftige Entwicklung der franchisenehmerbezogenen originären Zahlungen prognostiziert werden kann. Die Prognose der originären franchisenehmerbezogenen Zahlungen und die Berechnung der Partner Values stellt den Schwerpunkt des neuen Konzeptes dar (Kapitel 4.3, 4.4). Um das Konzept möglichst realitätsnah und damit praxistauglich zu gestalten, wird ein Demonstrationsbeispiel auf der Basis realer Daten eines Franchisesystems gewählt. Aus Datenschutzgründen werden einige Werte verfremdet wiedergegeben, wodurch sich der Aussagehalt jedoch nicht verringert. Daran anschließend werden Handlungsempfehlungen für die Auswahl wertsteigernder Maßnahmen abgeleitet (Kapitel 4.5).

Die Arbeit schließt in *Kapitel 5* mit einer Zusammenfassung der wesentlichen Erkenntnisse sowie einem Ausblick auf offene Fragen und Forschungsfelder.

Die dargestellte Vorgehensweise ist in Abb. 3 nochmals zusammengefasst.

Abb. 3: Gang der Untersuchung

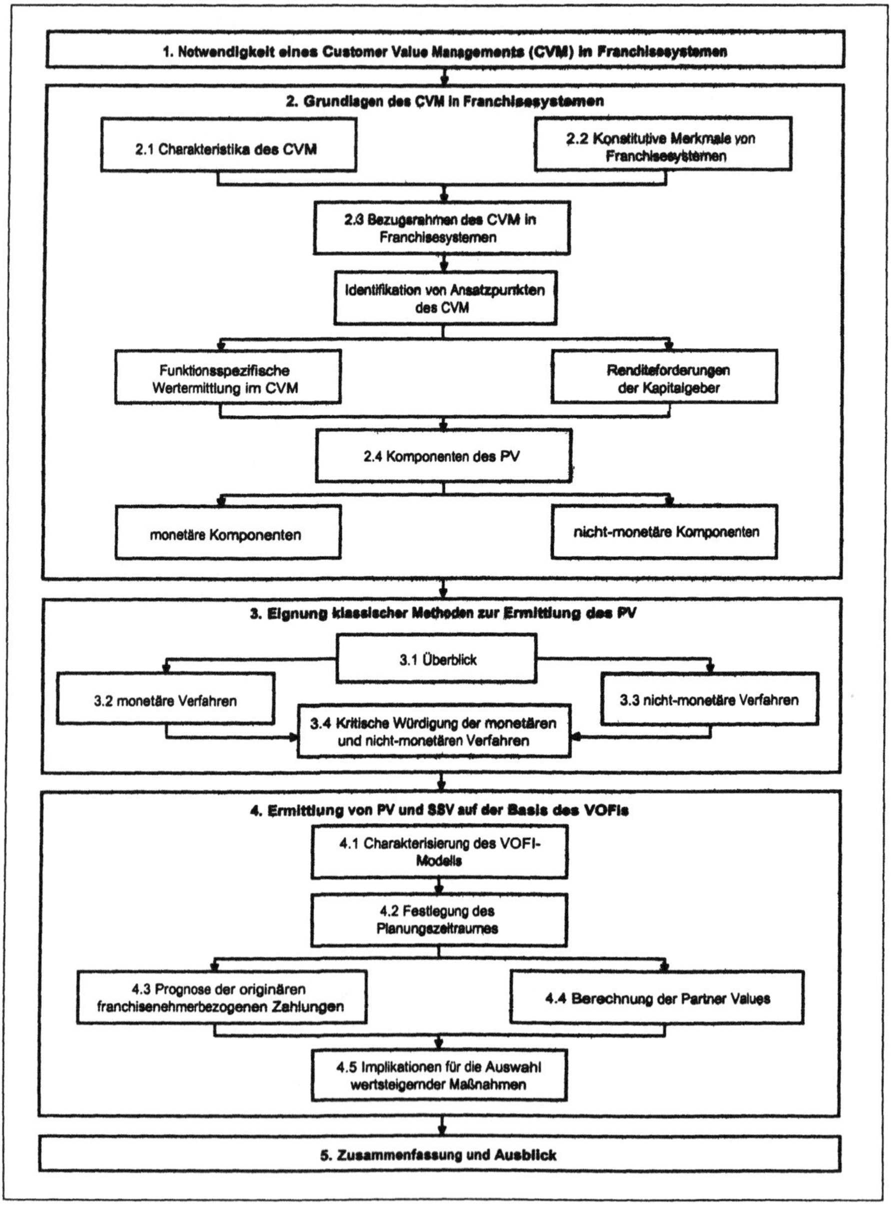

Quelle: Eigene Darstellung.

2 Grundlagen des CVM in Franchisesystemen

2.1 Charakteristika des CVM

2.1.1 Entwicklungsstufen des CVM und Abgrenzung von anderen kundenorientierten Managementkonzepten

Die Entwicklung des Customer Value Managements lässt sich in der wirtschaftswissenschaftlichen Literatur z.T. nur schwer nachvollziehen. Insbesondere die Tatsache, dass neben dem Customer Value Management (CVM) noch weitere Ansätze existieren, die sich mit dem Management von Kundenbeziehungen und dem Kundenwert beschäftigen, erschweren die Konkretisierung des CVM. Daher werden zunächst die Entwicklungsstufen des CVM näher erläutert, um anschließend das CVM von anderen kundenorientierten Managementkonzepten abzugrenzen (vgl. Abb. 4).

Abb. 4: Entwicklungsstufen des Customer Value Managements

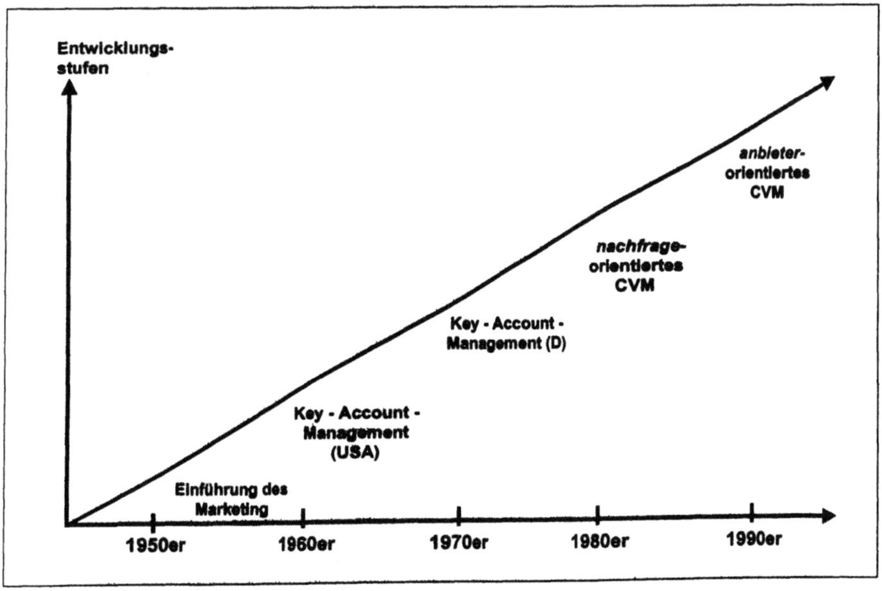

Quelle: Eigene Darstellung.

Die Einführung des Marketinggedankens in den 50ern stellt den Beginn der Kundenorientierung dar. Zu diesem Zeitpunkt wird das Marketing (noch) mit Distribution und

Verkauf gleichgesetzt. Hingegen steht in den 60ern der operative Charakter des Marketing zur Herbeiführung von Kaufentscheidungen im Vordergrund.[37] Mit dem Aufkommen des Key-Account-Managements in den USA, zunächst fast ausschließlich im Business-to-Business Bereich (z.B. General Electric, Xerox, IBM), sind die Anfänge eines Relationship Marketings[38] begründet. Als nächster Bereich übernimmt der Bankensektor den Gedanken des Key Account-Managements.[39] Anfang der 70er hält das Key Account-Management auch in Deutschland Einzug, zunächst vornehmlich im Lebensmittelbereich (Pionierunternehmungen sind z.B. Henkel und Master Food).[40]

Anfang der 80er entdecken PETERS/WATERMANN die Nähe zum Kunden als wesentlichen Erfolgsfaktor.[41] In diesem Kontext sind die begrifflichen Ursprünge des CVM zu sehen, die im Jahre 1994 von GALE[42] mit seiner Veröffentlichung "Managing Customer Value" gelegt wurden. Er definiert das CVM als ein *nachfrageorientiertes Konzept*, welches darauf abzielt, den vom Kunden subjektiv empfundenen Wert eines Produktes oder einer Dienstleistung zu optimieren und die Aktivitäten der Unternehmung dementsprechend auszurichten.[43] Das Neue an diesem Konzept besteht im Wesentlichen in der Weiterentwicklung der Kundenzufriedenheitsmessung. Die relative Qualität und der relative Preis werden zueinander ins Verhältnis gesetzt. Damit wird neben der eigenen Leistungsfähigkeit der betrachteten Unternehmung auch die Leistungsfähigkeit des Gesamtmarktes berücksichtigt.[44]

Das Paradigma der Kundennähe mündet Anfang der 90er in eine Tendenz zur Maximierung der Kundenorientierung. Besondere Bedeutung hat in diesem Zusammenhang die Untersuchung von REICHHELD/SASSER[45] erlangt. Die Untersuchung

---

37 Vgl. MEFFERT (1998), S. 4.

38 Zum Relationship Marketing vgl. PAYNE/RAPP (1999).

39 Vgl. KLEINALTENKAMP/RIEKER (1997), S. 164; RAU (1994).

40 Vgl. KLEINALTENKAMP/RIEKER (1997), S. 164; SIDOW (1991), S. 18 ff.

41 Vgl. PETERS/WATERMANN (1982).

42 Vgl. GALE (1994).

43 Vgl. GALE (1994), S. 5 ff.; Vgl. BAUER/HUBER/JUNG (1997); BIEHL (1999).

44 Unter relativer Qualität und relativem Preis wird das Verhältnis zur durchschnittlichen Qualität bzw. zum durchschnittlichen Preis innerhalb eines Marktsegmentes gesehen. Vgl. GALE (1994), S. 32 ff.

45 REICHHELD/SASSER (1991).

zeigt, dass bspw. bei Kreditkartengesellschaften eine Verringerung der Kundenabwanderungsrate um 5% zu einer Gewinnsteigerung von 75% führt. Vielfach wird hieraus die Forderung nach einer Kundenfluktuation von Null i.S.e. Zero Migration abgeleitet. Neue Führungskonzepte wie Category Management, Business Process Reengineering (BPR), Management von Kernkompetenzen, Lean Management und Total Quality Management (TQM) stellen die Kundenorientierung in den Vordergrund. In diesem Zusammenhang kommen verstärkt Ansätze wie das Kundenbindungsmanagement[46], das Retention Marketing[47] und das Relationship Marketing[48] zum Einsatz.

Erst Mitte der 90er kommen erste Überlegungen dazu auf, dass sich Kundenbindungsaktivitäten am individuellen Wert eines Kunden für die Unternehmung orientieren sollten: "Its best efforts must be reserved for those whose business the organization most highly values, those whose business wants most to keep and expand."[49] Verstärkt wird ein *anbieterorientiertes CVM* propagiert.[50]

Hinsichtlich des Zeitbezuges wird in der Literatur zwischen einem retrospektiven und einem prospektiven Kundenwert unterschieden:[51]

---

46 Das *Kundenbindungsmanagement* "[...] umfaßt die systematische Planung, Realisation, Kontrolle und Anpassung aller auf den aktuellen Kundenstamm gerichteten Aktivitäten mit dem Ziel, die Wechselbereitschaft durch die Herstellung oder Intensivierung von faktischen oder emotionalen Bindungen zu verringern [...]." MEFFERT/BACKHAUS (1994), o. S. Es findet keine ausdrückliche Orientierung am Kundenwert statt; der Schwerpunkt liegt allein bei der Kundenbindung.

47 Im *Retention Marketing* werden nur Beziehungen zu hochrentablen, aktuellen Kunden gefördert. Es werden also allein die Bedürfnisse jener Kunden befriedigt, die einen ganz besonderen Wert für die Unternehmung darstellen. Alle anderen Kunden werden vernachlässigt. Vgl. EBENDA, o.S.

48 Zentrales Anliegen des *Relationship Marketing* ist neben Aufbau und Pflege langfristiger Beziehungen zu aktuellen und potentiellen Kunden eine langfristige und nachhaltige Bindung anderer Geschäftspartner (Lieferanten, Mitarbeiter). Vgl. MEFFERT/BACKHAUS (1994), o. S. und MEFFERT (2000), S. 1209 f.

Eine engere Begriffsauffassung vertreten hingegen BERRY und GRÖNROOS, die im Rahmen des Relationship Marketings ausschließlich die Beziehung zwischen Anbieter und Kunde betrachten. Vgl. BERRY (1983), S. 25; GRÖNROOS (1990), S. 4.

49 JEFFREY/FRANKO (1996), S. 15.

50 Vgl. CORNELSEN (1998), S. 1; KRAFFT/MARZIAN (1997), S. 106.

Vgl. zur anbieterorientierten Sichtweise im Allgemeinen SCHEITER/BINDER (1992); KRÜGER (1997), S. 114; CORNELSEN (1996), S. 14 ff.; BRUHN/GEORGI (1998); CORNELSEN (2000), S. 37 ff.; PRICEWATERHOUSECOOPERS/ROLAND BERGER & PARTNERS (1999), S. 65 ff.

51 Vgl. hierzu und im Folgenden KRÜGER (1997), S. 111 ff.; CORNELSEN (1996), S. 14 ff.; HERRMANN/FÜRDERER (1997); CORNELSEN (2000), S. 37 ff.

Der *retrospektive Kundenwert* umfasst diejenigen Ein- und Auszahlungen, die bis zum Zeitpunkt der Betrachtung bereits angefallen sind. Für die Planung und Steuerung zukünftiger Maßnahmen sind jedoch nur diejenigen Ein- und Auszahlungen relevant, die durch eine anstehende Entscheidung beeinflusst werden. Aufgrund seiner Vergangenheitsorientierung stellt damit der retrospektive Kundenwert keine entscheidungsrelevante Größe dar.

Hingegen berücksichtigt der *prospektive Kundenwert* alle relevanten zukünftigen Ein- und Auszahlungen ab dem Betrachtungszeitpunkt bis zum Ende der Geschäftsbeziehung. Sämtliche kundengerichteten Aktivitäten sind am *Wert des Kunden, dem diskontierten Zahlungsüberschuss, der ab dem Betrachtungszeitpunkt bis zum Ende der Geschäftsbeziehung zu erwarten ist, auszurichten.*[52] KNÖBEL bezeichnet die zukünftigen Zahlungsüberschüsse auch als Zukunftspotential einer Kundenbeziehung.[53]

Charakteristisch für das anbieterorientierte CVM ist die systematische Nutzung von Kundeninformationen zur Entwicklung wertorientierter Strategien.[54] Um die Kunden ihrem Wert entsprechend zu betreuen, werden sie nach dem Customer Value segmentiert und ggf. zu Wertsegmenten zusammengefasst.[55] Segmentierung bedeutet die Einteilung von Kunden in intern homogene und extern heterogene Gruppen (Segmente) mit dem Ziel einer differenzierten Bearbeitung der einzelnen Segmente.[56] Dabei ist eine differenzierte Bearbeitung der Segmente aus drei Gründen sinnvoll:

1. Die Bedürfnisse der Kunden unterschiedlicher Segmente weisen signifikante Unterschiede auf. Diese Unterschiede müssen bei der Planung und Umsetzung von

---

52 Zu den Prinzipien des Customer Value Managements vgl. ausführlicher AHLERT/GUST (1999); ZEZELJ (2000); SCHANK (2000).

53 Vgl. KNÖBEL (1997), S. 168.

54 Ein effizientes Customer Value Management ist letztlich nur mit Hilfe geeigneter Informationssysteme möglich. Kundendatenbanken sollten insbesondere das Management von Interaktionen, die Ableitung von Kundenprofilen und die Anpassung des Marketing-Mixes an die Kundenbedürfnisse ermöglichen. Darüber hinaus sollte das Data Warehouse kundenorientiert (statt prozessorientiert) organisiert sein, die Daten der verschiedenen Datenbanken miteinander verknüpfen und somit funktionsübergreifende Informationen bereitstellen können. Vgl. BLATTBERG/THOMAS (1998); Vgl. AHLERT/GUST (1999), S. 23 f.; ZIPSER (2000).

55 Die Segmentierung von Franchisenehmern wird in Kap. 4.3.3 anhand eines Beispiels erläutert.

56 Vgl. KRAFFT/ALBERS (2000), S. 515-536.

Marketingstrategien und -maßnahmen berücksichtigt werden. Durch die Abstimmung der Marketingstrategien und -maßnahmen auf die verschiedenen Segmente soll das vorhandene Kundenpotential ausgeschöpft werden.

2. Alle Maßnahmen der Kundenansprache und -betreuung sind einer Wirkungsprognose zu unterziehen und *investitionsrechnerisch* zu beurteilen. I.d.R. ist es im Sinne der Informationsökonomie[57] nicht sinnvoll, die Wirkungsprognose für jeden einzelnen Kunden durchzuführen. Stattdessen sind die Kunden vorher zu segmentieren, um dann die segmentspezifischen Maßnahmen einer Wirkungsprognose zu unterziehen.

3. Aus Sicht einer Unternehmung lohnt es sich, auf die Bedürfnisse von Kunden, die einen hohen Customer Value aufweisen, sehr differenziert einzugehen. Hingegen sollte die Betreuung von Kunden, die einen geringen oder sogar negativen Customer Value haben, möglichst wenig Aufwand verursachen. Grundsätzlich ist zu berücksichtigen, dass der Customer Value nicht mit aktuellen Zahlungen des Kunden an die Unternehmung gleichgesetzt werden darf, sondern das gesamte Potential eines Kunden berücksichtigt werden muss. Beispielsweise kann die Vergabe eines Kredites an einen Kunden, der derzeit nicht über genügend eigene finanzielle Mittel verfügt, für eine Bank aufgrund zukünftiger Zinszahlungen und der späteren Tilgung sehr rentabel sein.

Im Gegensatz zum Retention Marketing fordert damit das anbieterorientierte CVM eine differenziertere Betrachtung der Kunden. Auch im Rahmen des anbieterorientierten CVM wird sehr wertvollen Kunden besondere Beachtung geschenkt, wobei die übrigen Kunden nicht vernachlässigt werden dürfen. Solange ein Kunde überhaupt einen positiven Wert für die Unternehmung aufweist, sollte er berücksichtigt werden. Verglichen mit dem Relationship Marketing ist das anbieterorientierte CVM weniger umfassend. Das Relationship Marketing geht auf alle möglichen Beziehungen einer Unternehmung mit ihrer Umwelt ein. Hingegen stellt das anbieterorientierte CVM per definitionem den Wert eines Kunden für die Unternehmung in den Mittelpunkt.

---

57 Zur Informationsökonomie vgl. AHLERT (1999), S. 7.

Im folgenden Kapitel wird zunächst untersucht, wie die anbieter- und nachfrageorientierte Sichtweise des CVM auf die Franchisegeber-Franchisenehmer-Beziehung übertragen werden können.

2.1.2 Sichtweisen des CVM in Franchisesystemen

In Franchisesystemen lassen sich die Sichtweisen des CVM folgendermaßen konkretisieren (vgl. Abb. 5):[58]

Abb. 5: Sichtweisen des CVM in Franchisesystemen

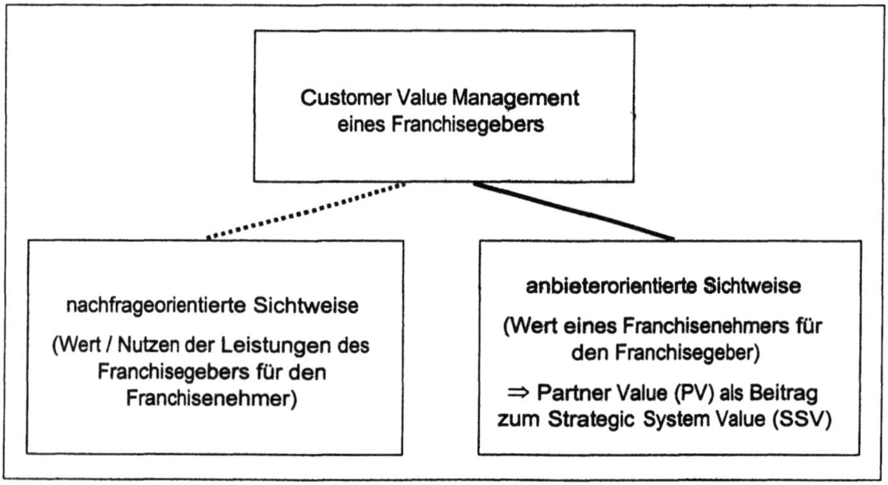

Quelle: Eigene Darstellung.

Aus der Perspektive des Franchisenehmers (*nachfrageorientierte Sichtweise*) bestehen die Leistungen des Franchisegebers einerseits darin, dass sie unmittelbar Kosteneinsparungen im Franchisenehmerbetrieb bewirken. Der Franchisegeber übernimmt Funktionen, die er besser übernehmen kann als der einzelne Franchisenehmer.[59] Bei Wegfall dieser Leistungen müsste der Franchisenehmer mit erheblich hö-

58 Vgl. auch SPRAHLINGER/HERRMANN/HUBER (2000), S. 183 ff.

59 Vgl. Kap. 2.2.6.

heren betrieblichen Auszahlungen rechnen. Andererseits entfalten die Aktivitäten des Franchisegebers positive Wirkungen auf die externen Kunden. Zu denken ist bspw. an das Markenmanagement. Daraus resultieren Erlössteigerungen, für deren Erzielung der einzelne Franchisenehmer eine vergleichsweise höhere Auszahlung in Kauf nehmen müsste.

Diesem Gesamtnutzen stehen die einmaligen und laufenden Zahlungen des Franchisenehmers an den Franchisegeber gegenüber. Ein positiver Saldo dieser "Kosten-Nutzen-Bilanz" für den Franchisenehmer ist zwingend erforderlich; andernfalls wird er überhaupt keine Bereitschaft zur Mitarbeit in dem System zeigen.[60]

Unterstellt man, dass der Franchisegeber als oberstes finanzielles Ziel die Maximierung seines Vermögens in einer bestimmten Periode und damit eine entsprechende Verzinsung seines Kapitals, das er in das Franchisesystem investiert hat, anstrebt, ist der Totalgewinn seiner Investition in das Franchisesystem die geeignete Steuerungsgröße für das Management des Franchisesystems. Damit ist die anbieterorientierte Sichtweise des CVM von primärem Interesse und die nachfrageorientierte Sichtweise des CVM lediglich als Nebenbedingung zu verstehen.[61]

Der Totalgewinn der Investition des Franchisegebers in das Franchisesystem wird im Weiteren als Strategic System Value des Franchisegebers (SSV) bezeichnet.

Der SSV resultiert überwiegend aus den Zahlungsüberschüssen, die im Lebenszyklus des Franchisesystems mit der Gesamtheit der Franchisenehmer erzielt werden. Damit stellt jeder einzelne Franchisenehmer eine Teilinvestition für den Franchisegeber dar, deren Vorteilhaftigkeit sich am Partner Value bemisst. Im Sinne einer *vorläufigen Arbeitsdefinition* wird der prospektive Wert eines Franchisenehmers, der

---

60 Vgl. die Ausführungen zur Anreiz-Beitrags- und zur Koalitionstheorie in Kap. 2.3.2.

61 Vgl. zu dieser Mittel-Zweck-Beziehung zwischen nachfrage- und anbieterbezogener Sichtweise des Customer Value GROßE-OETRINGHAUS (1994); SEBASTIAN/LAUSZUS (1994), S. 27 ff. "Der Kerngedanke des Value Marketing besteht darin, Kundenwerte gegenüber dem Wettbewerb stärker zu erhöhen und daraus Geschäftserfolge zu schaffen." GROßE-OETRINGHAUS (1994), S. 57. Ein auf Ein- und Auszahlungen basierender "*Geschäftswert* ist als Planwert aber nur dann realistisch, wenn sein Fundament solide ist. Alle methodischen Überlegungen zum Geschäftswert sind sinnlos, wenn die Ausgangsdaten für die geplanten Gewinne nicht stimmen. Gewinne beruhen letztlich auf Kundenwerten bzw. Kundenvorteilen. Die Ermittlung des Geschäftswertes muß daher die Frage einschließen, ob das Geschäft aus *Sicht des Kunden* und angesichts der *Kompetenz des Wettbewerbers* Werte schafft." GROßE-OETRINGHAUS (1994), S. 58.

Partner Value, analog zum Totalgewinn des Franchisesystems, dem SSV, wie folgt definiert:

> **Der Partner Value ist definiert als Summe der zukünftigen, diskontierten Zahlungsüberschüsse, die im Rahmen der Geschäftsbeziehung mit einem bestimmten Franchisenehmer ab dem Betrachtungszeitpunkt t_0 bis zu seinem Ausscheiden aus dem System erzielt werden.**

Darüber hinaus erhält bzw. leistet der Franchisegeber weitere Ein- und Auszahlungen, die nicht den einzelnen Franchisenehmern direkt zugerechnet werden können: Dies sind insbesondere Zahlungsüberschüsse aus weiteren Aktivitätsfeldern, wie z.B. Regiebetrieben, Finanzgeschäften, die dem sog. neutralen Bereich subsumiert werden können.

Im Hinblick auf die Umsetzung des CVM in Franchisesystemen und die Ermittlung der Partner Values sind zunächst die konstitutiven Merkmale von Franchisesystemen (vgl. Kap. 2.2) sowie die Besonderheiten der Franchisegeber-Franchisenehmer-Beziehung (vgl. Kap. 2.3.2) näher zu untersuchen, um darauf aufbauend die Zahlungsströme zwischen Franchisegeber und Franchisenehmer bestimmen zu können.

2.2 Konstitutive Merkmale von Franchisesystemen

2.2.1 Überblick

Auf der Systemstrukturebene ist zunächst zwischen reinen und hybriden Systemen zu differenzieren. Letztere liegen vor, wenn die Systemzentrale[62] einen Teil der Outlets als Regiebetriebe führt. Während die Franchisenehmer die Miete für das Ladenlokal, Auszahlungen für die Ladeneinrichtung sowie das Franchisepaket, das Personal, weitere laufende Auszahlungen (z.B. für Ersatzinvestitionen) und ggf. für die angebotenen Waren selber tragen, hat die Systemzentrale diese Auszahlungen für ihre Filialen zu übernehmen. Dafür erhält sie aber auch alle aus dem Verkauf der angebotenen Waren bzw. Dienstleistungen resultierenden Einzahlungen vollständig und partizipiert nicht nur anteilig an deren Erfolg (wie bei den Franchisenehmern über die Gebühren bzw. die Handelsspanne).

---

62 Die Begriffe Systemzentrale und Franchisegeber werden in dieser Arbeit synonym verwendet.

Im Rahmen des CVM stehen die Zahlungsströme zwischen Systemzentrale und den Outlets im Fokus der Betrachtung. Die Zahlungsströme differieren in Abhängigkeit davon, ob es sich um Franchisebetriebe oder Filialen handelt. Daher ist auch bei der Bewertung der Outlets zwischen Franchisebetrieben und Filialen zu differenzieren. Im Vordergrund dieser Arbeit steht die Bewertung der Franchisenehmer als Kooperationspartner des Franchisegebers. Daher werden die Zahlungsströme zwischen den Regiebetrieben und der Systemzentrale nicht dezidiert untersucht, sondern en bloc als Bestandteil des neutralen Bereiches bei der Ermittlung des SSV berücksichtigt.

Zur weiteren Charakterisierung von Franchisesystemen wird auf den Ansatz von MEURER zurückgegriffen (vgl. Tab. 1).[63] Danach weisen Franchisesysteme zehn konstitutive Merkmale auf, die sich zu fünf Merkmalsklassen verdichten lassen.[64] Davon betreffen drei Merkmalsklassen den Systemaufbau (vgl. Kap. 2.2.2 - 2.2.4) und die weiteren das Systemverhalten (vgl. Kap. 2.5) sowie den Systemzweck (vgl. Kap. 2.6).

---

63 Zu beachten ist, dass zwischen den konstitutiven Merkmalen z.T. Interdependenzen bestehen. Vgl. MEURER (1997), S. 11. So sind z.B. die vertikale Organisationsstruktur und die kooperative Beziehung mit hoher Interaktionsintensität (systembezogene Merkmale) Voraussetzung für ein vertikales Absatzsystem und einen einheitlichen Marktauftritt (marketingbezogene Merkmale).

64 Vgl. hierzu und im Folgenden MEURER (1997), S. 8-11.

Tab. 1: Konstitutive Merkmale von Franchisesystemen

<table>
<tr><th colspan="2">Merkmalsklasse</th><th>Merkmale</th></tr>
<tr><td rowspan="3">System-aufbau</td><td>systembezogene Merkmale</td><td>• vertikale Organisationsstruktur
• kooperative Beziehung mit hoher Interaktionsintensität</td></tr>
<tr><td>vertragsbezogene Merkmale</td><td>• dauerhaft bindender, schriftlicher, individualrechtlicher Vertrag
• Dauerschuldverhältnisse</td></tr>
<tr><td>statusbezogene Merkmale</td><td>• rechtliche und finanzielle Selbständigkeit aller Partner
• Franchisegeber als Systemführer</td></tr>
<tr><td rowspan="2">Systemzweck und Systemverhalten</td><td>marketingbezogene Merkmale</td><td>• vertikales Absatzsystem
• einheitlicher Marktauftritt</td></tr>
<tr><td>funktionsbezogene Merkmale</td><td>• arbeitsteiliges Leistungsprogramm
• dauerhafte bilaterale Rechte und Verpflichtungen zur Erfüllung des Systemzwecks</td></tr>
</table>

Quelle: Eigene Darstellung in Anlehnung an MEURER (1997), S. 9.

2.2.2 Systembezogene Merkmale

In den *systembezogenen* Merkmalen spiegelt sich der System- und Netzwerkcharakter von Franchisesystemen wider. Ein unverzichtbares Merkmal von Franchisesystemen ist deren *vertikale Organisationsstruktur.* Diesbezüglich lassen sich drei- und zweigliedrige Systeme unterscheiden, wobei der Franchisenehmer prinzipiell auf einer konsumnäheren Marktstufe agiert als der Franchisegeber (vgl. Abb. 6).[65]

[65] Vgl. hierzu und im Folgenden AHLERT (1981), S. 86; KAUB (1980), S. 23 f.; HANRIEDER (1990), S. 11; TIETZ (1991), S. 35-39; REUSS (1993), S. 55.

Abb. 6: Grundtypen von vertikalen Organisationsstrukturen in Franchisesystemen

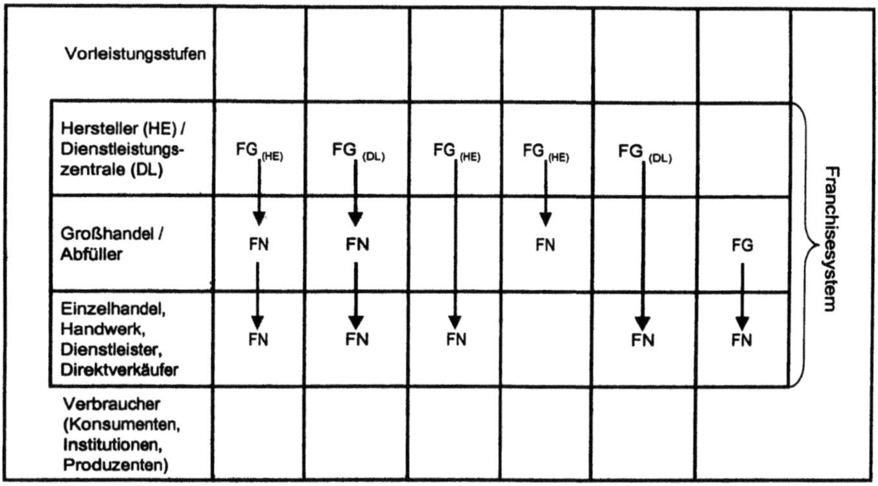

Quelle: Eigene Darstellung.

In dreigliedrigen Systemen werden die Produkte/Dienstleistungen eines Herstellers bzw. einer Dienstleistungszentrale über Franchisenehmer auf der Großhandelsstufe an weitere Franchisenehmer auf einer nachgelagerten Marktstufe vertrieben. So verkauften bspw. Automobilhersteller ihre Fahrzeuge sowie das Zubehör häufig über zwischengeschaltete Gebietshändler an den Einzelhandel. Dabei zeichnete sich in den letzten Jahren ein Trend dahingehend ab, die Vertriebsnetze zu bereinigen, d.h. kleinere Händler zu eliminieren und dadurch die Marktverantwortungsgebiete der anderen Händler zu vergrößern. Als Konsequenz dieser Maßnahmen wird der zwischengeschaltete Großhandel obsolet. Damit überwiegen in der Praxis zweigliedrige Systeme mit den folgenden vier Grundtypen (vgl. nochmals Abb. 6):

Typ I: Der Franchisegeber ist Hersteller und arbeitet mit Einzelhändlern, Handwerksbetrieben oder Direktverkäufern zusammen. Als Beispiele für einen solchen Systemtyp können YVES ROCHER, BENETTON, MARC O'POLO und die VILLEROY & BOCH AG genannt werden.

Typ II: Der Franchisegeber ist Hersteller. Seine Franchisenehmer sind Großhändler oder Abfüller. Dieser Systemtyp ist z.B. in der Getränkeindustrie zu finden (COCA COLA).

Typ III: Als Dienstleistungszentrale vergibt der Franchisegeber Franchisen an Einzelhändler, Handwerks- oder Dienstleistungsbetriebe (z.B. McDONALD'S, BURGER KING, MUSIKSCHULE FRÖHLICH, HERTZ).

Typ IV: Der Franchisegeber ist Großhändler und seine Franchisenehmer sind Einzelhändler, Direktverkäufer oder Handwerksbetriebe. Beispiele für den Typ IV sind DER TEELADEN oder VOM FASS.

Prinzipiell kann das CVM-Konzept für jeden der in Abb. 6 abgebildeten Grundtypen von Franchisesystemen verwendet werden.. Um jedoch die weiteren Ausführungen sowie insbesondere das Demonstrationsbeispiel in Kap. 4 möglichst anschaulich und präzise zu gestalten, ist die Konzentration auf eine bestimmte Systemkonstellation erforderlich.

Im Rahmen dieser Untersuchung wird ein zweigliedriges System zugrunde gelegt, in dem ein Hersteller oder Großhändler als Franchisegeber seine Produkte über Franchisenehmer auf der Einzelhandelsstufe an die Verbraucher verkauft. Klassifiziert man die Verbraucher nach der von ihnen vorgesehenen Verwendung des Absatzgutes, so können sie in die Gruppen der Konsumenten (private Haushalte), Institutionen (institutionelle Haushalte wie z.B. Behörden) und Produzenten (Unternehmungen) untergliedert werden. Aus Sicht des Franchisegebers lassen sich Franchisenehmer und Verbraucher zum sog. Abnehmerkreis zusammenfassen.[66] Allerdings ist der Franchisenehmer nicht nur Verbraucher und damit Kunde (Customer) des Franchisegebers. Vielmehr liegt zwischen Franchisegeber und Franchisenehmer auch *eine kooperative Beziehung mit intensiver Interaktionsintensität* vor,[67] sodass der Franchisenehmer zugleich Element bzw. Mitglied des Franchisesystems ist.[68]

Nicht zum Franchisesystem, sondern zur Systemumwelt zählen die Verbraucher sowie Unternehmungen, die den Vorleistungsstufen angehören.[69] Fertigt z.B. ein Franchisegeber wie MARC O'POLO auf der Konfektionsstufe Textil- und Bekleidungsprodukte, existieren Geschäftsverbindungen, ggf. sogar auch Kooperationen mit Unternehmungen auf den Stufen der Spinnstoffaufbereitung, der Spinnstoffverarbeitung,

---

66 Vgl. AHLERT (1996), S. 16, 48.

67 Vgl. MEURER (1997), S. 10 sowie die Ausführungen in Kap. 2.3.2.

68 Vgl. AHLERT (1996), S. 11.

69 Vgl. hierzu ergänzend die Definition von KAUB in Kap. 1.

der Gespinstverarbeitung und der Textilveredlung.[70] Die Einteilung in Systemmitglieder und Systemumwelt ist für das CVM aus folgenden Gründen bedeutsam:

Die Beziehung zwischen Franchisegeber und Franchisenehmer weist hinsichtlich der vertragsbezogenen Merkmale Unterschiede zu den Beziehungen des Franchisegebers bzw. des Franchisenehmers zur Systemumwelt auf (vgl. Kap. 2.2.3). Ferner ist im Rahmen des CVM zu berücksichtigen, welchen Status die Systemmitglieder innehaben. Insbesondere ist von Interesse, wer die Systemführerschaft übernimmt (vgl. Kap. 2.2.4). Aus der Systemführerschaft leitet sich ab, welche Funktionen Franchisegeber und Franchisenehmer jeweils übernehmen. Darüber hinaus sind unabhängig von dem gemeinsamen Zweck der Systemmitglieder, "die potentiellen Verbraucher zum Kauf der infrage stehenden Distributionsobjekte zu veranlassen,"[71] die Zielbeziehungen der Systemmitglieder näher zu untersuchen. Ihr Verhalten ist vom Systemkopf im Hinblick auf einen einheitlichen Marktauftritt zu koordinieren (vgl. Kap. 2.2.5 und 2.2.6).

2.2.3 Vertragsbezogene Merkmale

Ein *dauerhaft bindender, schriftlicher, individualrechtlicher Vertrag* bindet Franchisegeber und Franchisenehmer an die Kooperationsvereinbarungen.[72] Hinsichtlich der Gestaltung des Franchisevertrages ist zu berücksichtigen, dass dieser ein *Dauerschuldverhältnis* begründen muss, damit die Kooperationsziele der Systempartner erreicht werden können.[73] Ferner ist der Vertrag ein Konglomerat verschiedener Vertragstypen, wie Gesellschafts-, Lizenz-, Dienst- und Werkvertrag, sodass auch unterschiedliche gesetzliche Normen zu beachten sind. Im Wesentlichen finden Regelungen des Gesellschafts-, Handels-, Arbeits- und Verbraucherschutz-, Zivil-, Kartell- und Wettbewerbsrecht Anwendung.[74] In wettbewerbsrechtlicher Hinsicht ist insbesondere die Gruppenfreistellungsverordnung (GVO) von Bedeutung. Verletzen die

---

70 Vgl. ausführlicher zu den Vorleistungsstufen in der Textilwirtschaft JÄGER (2001), S. 45 ff.

71 AHLERT (1996), S. 65.

72 Zu den Inhalten der Kooperationsvereinbarung vgl. die Ausführungen in Kap. 2.3.2.

73 Vgl. MARTINEK (1987), S. 259.

74 Vgl. BAUDER (1988); BEYER (1988), S. 24 ff.; DÜNISCH (1999); FLOHR (1999); SKAUPY (1995), S. 167 ff.; WESSELS (1999a).

im Rahmen der Franchiseverträge getroffenen Regelungen nicht Art. 81 EG-Vertrag, werden sie freigestellt und müssen nicht gesondert bei der Kommission angemeldet werden.[75]

Die alte EU-Gruppenfreistellungsverordnung für Franchisevereinbarungen vom 1. Dezember 1989 ist zum 31. Dezember 1999 außer Kraft getreten. Sie wurde durch die neue GVO für vertikale Vertriebsbindungen, die am 1. Juni 2000 in Kraft trat und bis zum 31. Mai 2010 gilt, abgelöst. Für bestehende Franchiseverträge, die vor dem 31. Mai 2000 abgeschlossen wurden, gilt eine Übergangsfrist: Sie sind bis Ende Dezember 2001 an die neue GVO anzupassen; so lange gelten für sie noch die Regelungen der alten GVO.[76] Nach der neuen Gruppenfreistellungsverordnung ist die Laufzeit der Franchiseverträge auf max. 5 Jahre begrenzt, es sei denn, eine der folgenden Bedingungen ist erfüllt:

- Bezugsbindungen bestehen für weniger als 80% des Gesamtumsatzes.[77]
- Der Franchisebetrieb wird in Räumlichkeiten betrieben, die Eigentum des Franchisegebers sind und an den Franchisenehmer vermietet werden bzw. der Franchisegeber ist Mieter der Räumlichkeiten und hat einen Untermietvertrag mit dem Franchisenehmer abgeschlossen. Der Franchise-Vertrag kann dann für die Dauer der Geltung des Mietvertrages vereinbart werden.[78]
- Zur Wahrung der Corporate Identity des Franchisesystems ist eine längere Laufzeit erforderlich.[79]

Eine Vertragslaufzeit von zehn und mehr Jahren ist vor dem Hintergrund des CVM sowohl für den Franchisegeber als auch für den Franchisenehmer von besonderem Interesse: Ein potentieller neuer Franchisenehmer wird von einer Bank nur dann einen ausreichend hohen Kredit für die zur Existenzgründung erforderliche Investitionssumme erhalten, wenn er ein überzeugendes und längerfristiges Geschäftskonzept vorlegen kann. Der Zeitraum seiner Geschäftstätigkeit muss lang genug sein,

---

75 In der GVO ist von der EU-Kommission festgelegt, welche Regelungen in Franchise-Verträgen nicht gegen Art. 81 EG-Vertrag (früher Art. 85 EG-Vertrag) verstoßen und damit den Handel zwischen den Mitgliedsstaaten nicht spürbar beeinträchtigen.

76 Vgl. Art. 12, 13 der GVO. Zur GVO und deren Bedeutung für die Gestaltung des Franchisevertrages vgl. SKAUPY (1995), S. 228 ff.; FLOHR (2000); MARTINEK (2001).

77 Vgl. Art. 1 GVO.

78 Vgl. nochmals Art. 1 GVO.

79 Vgl. Textziffer 199 GVO.

um eine solide Finanzierung mit angemessenen Zins- und Tilgungszahlungen zu ermöglichen.

2.2.4 Statusbezogene Merkmale

Die *statusbezogenen Merkmale* charakterisieren die Positionen von Franchisegeber und Franchisenehmer im Franchisesystem. Beide Parteien sind *rechtlich und wirtschaftlich selbständig*.[80] Unbeschadet der umfangreichen Weisungs- und Kontrollrechte des Franchisegebers trägt der Franchisenehmer das unternehmerische Risiko und ist im eigenen Namen sowie auf eigene Rechnung tätig.[81] Neben der an den Franchisegeber zu zahlenden Eintrittsgebühr hat der Franchisenehmer die erforderlichen einmaligen und laufenden Investitionen in Ladeneinrichtung, Warenausstattung etc. selber zu tätigen. Insbesondere in der Gründungsphase unterstützen einige Franchisegeber ihre Franchisenehmer dabei, für derartige Investitionen geeignete Finanzierungen zu finden.[82] Diesbezüglich kann der Franchisegeber entweder

- einen *Rahmenvertrag* mit einer Bank abschließen, in dem die Anzahl der Neugründungen sowie die Finanzierungsvolumina festgelegt werden. Richtlinien legen die Anforderungen an neue Franchisenehmer fest; vorher definierte Informationswege senken das Risiko für die kreditgebende Bank und erleichtern damit eine schnelle Kreditvergabe sowie die laufende Überprüfung der wirtschaftlichen Situation der Kreditnehmer (Franchisenehmer), oder aber
- selber dem Franchisenehmer *Finanzierungshilfen* gewähren. Die Finanzierungshilfen eines Franchisegebers lassen sich einteilen in
  - *finanzielle Unterstützungen* in Form von Darlehen, Pachtverträgen, kurzfristigen Zwischenfinanzierungen, längeren Zahlungszielen, fixen Kreditlimiten auf Warenlieferungen, zeitlich begrenzten Beteiligungen, Mietzuschüssen und Werbekostensubventionen sowie

---

80 Vgl. Kap. 1.

81 Vgl. ORTHMANN (1990), S. 7 f.

82 Vgl. zu den Formen der Franchisenehmerfinanzierung ausführlicher MEIER (1999), S. 206-224; STERN (1994), S. 194-198; SKAUPY (1995), S. 185 ff.

- *Besicherungshilfen* in Form von Bürgschaften, Rücknahmeverpflichtungen für Einrichtungen, Zusicherung des Geschäftswertes bei Vertragsauflösung und Rangrücktritt für Forderungen.[83]

Der *Franchisegeber* regelt *als Systemkopf*[84] die Außenkontakte des Franchisesystems im Hinblick auf einen einheitlichen Marktauftritt sowie die Abwicklung der Leistungstransaktionen mit den Kunden des Netzwerks und koordiniert die an Franchisenehmer und ggf. an Unternehmungen der Vorleistungsstufen ausgelagerten Funktionen.

Nach SNOW ET AL. können Franchisesysteme damit als *stabile* Netzwerke charakterisiert werden:[85] "The stable network typically employs partial outsourcing and is a way of injecting flexibility into the overall value chain. In the stable network, assets are owned by several firms, but dedicated to a particular business. Often, a set of vendors is nestled around a large „core" firm, either providing inputs to the firm or distributing its outputs."[86] Nachteil dieser Netzwerkkonfiguration ist die wechselseitige Abhängigkeit von Franchisegeber und Franchisenehmer. Vorteile dieses Netzwerktypus sind die Risikostreuung, da das unternehmerische Risiko auf den Franchisegeber und die Franchisenehmer verteilt wird, sowie eine feste Aufgabenzuweisung unter den Netzwerkakteuren (vgl. Kap. 2.2.6).[87]

2.2.5 Marketingbezogene Merkmale

Die *marketingbezogenen Merkmale* charakterisieren das Franchising als eine *absatzmarktgerichtete Kooperationsform* mit einem einheitlichen Marktauftritt der Sys-

---

83 Vgl. MEIER (1999), S. 208.

84 Vgl. BEYER (1988), S. 264; TÄGER (1994), S. 87.

85 SNOW ET AL. unterscheiden neben stabilen Netzwerken noch dynamische und interne Netzwerke. Von *dynamischen* Netzwerken sprechen die Autoren, wenn die Aufteilung der Funktionen auf die verschiedenen Elemente des Netzwerkes in verschiedenen situativen Kontexten differiert. Ziel (unternehmungs)*interner* Netzwerke ist es, Innovationen und Leistungsverbesserungen zu erzielen, indem die Leistungen zwischen den Elementen des Netzwerkes über Marktmechanismen wie z.B. Verrechnungspreise abgegolten werden. Vgl. hierzu und im Folgenden SNOW ET AL. (1992).

86 SNOW ET AL. (1992), S. 13.

87 Vgl. ALTER/HAGE (1993), S. 77 ff.

tempartner.[88] Ein systemkonformes Verhalten der Franchisenehmer und damit der *einheitliche Marktauftritt* sollen durch die Implementierung eines Weisungs- und Kontrollsystems sichergestellt werden. MEURER hat in seiner Untersuchung fünf verschiedene Führungsstile identifiziert. Dabei wurde eine starke Korrelation zwischen Führungsstil und Erfolg eines Franchisesystems festgestellt. Je professioneller ein System am Markt geführt wird, desto intensiver ist grundsätzlich die Betreuung der Franchisenehmer und umgekehrt. Am erfolgreichsten sind daher die Systeme, die

- einen *partnerschaftlich-interaktiven* Führungsstil (sehr hohe Partizipation der Franchisenehmer und ausgeprägte Unterstützung durch den Franchisegeber) oder
- einen *rigide-hierarchischen Führungsstil* (Intensität und Qualität der Führungsinstrumente sind vergleichbar mit denen, die in klassischen Filialsystemen zum Einsatz kommen) anwenden.

Negativ auf den Erfolg wirken sich hingegen

- ein *liberal-vertrauensbasierter Führungsstil* (relativ geringe Intensität der Verhaltensbeeinflussung und zugleich ein geringes Maß an Sanktionen),
- ein *führungsaverser Führungsstil* (keine systematische Verhaltensbeeinflussung der Franchisenehmer) und
- ein *autoritär-minimalistischer Führungsstil* (sehr starke Ausübung von Sanktionen, aber zugleich nur eine geringfügige betriebswirtschaftliche Unterstützung des Franchisenehmers durch den Franchisegeber) aus.[89]

Nach den Erkenntnissen von MEURER ist daher im Hinblick auf eine Maximierung des SSV ein partnerschaftlich-interaktiver bzw. ein rigide-hierarchischer Führungsstil zu wählen. Welche Funktionen und Verpflichtungen die Systempartner wahrzunehmen haben und welche Rechte ihnen zustehen, wird anhand der funktionenbezogenen Merkmale im nächsten Kapitel erläutert.

---

88 Vgl. MEURER (1997), S. 11; ORTHMANN (1990), S. 7; TÄGER (1994), S. 82 ff.

89 Vgl. MEURER (1997). Vgl. zum richtigen Ausmaß an Betreuung der Franchisenehmer und zu verschiedenen Führungsstilen auch BOEHM (1992), S. 205 ff.; SYDOW/KLOYER (1995), S. 96 ff.

2.2.6 Funktionenbezogene Merkmale

Charakteristisch für Franchisesysteme ist, dass die zur Zweckerfüllung notwendigen Aufgaben von Franchisegeber und Franchisenehmern im Rahmen eines *arbeitsteiligen Leistungsprogramms* durchgeführt werden.[90] Insbesondere die Vertriebsaufgaben werden vom Franchisegeber i.d.R. vollständig an die Franchisenehmer übertragen.[91] Die Aufgabenteilung manifestiert sich in *dauerhaften, bilateralen Rechten und Verpflichtungen zur Erfüllung des Systemzwecks*. Diesbezüglich ist der Franchisegeber verpflichtet, das Franchisepaket bzw. -konzept den Franchisenehmern zur Verfügung zu stellen, es permanent weiterzuentwickeln sowie die Franchisenehmer entsprechend zu schulen und zu unterstützen.[92] Das Franchisekonzept kann als das gesamte System-Know-how und -Do-how verstanden werden, das den Franchisenehmern im Hinblick auf ihre eigenständige Betriebsführung übertragen wird. Da es die originäre Geschäftsidee des Franchisesystems verkörpert, muss es mindestens die folgenden Elemente umfassen:

- das Leistungsversprechen, verbunden mit einem spezifischen Nutzen für die Verbraucher,
- eine profilierungsfähige Marke und ihre Positionierung,
- ein Absatzkonzept, welches das spezifische Marketingkonzept des Systems beinhaltet sowie
- ein Organisationskonzept, das die für Franchisegeber-Franchisenehmer-Beziehung relevanten systeminternen Strukturen und Abläufe regelt.[93]

Der Franchisenehmer ist bei der Ausführung seiner Geschäftstätigkeit, also beim Vertrieb der Systemleistungen, an das Franchisekonzept gebunden. Er hat die Vorgaben des Franchisegebers zu beachten, damit ein einheitlicher Marktauftritt aller Franchisebetriebe des Systems gewährleistet ist. Somit ist die Nutzung der Franchi-

---

90 Vgl. AHLERT (1996), S. 66. Zum arbeitsteiligen Leistungsprogramm in Franchisesystemen vgl. nochmals die Definition von KAUB in Kap. 1 dieser Arbeit.

91 Vgl. MEURER (1997), S. 11.

92 Vgl. AUSSCHUß FÜR BEGRIFFSDEFINITIONEN AUS DER HANDELS- UND ABSATZWIRTSCHAFT (Hrsg.) (1995), S. 58.

93 Vgl. BEYER (1988), S. 21; BOEHM (1999), S. 145 ff.; MEFFERT/MEURER (1996), S. 222; MEURER (1997), S. 11; ORTHMANN (1990), S. 8 f.; TÄGER (1994), S. 83 f.

se das zentrale Recht, aber zugleich auch eine wesentliche Verpflichtung des Franchisenehmers.[94]

Die weiteren Verpflichtungen des Franchisenehmers sind monetärer Art. Der Franchisenehmer hat die erforderlichen Investitionen für die Errichtung, die Renovierung und den Umbau des Franchisebetriebs zu tätigen.[95] Darüber hinaus müssen die Franchisenehmer in den meisten Systemen eine einmalige, fixe Eintrittsgebühr sowie laufende Gebühren zahlen.

Mit der Eintrittsgebühr beteiligt sich der Franchisenehmer an den Investitionen des Franchisegebers in die Entwicklung und den Aufbau des Systems.[96] Als Vergütung für die Leistungen, die der Franchisegeber kontinuierlich erbringt, haben die Franchisenehmer laufende Gebühren zu bezahlen. Sie können entweder indirekt in Form eines Kalkulationsaufschlages auf die bezogenen Waren oder direkt als umsatzabhängiges oder fixes Entgelt erhoben werden.[97]

Im nächsten Kapitel wird ein theoretischer Bezugsrahmen erarbeitet, mit dessen Hilfe die Kooperation von Franchisegeber und Franchisenehmern in Franchisesystemen, deren konstitutiven Merkmale zuvor erläutert wurden, erklärt werden kann. Ferner wird untersucht, welche Zahlungsströme zwischen Franchisegeber und Franchisenehmer existieren und wie basierend auf diesen Erkenntnissen der SSV und die Partner Values der Franchisenehmer theoretisch exakt zu ermitteln sind.

2.3 Bezugsrahmen des CVM in Franchisesystemen

2.3.1 Überblick

Das CVM in Franchisesystemen kann als Weiterentwicklung existierender Führungskonzeptionen verstanden werden.[98] Es ist insbesondere durch die finanziellen Ziele

---

94 Vgl. BAUDER (1988), S. 29.

95 Vgl. SKAUPY (1995), S. 135 sowie die Ausführungen in Kap. 2.2.4.

96 Nach einer Untersuchung von SONDERMANN erheben 14% der Mitglieder des DFV keine Eintrittsgebühr, bei 68% dieser Systeme beträgt sie bis zu 30.000 DM. Vgl. SONDERMANN (1996), S. 12.

97 Vgl. SKAUPY (1995), S. 135 f.; SONDERMANN (1996), S. 13; TÄGER (1994), S. 85.

98 Vgl. hierzu die vorangegangenen Ausführungen zur Notwendigkeit des Customer Value Managements in Franchisesystemen in Kap. 1.

und Entscheidungen des Franchisegebers geprägt. Darüber hinaus wird es durch verschiedene Theorien fundiert (vgl. Abb. 7).[99]

Abb. 7: Bezugsrahmen des CVM in Franchisesystemen

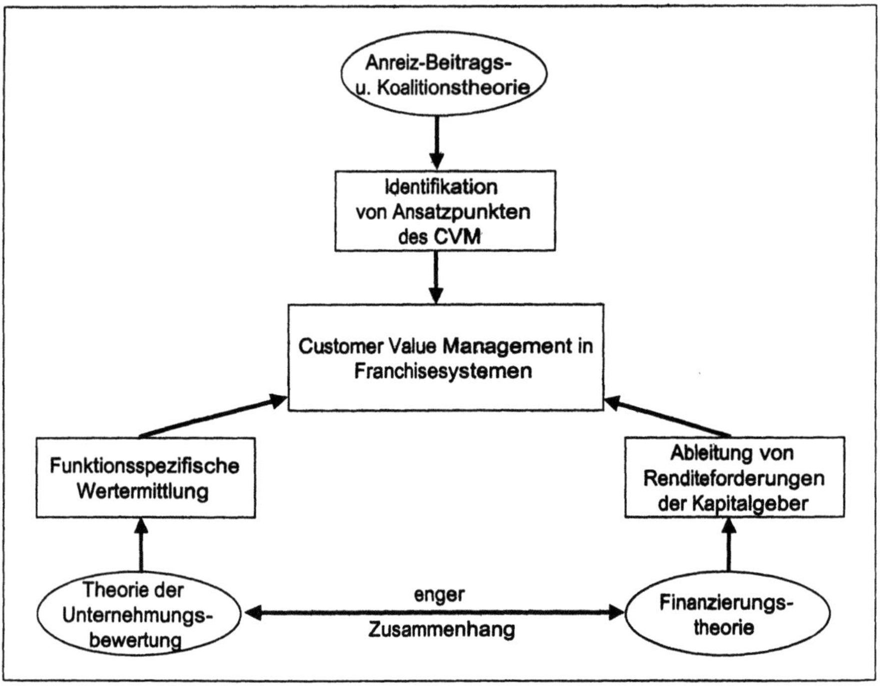

Quelle: Eigene Darstellung.

Wesentliches Ziel des CVM ist die Erhöhung des SSV und der Partner Values. Für die Wertermittlung kann auf Verfahren der *Theorie der Unternehmungsbewertung* zurückgegriffen werden (vgl. Kap. 2.3.3). In einem engen Zusammenhang mit der Unternehmungsbewertung steht die *Finanzierungstheorie* (vgl. Kap. 2.3.4). Ihre Aufgabe ist es, Kriterien abzuleiten, anhand derer die Vorteilhaftigkeit verschiedener strategischer Handlungsalternativen auch im Hinblick auf die Renditeforderungen des Franchisegebers (oder anderer Investoren) beurteilt werden kann. Mit Hilfe der

---

99 Vgl. hierzu und im Folgenden PAPE (1999), S. 137 ff.

Anreiz-Beitrags- und der Koalitionstheorie soll darüber hinaus im nächsten Kapitel zunächst die Kooperation zwischen Franchisegeber und Franchisenehmer erklärt werden. Ferner können auf Basis dieser Theorien wesentliche Ansatzpunkte des CVM zur Erhöhung des SSV und der Partner Values identifiziert werden.

2.3.2 Identifikation von Ansatzpunkten des CVM zur Erhöhung des SSV und der Partner Values mit Hilfe der Anreiz-Beitrags- und der Koalitionstheorie

2.3.2.1 Anreiz-Beitrags- und Koalitionstheorie als Erklärungsansatz für die Kooperation zwischen Franchisegeber und Franchisenehmer

Mit Rückgriff auf die Anreiz-Beitrags- und die Koalitionstheorie lässt sich die enge, kooperative Zusammenarbeit zwischen Franchisegeber und Franchisenehmern in einem Franchisesystem erklären. Während sich die von BARNARD begründete Anreiz-Beitrags-Theorie mit den *grundsätzlichen* Beitrags- und Beitritts-Entscheidungen der Teilnehmer aufgrund der von einem System angebotenen Anreize befasst,[100] steht im Vordergrund der von MARCH/SIMON (1958)[101] konzipierten und später von CYERT/MARCH (1963)[102] weiterentwickelten Koalitionstheorie die Entscheidung zur *produktiven* Beitragsleistung.[103] Die Koalitionstheorie kann folglich als Weiterentwicklung der Anreiz-Beitrags-Theorie aufgefasst werden.

Ihr zufolge können Franchisesysteme als Koalition interpretiert werden, d.h. als freiwilliger Zusammenschluss bzw. als Kooperation[104] von Franchisegeber und Franchisenehmern, mit dem Ziel, gemeinsame oder harmonierende Ziele besser als bei autonomem Agieren zu erreichen.[105] Die Koalitionsmitglieder erhalten durch ihre Teilnahme bestimmte Anreize, für die sie jeweils entsprechende Beiträge zu leisten ha-

100 Vgl. BARNARD (1984).

101 Vgl. MARCH/SIMON (1993).

102 Vgl. CYERT/MARCH (1963).

103 Vgl. STAEHLE (1999), S. 431 ff.

104 In der in dieser Arbeit zugrunde gelegten Definition des Franchising wird von einem *vertikal-kooperativ organisierten* Absatzsystem gesprochen. Vgl. die Ausführungen in Kap. 1.

105 Vgl. CYERT/MARCH (1963), S. 26 ff.; BEYER (1988), S. 204. Vgl. zur Systematisierung von Koalitionen auch STAEHLE (1999), S. 429 f.

ben. Diese Beiträge werden von der Koalition in Anreize überführt und fließen an die Mitglieder zurück.[106] Die Teilnahme von Franchisegeber und Franchisenehmer an der Koalition ist daher nach der Anreiz-Beitrags- und der Koalitionstheorie abhängig von dem subjektiven Anreiz/Nutzen, der den zu leistenden Beiträgen gegenüber steht.[107] Solange der subjektiv empfundene Nutzen höher eingeschätzt wird als der mit der Beitragsleistung verbundene Nutzenentgang, stellt sich Zufriedenheit ein, und die Zusammenarbeit im Franchisesystem wird aufrechterhalten.[108]

Welche Beiträge Franchisegeber und Franchisenehmer jeweils zu erbringen haben, ist im Franchisevertrag festgelegt. Dabei resultieren die Anreize der Systempartner vorrangig aus der auf Arbeitsteilung und Spezialisierung beruhenden Zusammenarbeit:[109] Durch die Bereitstellung und ständige Weiterentwicklung eines Beschaffungs-, Absatz- und Organisationskonzeptes, die Gewährung von Schutzrechten, die Ausbildung sowie die aktive und laufende Unterstützung der Franchisenehmer schafft der Franchisegeber Anreize für die Franchisenehmer. Als Gegenleistung erhält der Franchisegeber Einzahlungen durch die Gebühren bzw. die Handelsspanne auf die vertriebenen Leistungen und Produkte. Darüber hinaus stellt der Franchisenehmer seine Arbeitskraft, Kapital und Informationen zur Verfügung. Als Ergebnis dieser Kooperation wird das Know-how des Franchisegebers mit dem Unternehmertum und idiosynkratischen Wissen der Franchisenehmer kombiniert. Damit verbindet das Franchising als hybride Organisations- und Vertriebsform die Vorteile der Hierarchie mit denen des Marktes.[110]

---

106 Vgl. MARCH/SIMON (1993), S. 104.

107 Vgl. STAEHLE (1969), S. 383 ff. Vgl. zu den Vor- und Nachteilen der Partnerschaft in Franchisesystemen MÜLHAUS (1996).

108 Ist die Summe der Anreize größer als die Summe der Beiträge, entsteht ein Überschuss, der sog. *Slack*. Ein existierender Slack erhöht einerseits die Systemstabilität, da er eine gewisse Unabhängigkeit des Systems gegenüber Umweltveränderungen bewirkt. Andererseits hängt die Systemstabilität wesentlich von der Verteilung dieses Überschusses ab, sodass der Slack ein Konfliktpotential in sich bergen und damit die Systemstabilität gefährden kann. Wie der Slack letztlich aufgeteilt wird, ist eine Frage des Kräfteverhältnisses im System. Vgl. AHLERT (1996), S. 92 f.; STAEHLE (1969), S. 383; BEYER (1988), S. 30.

109 Vgl. hierzu und im Folgenden nochmals die Definition des Franchising in Kap.1.

110 Vgl. RUBIN (1978), S. 223 ff.; BONUS/WESSELS (1994a), S. 109 ff.; BONUS/WESSELS (1994b), S. 1 ff.; PICOT/WOLFF (1995). Zu den Vorteilen des Franchising für Franchisegeber und Franchisenehmer vgl. ausführlicher SCHLÜTER (2001), S. 1 ff.

Da die skizzierte Kooperation zwischen den rechtlich selbständigen Systempartnern nicht zuletzt durch die Regelungen im Franchisevertrag und die straffe Führung des Systemkopfes[111] (Franchisegeber) ein so hohes Maß an Organisiertheit aufweist, wird auch von einer Netzwerkorganisation bzw. von Distributionsnetzen gesprochen.[112]

Ein Franchisenehmer ist aber nicht nur Kooperationspartner eines Franchisegebers, sondern zugleich auch dessen Kunde. Grundsätzlich lassen sich im Rahmen von Kunden-Lieferanten-Beziehungen als Kundentypen die Always-a-share-Kunden und die Lost-for-good-Kunden unterscheiden. Always-a-share-Kunden nehmen verschiedene Lieferanten in Anspruch, haben niedrige Wechselbarrieren und sind bei einmaligem Nichtkauf für die Unternehmung nicht verloren. Hingegen ist ein Franchisenehmer für den Franchisegeber als Lost-for-good-Kunde zu klassifizieren. Ein solcher kennzeichnet sich durch geringere Abwanderungsraten, eine lange, feste Beziehung zum Lieferanten und unwiederbringlichen Verlust, wenn er einmal als Kunde abgewandert ist.[113] Dieses Charakteristikum ist sowohl für Prognosen des Partner Value als auch im Zusammenhang mit der Auswahl von Maßnahmen für die Betreuung bedeutsam.[114] Im Rahmen der laufenden Betreuung der Lost-for-good-Kunden ist eine kompetente Unterstützung (z.B. regelmäßige Besuche der Franchisenehmer durch Außendienstmitarbeiter, Service-Hotlines, ständige Verbesserung der Marketingkonzeption sowie Weiterentwicklung der angebotenen Produkte und Dienstleistungen durch den Franchisegeber) deutlich wichtiger als kurzfristige verkaufsför-

---

111 "Ein Franchisegeber entwickelt und testet eine bestimmte (neue) Form des Absatzes von Waren oder der Erbringung von Diensten. Dieses «Gesamtpaket» stellt er dem Franchisenehmer gegen Entgelt zur Verfügung, wobei er als *Systemkopf* [Hervorhebung durch den Verfasser] hilft, berät, Lieferverträge abschließt oder als Lieferant fungiert. Der Franchisenehmer arbeitet nun auf eigenes Risiko nach den Spielregeln des Franchisegebers, der die straffe Einhaltung des Systemkonzeptes ständig kontrolliert. Franchising ist demnach ein Vertrieb geistiger und organisatorischer Leistungen, der Vertrieb von Absatz- bzw. Dienstleistungs-Know-how." AHLERT (1981), S. 87.

112 Vgl. SYDOW (1995), S. 23. Als Ergänzung zur Koalitionstheorie ist die Regelung organisationsübergreifender Probleme zu verstehen. Sie wird unter dem Begriff des Managements interorganisationaler Beziehungen diskutiert. Vgl. SYDOW/WINDELER (1994).

113 Vgl. DWYER (1989), S. 10.

114 Modelle, die zur Bewertung dieser Art von Kundenbeziehungen entwickelt wurden, werden auch als Lost-for-good-Modelle bezeichnet. Vgl. JACKSON (1985), S. 122 f. Ein bekanntes Lost-for-good-Modell ist das Customer Retention Modell. Vgl. hierzu auch die Ausführungen in Kap. 3.2.3.

dernde Maßnahmen oder preispolitische Aktionen.[115] Grundsätzlich steigt der Wert eines Lost-for-good-Kunden und damit eines Franchisenehmers, je länger die Geschäftsbeziehung besteht, da

- die Einzahlungsüberschüsse im Laufe der Zeit zunehmen und
- die Auszahlungen für die Betreuung im Laufe der Zeit sinken.[116]

Allerdings wäre es nicht zielführend, grundsätzlich sämtliche Geschäftsbeziehungen aufrechtzuerhalten, um so letztlich eine Franchisenehmerfluktuation von Null i.S.e. Zero Migration zu erreichen. Stattdessen sind alle Aktivitäten am Partner Value auszurichten.[117]

Inwiefern bereits existierende Verfahren zur Bewertung von Lost-for-good-Kunden[118] auf die Bewertung von Franchisenehmern übertragen werden können, wird später erörtert. Zunächst wird im folgenden Kapitel untersucht, welche Ansatzpunkte zur Erhöhung des Partner Value und des SSV existieren.

---

115 "Lost-for-good customers have less need for price deals. Lost-for-good accounts principally and critically depend on empathetic and competent sales support, innovative technical capability, responsive service systems, and distribution and logical accuracy and efficiency." DWYER (1989), S. 10.

116 Vgl. DWYER (1989), S. 11. Eine Untersuchung von REICHHELD/SASSER zeigt, dass bspw. bei Kreditkartengesellschaften eine Verringerung der Kundenabwanderungsrate um 5% zu einer Gewinnsteigerung um 75% führt. Dieser Gewinn setzt sich zusammen aus dem

- Grundgewinn (aus normalem Transaktionsvolumen),
- Gewinn aus erhöhter Kauffrequenz und gestiegenen Rechnungsbeträgen (durch Vertrautheit mit dem Produkt),
- Gewinn aufgrund geringerer Betriebskosten (effiziente Kundenbetreuung),
- Gewinn aufgrund von Weiterempfehlungen (Multiplikatoreffekte des Kunden) und
- Gewinn aus Preisaufschlägen (steigende Preisbereitschaft aufgrund des Risikos eines Anbieterwechsels (Wechselkosten).

Vgl. REICHHELD/SASSER (1991), S. 113.

117 Vgl. CORNELSEN (1998), S. 1. Vgl. auch REICHHELD (1993a), S. 106 ff.

118 Verfahren, die nur zur Bewertung von *Always-a-share-Kunden* geeignet sind, werden nicht weiter betrachtet, da sie zur Bewertung von Franchisenehmern nicht herangezogen werden können. Vgl. DWYER (1989), S. 13 ff.

2.3.2.2 Ansatzpunkte des CVM zur Erhöhung des Partner Value und des SSV in Franchisesystemen

Zur Identifikation von Ansatzpunkten zur Steigerung des SSV sind *innerhalb* eines Franchisesystems bzw. einer Netzwerkorganisation die vertikalen Verhaltensweisen, Zielbeziehungen und Zahlungsströme zwischen Franchisegeber und Franchisenehmer sowie die horizontalen Beziehungen und Zahlungsströme zwischen den verschiedenen Franchisenehmern zu untersuchen.[119] Darüber hinaus sind Beziehungen und Zahlungsströme zwischen Mitgliedern des Franchisesystems und der *Systemumwelt* zu berücksichtigen, um Ansatzpunkte des CVM zu identifizieren (vgl. Abb. 8).[120]

119 Zu den Verhaltensbeziehungen in Distributionssystemen vgl. AHLERT (1996), S. 86.

120 Zur Abgrenzung des Franchisesystems von seiner Systemumwelt vgl. die Ausführungen in Kap. 2.2.2.

Abb. 8: Zahlungsströme innerhalb eines Franchisesystems und zwischen Franchisesystem und Systemumwelt

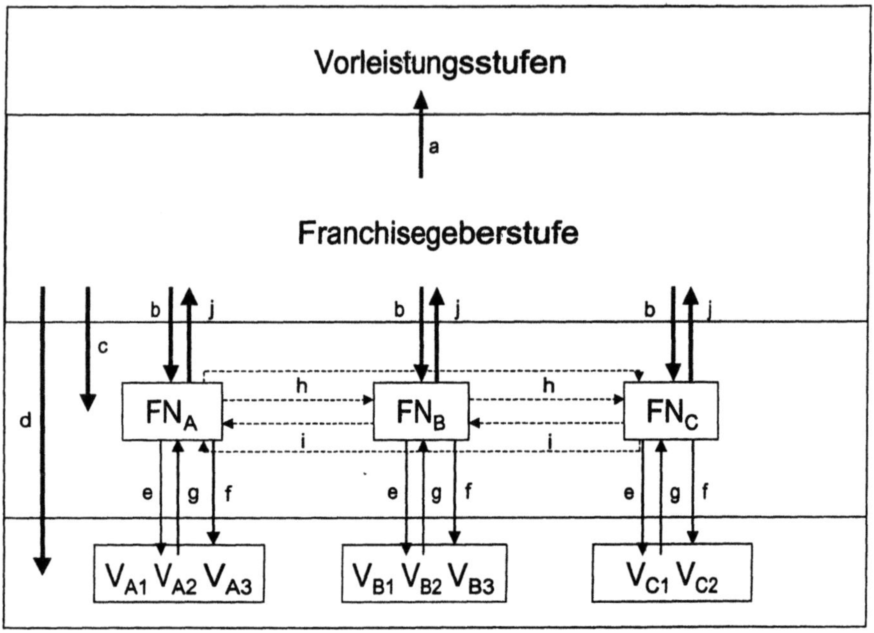

Quelle: Eigene Darstellung.

Bezieht ein Franchisegeber von der Vorleistungsstufe bestimmte (Vor-) Produkte bzw. Leistungen, so hat er hierfür entsprechende Auszahlungen zu tätigen (a). Gelingt es ihm durch Verhandlungsgeschick und/oder aufgrund seiner Macht[121], die *Konditionen der Vorleistungsstufe* zu seinen Gunsten zu ändern bzw. *unentgeltlich Funktionen* auf diese Stufe zu *verlagern*, sinken seine Auszahlungen im neutralen Bereich. Ceteris paribus steigt hierdurch der SSV des Franchisegebers.

Weitere Auszahlungen aus der Sicht des Franchisegebers fallen für Maßnahmen an, die direkt auf einen individuellen Franchisenehmer bezogen sind (b). Im Hinblick auf aktuelle Franchisenehmer handelt es sich hierbei zum einen um Auszahlungen für Beratungsgespräche, Schulungen etc. in der *Akquisitionsphase*. Zum anderen führt die *laufende Betreuung* eines Franchisenehmers durch den Außen- und Innendienst

121 Vgl. AHLERT (1996), S. 98 ff.

des Franchisegebers zu Auszahlungen. Ferner fallen Maßnahmen zur *Senkung der Fluktuationsquote* und insbesondere zur *Verbesserung der Franchisenehmer-Zufriedenheit* in diese Kategorie. In diesem Zusammenhang sind die Ergebnisse einer Untersuchung von SCHLÜTER von Interesse, nach der die Franchisenehmer-Zufriedenheit insbesondere mit der Qualität der Franchisegeber-Franchisenehmer-Beziehung und dem wirtschaftlichen Erfolg eines Franchisenehmers positiv korreliert ist.[122] Folglich sollte ein Franchisegeber bei abwanderungsgefährdeten, unzufriedenen Franchisenehmern zunächst untersuchen, ob und wie die Kooperationsbeziehung verbessert werden kann. Ferner bieten sich Maßnahmen an, die direkt am wirtschaftlichen Erfolg des Franchisenehmers ansetzen. Z.B. könnte der Franchisegeber die Auszahlungen des Franchisenehmers durch Werbekostenzuschüsse, eine verstärkte Unterstützung durch Mitarbeiter der Zentrale sowie durch günstigere Konditionen bzw. Gebührensätze senken und damit c.p. den wirtschaftlichen Erfolg des Franchisenehmers erhöhen. Dabei ist im Rahmen einer Wirkungsprognose vorab zu prüfen, ob sich der Partner Value aktueller Franchisenehmer durch diese Maßnahmen erhöhen wird bzw. ob potentielle neue Franchisenehmer einen adäquaten Partner Value aufweisen werden.

Nicht alle franchisenehmerbezogenen Maßnahmen und die diesbezüglich anfallenden Auszahlungen lassen sich direkt einem individuellen Franchisenehmer, sondern nur der Franchisenehmerschaft als Ganzes zuordnen (c). Beispiele sind Veränderungen, welche das Systempaket[123], also die Leistungen des Franchisegebers für die Franchisenehmer oder das Gebühren- bzw. Konditionensystem[124] betreffen.

Als vierte und letzte Kategorie von Auszahlungen des Franchisegebers sind Auszahlungen für Maßnahmen zu berücksichtigen, die direkt auf die Verbraucherstufe ge-

---

122 Vgl. SCHLÜTER (2001).

123 Zu den Leistungen des Franchisepaktes vgl. nochmals Kap. 1.

124 Zu den Gebühren bzw. Konditionen in Franchisesystemen vgl. die Ausführungen in Kap. 2.4.2.1.

richtet sind (d). Im Wesentlichen handelt es sich um markenpolitische[125] und kommunikationspolitische Maßnahmen der Sprungakquisition.[126]

Um zu beurteilen, ob die genannten Maßnahmen für den Franchisegeber, gemessen am SSV bzw. den Partner Values der Franchisenehmer, vorteilhaft sind, müssen neben den zuvor erläuterten Auszahlungen auch die Zahlungen der Franchisenehmer an den Franchisegeber in die Betrachtung einbezogen werden (j).

Ergibt die Berechnung des Partner Value, dass die mit einem Franchisenehmer erzielbaren Einnahmenüberschüsse zu gering sind und eine diesbezügliche Verbesserung mit den zuvor genannten Maßnahmen nicht zu erzielen ist, ist zu prüfen, ob die Exklusion dieses Franchisenehmers eine geeignete Maßnahme zur Erhöhung des SSV sein könnte.

Die Einzahlungen der Franchisenehmer an den Franchisegeber dienen als Vergütung für die Leistungen, die der Franchisegeber kontinuierlich erbringt.[127] Ihr Charakter ist derivativer Natur, denn sie resultieren aus dem Verkauf von Waren und/oder Dienstleistungen der Franchisenehmer an die Verbraucher. Abgesehen von der einmaligen Eintrittsgebühr resultieren die franchisenehmerbezogenen Einzahlungen überwiegend aus der laufenden, i.d.R. umsatzabhängigen Franchisegebühr.[128] Im Hinblick auf eine Maximierung seines SSV ist der Franchisegeber daher daran interessiert, dass jeder Franchisenehmer sein Umsatzmaximum realisiert.

Allerdings agiert auch der Franchisenehmer als selbständiger Unternehmer[129] und ist, wie auch der Franchisegeber, vorrangig daran interessiert, den Totalgewinn sei-

---

125 Zur Markenpolitik in Distributionsnetzwerken vgl. AHLERT/KENNING/SCHNEIDER (2000). KENNING (2001) kommt in seiner Untersuchung zu dem Ergebnis, dass Einzel- und Dachmarkenstrategien das Vertrauen der Verbraucher stärker fördern als andere Markenstrategien.

126 Unter Exklusion zwischengeschalteter Franchisenehmer richtet der Franchisegeber im Rahmen der Sprungakquisition seine akquisitorischen Bemühungen (Kommunikationspolitik, Preispolitik etc.) direkt auf den Verbraucher. Vgl. AHLERT (1996), S. 158 ff.

127 Vgl. Kap. 2.2.6.

128 Vgl. nochmals SKAUPY (1995), S. 135 f.; SONDERMANN (1996), S. 13; TÄGER (1994), S. 85.

Überwiegend deshalb, weil einige Systeme wie z.B. der TEELADEN keine laufende Franchisegebühr erheben, sondern sich stattdessen ausschließlich aus der Handelsspanne der verkauften Waren finanzieren. Darüber hinaus erheben einige wenige andere Franchisesysteme eine fixe, nicht vom Umsatz abhängende laufende Gebühr. Vgl. zu den Franchisegebühren ausführlicher Kap. 2.4.2.1.

129 Vgl. Kap. 2.2.4.

ner eigenen Unternehmung zu maximieren. Dabei ist der einzelne Franchisenehmer nicht nur mit Einzahlungen aus dem Verkauf von Waren und/oder Dienstleistungen konfrontiert (g), sondern muss seinerseits mit Auszahlungen bezogen auf den individuellen Verbraucher (e) und seine Verbraucherschaft als Ganzes (f) kalkulieren. Es erscheint daher plausibel, dass es nicht das Ziel eines Franchisenehmers sein kann, seinen Umsatz zu maximieren. Denn wie bereits COURNOT gezeigt hat, führt eine Maximierung des Umsatzes nicht zu einer Maximierung des Unternehmungsgewinnes bzw. des Totalgewinns des Franchisenehmers. Die für den Franchisenehmer optimale Absatzmenge wird i.d.R. geringer sein, als die umsatzoptimale und auch geringer als die maximal an die Endverbraucher absetzbare Menge.[130] Somit führt die gängige Gebührenpolitik zu einem Zielkonflikt zwischen Franchisegeber und Franchisenehmer. Es ist daher ein Gebührensystem zu konzipieren, von dem für die Franchisenehmer der Anreiz ausgeht, über die Maximierung ihres eigenen Totalgewinns das Absatzpotential des Franchisesystems auszuschöpfen und den SSV des Franchisegebers zu maximieren.

Neben den direkten monetären Beziehungen zwischen Franchisenehmern und Franchisegeber existieren i.d.R noch indirekte, monetäre Austauschbeziehungen zwischen den Franchisenehmern (h, i). Sie sind vornehmlich informationeller Art: In Beiräten und Gremien findet ein intensiver Informationsaustausch nicht nur im Hinblick auf eine Weiterentwicklung des Systempakets zwischen Franchisegeber und Franchisenehmer statt, sondern auch die Franchisenehmer tauschen untereinander Informationen aus und partizipieren an den Erfahrungen der anderen Franchisenehmer. So besteht beispielsweise im Franchisesystem DER TEELADEN für interessierte Franchisenehmer die Möglichkeit, in einem speziellen Arbeitskreis untereinander die Jahresabschlüsse zu vergleichen und hieraus wertvolle Informationen für den eigenen Franchisebetrieb zu generieren. Ferner hospitieren neue Franchisenehmer zunächst bei erfahreneren Franchisenehmern und werden von diesen eingearbeitet.

Sowohl für die verbrauchergerichteten als auch für die franchisenehmerübergreifenden Maßnahmen gilt, dass die damit verbundenen Aus- und ggf. Einzahlungen nicht individuellen Franchisenehmern und ihrem Partner Value zugeordnet werden können. Daher ist die Vorteilhaftigkeit der Maßnahmen direkt anhand ihrer Auswirkungen auf den SSV zu beurteilen.

---

130 Vgl. MEFFERT (2000), S. 506 ff.; AHLERT (1998c), S. 35 ff.

Grundsätzlich kann der Franchisegeber auf der Vorleistungsstufe, der Franchisenehmerstufe, auf der Ebene einzelner Franchisenehmer sowie auf der Verbraucherstufe ansetzen, um den SSV bzw. die Partner Values der Franchisenehmer zu erhöhen (vgl. Abb. 9).

Abb. 9: Ansatzpunkte und ausgewählte Maßnahmen des CVM

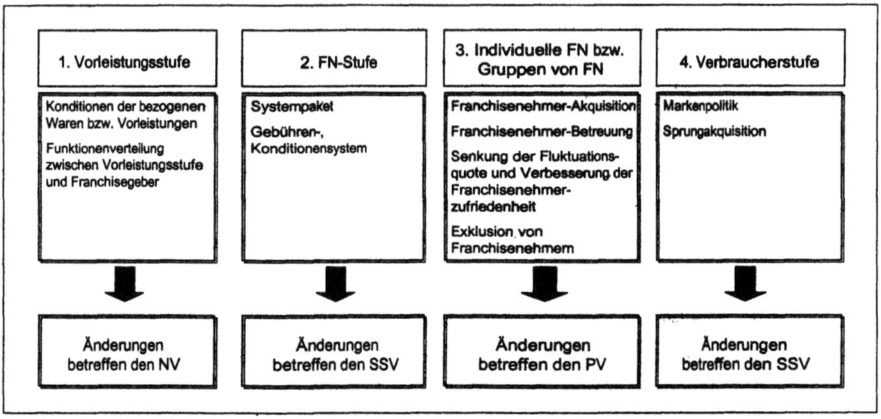

Quelle: Eigene Darstellung.

Wie SSV und Partner Values theoretisch exakt zu ermitteln sind, ist Gegenstand der folgenden Kapitel.

2.3.3 Bedeutung der Theorie der Unternehmungsbewertung für die funktionsspezifische Wertermittlung im CVM

2.3.3.1 Überblick

Die wertorientierte Unternehmungsführung[131] konkretisiert das strategische Management, indem der Unternehmungswert in das Zielsystem einer Unternehmung in-

131 Neben dem grundlegenden Ansatz des Shareholder Value von RAPPAPORT (1986) sind in der Literatur weitere wertorientierte Konzepte zu finden. Wenngleich die verschiedenen Autoren für die Konzepte z.T. unterschiedliche Begriffe verwenden, kann eine hohe inhaltliche Übereinstimmung der Konzepte konstatiert werden. Geringfügige Unterschiede ergeben sich in Bezug auf Zielkonstellationen und die Art und Weise der Wertermittlung. Vgl. GOMEZ (1993); HÖFNER/POHL

tegriert wird.[132] Erste Überlegungen hierzu kamen Anfang der 80er Jahre in den USA auf. Erkenntnisse aus der Finanzierungs- und Kapitalmarkttheorie wurden auf die Unternehmungsführung übertragen und führten zum Shareholder Value-Ansatz, dem ersten Konzept zur wertorientierten Unternehmungsführung.[133]

Im Rahmen des Shareholder Value-Ansatzes wird der Wert einer Unternehmung als Kapitalwert derjenigen Zahlungsüberschüsse ermittelt, die nicht für Investitionen in das Anlage- oder Netto-Umlaufvermögen verwendet werden müssen und somit als sogenannter Free Cash Flow an die Eigentümer ausgeschüttet werden können.[134] Der Shareholder Value-Ansatz orientiert sich ausschließlich an den Interessen der Aktionäre und propagiert daher den Shareholder Value als dominierende Zielgröße.

In Analogie zum Shareholder Value wird in dieser Arbeit unterstellt, dass der Franchisegeber als oberstes finanzielles Ziel die Maximierung der Verzinsung seines Kapitals, das er in das Franchisesystem investiert hat, anstrebt. In diesem Zusammenhang wurde bereits herausgearbeitet, dass der Totalgewinn der Investition des Franchisegebers in das Franchisesystem, der *Strategic System Value (SSV)* die geeignete Steuerungsgröße für das Management des Franchisesystems ist. Darüber hinaus wurde gezeigt, dass jeder einzelne Franchisenehmer eine Teilinvestition für den Franchisegeber darstellt, deren Vorteilhaftigkeit sich am Partner Value bemisst.[135]

Die Strukturierung der Zusammenhänge zwischen SSV und Partner Values sowie die Quantifizierung dieser Größen ist Gegenstand der folgenden Kapitel. Es wird untersucht, inwiefern die "klassischen" Verfahren der Unternehmungsbewertung auf die Ermittlung des SSV übertragen werden können und wie darauf aufbauend der Part-

---

(Fortsetzung der Fußnote der vorherigen Seite)

(1993); SIEGERT (1994); HERTER (1994); LEWIS (1995); GÜNTHER (1997); COPELAND/KOLLER/MURRIN (1991); BÜHNER (1993); (1998); PAPE (1999).

Nach einer Studie der KPMG ist das Customer Value Management als eine konsequente Weiterentwicklung des Shareholder Value Ansatzes zu sehen. Vgl. o.V. (2000D), S. 135. Vgl. auch HOFMANN/BAUMANN (2000), S. 31-42.

132 Vgl. hierzu exemplarisch GÜNTHER (1997), S. 1 f.

133 Vgl. RAPPAPORT (1986); COPELAND/KOLLER/MURRIN (1991), (1998); FRUHAN (1979); GÜNTHER (1994), S. 13 ff.; HÖFNER/POHL (1994), S. 59 ff.; ZENS/REHNEN (1994), S. 85 ff.; LORSON (1999).

134 Vgl. exemplarisch RAPPAPORT (1986), S. 51 f.

135 Vgl. Kap. 2.1.2.

ner Value eines Franchisenehmers theoretisch korrekt definiert und ermittelt werden kann.

2.3.3.2 Klassische Verfahren der Unternehmungsbewertung

Zu den bekanntesten und meist angewendeten "klassischen Verfahren" der Unternehmensbewertung zählen die Discounted Cash Flow-Methode und die Ertragswertmethode. Grundlage beider Verfahren ist das Kapitalwertkalkül.[136] Der ökonomische Wert einer Unternehmung wird ermittelt, indem zukünftige (prognostizierte), frei verfügbare Zahlungsströme (Cash Flows) mit einem Kapitalkostensatz diskontiert werden. Im Folgenden werden die Discounted Cash Flow-Methode und die Ertragswertmethode kurz vorgestellt und darauf hin untersucht, inwiefern sie zur Ermittlung des SSV geeignet sind.

Hinsichtlich der *Discounted Cash Flow-Methode* (DCF) sind zwei Verfahrensvarianten zu unterscheiden: Das Entity- (Brutto-) Verfahren und das Equity- (Netto-) Verfahren. Die folgenden Erläuterungen beziehen sich auf das Entity-Verfahren in Form des Weighted Average Cost of Capital (WACC)-Ansatzes.[137]

---

[136] Vgl. zum Kapitalwertkalkül die Ausführungen in Kap. 3.2.2.

[137] Hinsichtlich der Entity-Verfahren lassen sich der Weighted Average Cost of Capital *(WACC)-Ansatz*, der Total Cash Flow *(TCF)-Ansatz* und der Adjusted Present Value *(APV)-Ansatz* unterscheiden. Der *WACC-Ansatz* ist in den USA der vorherrschende Ansatz. Zudem hat er den Vorteil, dass Finanzierungs- und Investitionsentscheidungen unabhängig getroffen werden können. Aus diesen Gründen wird der WACC-Ansatz ausführlich dargestellt.

Im Vergleich zum WACC-Ansatz erfolgt die Diskontierung bei der *TCF-Methode* mit durchschnittlich gewichteten Gesamtkapitalkosten ohne Steuerwirkung, da in die Gesamtkapitalkosten nur die Fremdkapitalkosten vor Steuern eingehen. Die tatsächlich gezahlten Steuern werden dann bei den Rückflüssen berücksichtigt, sodass hierdurch die Steuerersparnis infolge der Fremdfinanzierung erfasst ist. Allerdings können durch diese Vorgehensweise Finanzierungs- und Investitionsentscheidungen nicht unabhängig von einander getroffen werden. Damit ist dieser Ansatz für die praktische Anwendung nicht geeignet.

Treten gravierende Änderungen in der Kapitalstruktur auf, wird in der Literatur empfohlen, den *APV-Ansatz* zu verwenden, um die Wirkung von Steuern und Fremdkapital für die einzelnen Jahre detailliert zu erfassen. Der Wert des Eigenkapitals setzt sich zusammen aus einer finanzierungsunabhängigen, rein eigenfinanzierten Wertkomponente und dem Kapitalwert des infolge der Fremdfinanzierung eintretenden Steuervorteils. Als Diskontierungsfaktor können nur dann die Eigenkapitalkosten dienen, wenn keine Unsicherheit bzgl. der Steuerersparnis besteht. Allerdings ist die Steuerersparnis von der Höhe des Fremdkapitals der Vorperiode abhängig, welche wiederum von der Höhe des Unternehmungswertes der Vorperiode abhängt. Daher muss der Unternehmungswert rekursiv ermittelt werden.

Beim *Entity-Verfahren* wird der Gesamtwert des investierten Kapitals als Kapitalwert des auf Eigen- und Fremdkapitalgeber entfallenden Free Cash Flow (FCF) ermittelt. Hierzu werden die Zahlungsüberschüsse einer Periode, auch Free Cash Flow (FCF) genannt, auf den Betrachtungszeitpunkt diskontiert. Dabei ist der Free Cash Flow (FCF) das Zahlungspotential einer Unternehmung, welches zur Deckung der Ansprüche von Gläubigern und Eigenkapitalgebern zur Verfügung steht.[138] Er kann entweder direkt aus den entsprechenden Ein- und Auszahlungen oder indirekt aus dem Jahresabschluss ermittelt werden. Indem vom Marktwert des Gesamtkapitals der Marktwert des Fremdkapitals (Verbindlichkeiten gegenüber Kreditgebern) subtrahiert wird, erhält man den Marktwert des Eigenkapitals.[139]

Um der Tatsache Rechnung zu tragen, dass Eigen- und Fremdkapitalgeber unterschiedliche Risiken tragen und daher unterschiedliche Renditen[140] fordern, wird als Diskontierungszinssatz im Rahmen der DCF-Methode ein gewichteter Kapitalkostensatz nach Steuern verwendet. In der Literatur wird daher auch von den weighted average costs of capital (WACC) gesprochen.[141] Da die Gesamtkapitalkosten von der Kapitalstruktur zu Beginn der jeweiligen Periode abhängen, sind periodenspezifische Gesamtkapitalkostensätze zu berechnen.[142] Sie werden ermittelt, indem die von den Eigenkapitalgebern geforderte Rendite, der Eigenkapitalkostensatz, mit dem prozentualen Eigenkapital multipliziert und zu dem mit dem prozentualen Fremdkapital gewichteten Fremdkapitalkostensatz addiert wird. Dabei werden für das Eigen- und Fremdkapital stets Marktwerte zugrunde gelegt.[143] Während sich der Marktwert des

---

(Fortsetzung der Fußnote der vorherigen Seite)

Vgl. zu den verschiedenen Varianten der Discounted Cash Flow-Methode exemplarisch COPELAND/KOLLER/MURRIN (1998), S. 157-163; RAPPAPORT (1986), S. 50 f.; GÜNTHER (1997), S. 105 ff.; KNORREN (1998), S. 42 ff.; HACHMEISTER (1996).

138 Vgl. SCHMIDT (1993), S. 283; WEBER (1991), S. 223 und GOMEZ/WEBER (1990), S. 186.

139 Vgl. KNORREN (1998), S. 42.

140 Die Renditeforderung der Eigenkapitalgeber orientiert sich dabei an der Verzinsung einer risikoäquivalenten Opportunität. Die Ermittlung der Eigenkapitalkosten im Rahmen der DCF-Methode erfolgt diesbezüglich i.d.R. auf Basis des CAPM. Nach dem CAPM fordern die Eigenkapitalgeber als Rendite einen um einen Risikozuschlag korrigierten Zinssatz für risikolose Anlagen. Die Fremdkapitalkosten ergeben sich aus den zukünftigen Verpflichtungen gegenüber den Fremdkapitalgebern. Vgl. zur Quantifizierung der Eigen- und Fremdkapitalkosten die Ausführungen in Kap. 2.3.4.2.

141 Vgl. COPELAND/KOLLER/MURRIN (1998), S. 261; GROB/LANGENKÄMPER/WIEDING (1999), S. 457.

142 Vgl. GROB/LANGENKÄMPER/WIEDING (1999), S. 457 sowie die dort angegebene Literatur.

143 Vgl. COPELAND/KOLLER/MURRIN (1998), S. 261.

Fremdkapitals aus den zukünftigen Verbindlichkeiten gegenüber Kreditgebern ergibt, stellt die Quantifizierung des Marktwertes des Eigenkapitals ein Zirkularitätsproblem dar, da der mit Hilfe der DCF-Methode erst noch zu bestimmende Marktwert des Eigenkapitals für die Berechnung der Gesamtkapitalkosten und damit des Diskontierungszinssatzes schon bekannt sein müsste. Das Problem lässt sich entweder mit Hilfe von Tabellenkalkulationsprogrammen durch iterative Ermittlung des Marktwertes des Eigenkapitals und der Gesamtkapitalkosten oder durch Verwendung einer Zielkapitalstruktur lösen.[144]

Der nach der *Ertragswertmethode* ermittelte *Ertragswert*[145] ist die Summe der auf den Bewertungszeitpunkt diskontierten zukünftigen Zahlungsüberschüsse an die Eigenkapitalgeber.[146] Indem der Marktwert des Fremdkapitals im Bewertungszeitpunkt zum Ertragswert addiert wird, erhält man den Gesamtwert der Unternehmung.

Der in der Ertragswertmethode verwendete Diskontierungszinssatz spiegelt den Gedanken der Opportunitätskosten wider und entspricht der Verzinsung einer alternativen risikoäquivalenten Handlungsalternative.[147] Denn neben der Möglichkeit, Kapital in das Franchisesystem respektive in den betrachteten Franchisenehmer zu investieren, stehen dem/den Eigenkapitalgeber(n) alternative Anlagemöglichkeiten zur Auswahl. Zu beachten ist, dass die Opportunität aus Sicht der Eigenkapitalgeber das gleiche Risiko aufweist wie das Bewertungsobjekt. Die Verzinsung der Opportunität entspricht dann den Eigenkapitalkosten, d.h. der geforderten Rendite der Eigenkapitalgeber in der Discounted Cash Flow-Methode. Dabei wird die Besteuerung der Opportunität durch einen steuerkorrigierten Diskontierungszinssatz erfasst.[148]

---

144 Vgl. Ballwieser (1993), S. 167; Copeland/Koller/Murrin (1998), S. 262 ff.; Kaden et al. (1997), S. 504; Schwetzler/Darijtschuk (1999), S. 295 ff.; Günther (1997), S. 106 f. sowie die dort angegebene Literatur. Grob/Langenkämper/Wieding weisen darauf hin, dass "die Ausrichtung an einer exogen vorgegebenen Zielkapitalstruktur .. allerdings wenig realitätsnah [ist]." Grob/Langenkämper/Wieding (1999), S. 458.

145 Die Anwendung des Ertragswertes geht auf den "Zukunftserfolgswert" von Busse von Colbe zurück. Vgl. Busse von Colbe (1957); Vgl. Sieben/Zapf (1981), S. 19 ff.

146 Berechnet die Discounted Cash Flow-Methode die Zahlungsströme zwischen der Unternehmung und den Eigen- sowie Fremdkapitalgebern, so ist im Rahmen der Ertragswertmethode ausschließlich der Zahlungsstrom zwischen der Unternehmung und den Eigenkapitalgebern Gegenstand der Betrachtung.

147 Vgl. hierzu und im Folgenden Grob/Langenkämper/Wieding (1999), S. 459.

148 Vgl. Grob/Langenkämper/Wieding (1999), S. 462.

Der Marktwert des Eigenkapitals des Franchisegebers, welches er in das Franchisesystem investiert hat, ergibt sich nach der Ertragswert-Methode durch Diskontierung des entsprechenden FCF mit dem Diskontierungszinssatz auf den Betrachtungszeitpunkt.

Wie bei der Discounted Cash Flow-Methode ergibt sich auch bei der Ertragswertmethode hinsichtlich der Ermittlung der Eigenkapitalkosten ein Zirkularitätsproblem, das allerdings durch die bereits vorgestellten Verfahren gelöst werden kann.[149] DCF- und Ertragswertmethode führen zum gleichen Wert des Eigenkapitals, wenn eine Gewichtung der Gesamtkapitalkosten mit den Marktwerten des Eigen- und Fremdkapitals vorgenommen wird. Bei effizienten Märkten entspräche dann der ermittelte Wert des Eigenkapitals genau dem Marktwert des Eigenkapitals.

Allerdings werden die formelorientierten, "klassischen" Verfahren sehr schnell unübersichtlich, kompliziert und ungenau, wenn komplexe Zusammenhänge der Realität abgebildet werden sollen. Insbesondere ist die Verwendung eines einheitlichen bzw. gewichteten Kalkulationszinssatzes, dem vielfältige Aufgaben zukommen, zu kritisieren.[150] Zum einen stellt der Kalkulationszinssatz die Verzinsung der Opportunität dar. Zum anderen wird im Rahmen der Wiederanlageprämisse des Kapitalwertkalküls, welches den "klassischen" Verfahren zugrunde liegt, implizit unterstellt, dass die an die Eigenkapitalgeber fließenden Zahlungen, soweit sie nicht zu Konsumzwecken verwendet werden, zum Kalkulationszinssatz angelegt werden. Damit muss der Kalkulationszinssatz dem Zinssatz zwischenzeitlicher Reinvestitionen entsprechen. Darüber hinaus spiegelt der Kalkulationszinssatz bei der DCF-Methode als gewichteter Eigen- und Fremdkapitalkostensatz die Art der Unternehmungsfinanzierung wider.[151]

Die genannten Aufgaben können jedoch nur unter der Annahme eines vollkommenen Kapitalmarktes durch eine einzige Größe erfüllt werden.[152] Diese Annahme ist

---

149 Vgl. Kap. 2.3.3.2.

150 Vgl. zur Kritik an dem einheitlichen Diskontierungszinssatz JÄGER (2001), S. 199; GROB/LANGENKÄMPER/WIEDING (1999), S. 467 sowie die dort angegebene Literatur.

151 Vgl. die vorangegangenen Ausführungen zur DCF-Methode.

152 "Bei einem unvollkommenen Kapitalmarkt führen willkürliche Kalkulationszinssätze in Partialmodellen im Allgemeinen nicht zur zielsetzungsgerechten Lösung des Entscheidungsproblems, da die Vorgaben in der Regel nicht den Steuerungssätzen entsprechen. Als willkürlich sind dabei auch Zinssätze zu bezeichnen, die aus den Marktzinssätzen abgeleitet werden." ADAM (1997), S. 70.

jedoch realitätsfern, sodass der Kalkulationszinssatz als "überfordert" zu betrachten ist.[153] Die genannten Mängel sind insofern schwerwiegend, als dass bereits eine geringfügige Änderung des Kalkulationszinssatzes einen erheblichen Einfluss auf den Marktwert des Eigen- und Fremdkapitals und damit auf den SSV bzw. den Partner Value ausübt.

Ferner ist zu kritisieren, dass bei den "klassischen" Verfahren umfangreiche Nebenrechnungen erforderlich sind, um die relevanten Daten in der Kapitalwertformel erfassen zu können. Darüber hinaus wird die Realität in diesen Verfahren nur sehr unvollständig abgebildet. So wird z.B. die private Situation eines Eigenkapitalgebers nur insoweit einbezogen, als dass sein persönlicher Einkommensteuersatz in der Formel berücksichtigt wird. Hingegen werden die im Entscheidungs- und/oder Bewertungszeitpunkt bestehende private Vermögenssituation des Eigenkapitalgebers sowie die ihm real zugänglichen Finanzierungs- und Reinvestitionsmöglichkeiten vernachlässigt.[154]

Darüber hinaus können Steuerwirkungen bei den genannten Verfahren zwar grundsätzlich mit Hilfe eines steuerkorrigierten Kalkulationszinssatzes erfasst werden[155], jedoch werden dabei die z.T. konträren steuerlichen Konsequenzen einer zu beurteilenden Alternative unzulässig nivelliert.

Insgesamt führen die genannten Mängel zu einer undifferenzierten Bewertung der an die Eigenkapitalgeber bzw. an den Franchisegeber fließenden Zahlungsströme. Daher sind die "klassischen" Verfahren der Unternehmungsbewertung nicht geeignet, aus der Sicht eines Franchisegebers den SSV bzw. Partner Value sowie die verschiedenen Alternativen zur Erhöhung des SSV[156] im Hinblick auf ihren Beitrag zur Wertsteigerung zu beurteilen.

(Fortsetzung der Fußnote der vorherigen Seite)

Zu den Prämissen eines vollkommenen Kapitalmarktes vgl. ADAM (1997), S. 61, 102 sowie die Ausführungen in Kap. 2.3.4.2.

153 ALBACH bezeichnet den Kalkulationszinssatz als "außerordentlich schillernd"; ALBACH (1959), S. 37.

154 Vgl. GROB/LANGENKÄMPER/WIEDING (1999), S. 467.

155 Vgl. die Ausführungen zur DCF- und Ertragswertmethode in diesem Kapitel.

156 Zu den verschiedenen Alternativen zur Erhöhung des SSV vgl. Kap. 2.3.2.2.

Die optimale Auswahl der verschiedenen Alternativen zur Erhöhung des SSV kann nur ermittelt werden, wenn auf allen Stufen des Franchisesystems für alle Handlungsalternativen ein einheitliches Bewertungs- und Entscheidungskriterium herangezogen wird.[157]

Ausgehend von diesen Anforderungen an eine Entscheidungsgröße wird im folgenden Abschnitt mit dem Vollständigen Finanzplan ein Instrument vorgestellt, welches die genannten Kriterien erfüllt.

2.3.3.3 Der Vollständige Finanzplan - ein Instrument zur Bewertung von Franchisesystemen und Franchisenehmern

Der Vollständige Finanzplan (VOFI) ist ein standardisiertes finanzplanorientiertes Verfahren der Investitionsrechnung. Bereits 1962 hat HEISTER den Vollständigen Finanzplan in seinen Grundzügen konzipiert, der dann von zahlreichen Autoren weiterentwickelt wurde.[158] Von einem vollständigen Verfahren spricht man, weil periodenbezogene Finanzierungs- und Steuerzahlungen im Kalkül explizit berücksichtigt und ausgewiesen werden. Im Vergleich zu den klassischen Verfahren der Investitionsrechnung wird auf eine finanzmathematische Verdichtung zwischenzeitlicher Reinvestitions- und Finanzierungszahlungen verzichtet.[159]

Die einem Investitionsobjekt, also dem gesamten Franchisesystem, Gruppen von Franchisenehmern oder einzelnen Franchisenehmern zurechenbaren Zahlungen einer Handlungsalternative[160] sowie die Konsequenzen finanzieller Dispositionen lassen sich in einem VOFI tabellarisch darstellen. Mit Hilfe des von GROB definierten Standardtyps eines Vollständigen Finanzplans lassen sich die finanzwirtschaftlichen und die steuerlichen Aspekte einer Investition spezifizieren:[161]

---

157 Vgl. JÄGER (2001), S. 201 sowie die dort angegebene Literatur.

158 Vgl. HEISTER (1962); GROB (1999a), S. V, 76 sowie die dort angegebene Literatur.

159 Vgl. GROB/LANGENKÄMPER/WIEDING (1999), S. 468.

160 Zu den verschiedenen Handlungsalternativen bzw. Ansatzpunkten des CVM vgl. die Ausführungen in Kap. 2.3.2.2.

161 Vgl. zu den Prämissen und Charakteristika standardisierter VOFIs GROB (1989), S. 27 ff.; ADAM (1997), S. 56 ff.

- Steuerliche Aspekte werden durch nach Steuerarten spezifizierte periodenindividuelle Steuerzahlungen und -erstattungen in das Kalkül einbezogen. Dabei kann die steuerliche Situation der Eigentümer explizit berücksichtigt werden.[162] Grundsätzlich sind diejenigen Steuerarten zu berücksichtigen, die von einer Investition bzw. einer Opportunität verursacht werden. Da die Kostensteuern wie Kfz-Steuer und Grunderwerbsteuer bereits bei der Ermittlung der Zahlungsfolge der Investition berücksichtigt werden, sind lediglich noch die Ertragsteuern im Rahmen von Nebenrechnungen zu ermitteln und in den VOFI zu integrieren. Bei Personengesellschaften und Einzelunternehmungen sind dies die Einkommen-, Kirchen- und Gewerbeertragsteuer, bei Kapitalgesellschaften fallen Gewerbeertrag- und Körperschaftsteuer an.[163]
- Die finanzwirtschaftlichen Aspekte aus der Sicht der Eigenkapitalgeber (Franchisegeber) werden in Form realer Kapitalmarktkonditionen von Krediten, Geldanlagen und anderen Finanzierungs- bzw. Reinvestitionsmöglichkeiten (z.B. Tilgungsmodalitäten oder im Zeitablauf variierende Zinssätze) unmittelbar berücksichtigt.
- Schließlich wird auf der Grundlage der in der Zahlungsfolge einer Alternative enthaltenen Einzahlungsüberschüsse (Cash Flows[164]) unter Berücksichtigung steuerlicher Wirkungen untersucht, welche finanzwirtschaftlichen Dispositionen erforderlich sind, um am Ende einer jeden Periode ein liquiditätsmäßiges Gleichgewicht und damit einen Finanzierungssaldo von Null zu gewährleisten. Auch insofern ist der VOFI den klassischen Verfahren der Unternehmungsbewertung überlegen, da die Einhaltung der unabdingbaren Nebenbedingungen "Vermeidung der Illiquidität" und "Vermeidung der Überschuldung" bei der Berechnung direkt kontrolliert werden können.[165]

Von seiner Grundkonzeption her ist der VOFI ein am Endwert einer Handlungsalternative orientiertes Verfahren, da die Endwerte der zu beurteilenden Handlungsalternativen aus den entsprechenden Finanzplänen jeweils direkt abgelesen werden

---

162 Vgl. GROB/LANGENKÄMPER/WIEDING (1999), S. 454, 468.

163 Vgl. GROB (1999a), S. 272; ADAM (1997), S. 144 ff. Zur Ermittlung der Gewerbe- und Körperschaftsteuer vgl. die Ausführungen in Kap. 4.4.

164 Zur Ermittlung der Cash Flows vgl. ausführlicher Kap. 4.3.

165 Vgl. GROB (1990), S. 5; ADAM (1997), S. 56 f.

können. Ein positiver Endwert entspricht der Höhe des Guthabens am Ende des betrachteten Planungshorizontes, während ein negativer Endwert den Kreditstand am Ende des Planungshorizontes darstellt.[166]

Grundsätzlich lassen sich in einem VOFI alle monetären Zielwertkonzepte -wie das Endwert- und Anfangswertkonzept sowie verschiedene Entnahmekonzepte- realisieren.[167] Werden sämtliche finanzwirtschaftlichen Dispositionen des Franchisegebers, bezogen auf das Franchisesystem, in einem VOFI dargestellt, so ergibt sich am Ende des Planungshorizontes der Endwert der Unternehmung aus Eigenkapitalgebersicht/Franchisegebersicht. Allerdings sind SSV und Partner Value, wie bereits im Kap. 2.3.3 dargelegt wurde, in Anlehnung an die Shareholder Value-Konzeption auf den aktuellen Betrachtungszeitpunkt bezogen. Folglich ist der Wert des Eigenkapitals des Franchisegebers im Betrachtungszeitpunkt, also der Anfangswert, von Interesse.

Handelt es sich um ein VOFI-Modell mit einem einheitlichen Zinssatz, konstantem Ertragsteuersatz und sofortiger Verlustausgleichsmöglichkeit, können der SSV bzw. der Partner Value in Form eines Anfangswertes durch Abzinsen des korrespondierenden Endwertes mit einem einheitlichen steuerverkürzten Zinssatz berechnet werden; ansonsten ist der Wert mit Hilfe eines iterativen Suchverfahrens zu ermitteln.[168] Abschließend lässt sich der Partner Value eines Franchisenehmers wie folgt definieren:

> **Der Partner Value ist definiert als VOFI-Anfangswert aller zukünftigen Zahlungsüberschüsse, die im Rahmen der Geschäftsbeziehung mit einem bestimmten Franchisenehmer, ab dem Betrachtungszeitpunkt t_0 bis zu seinem Ausscheiden aus dem System, erzielt werden.**

Darauf aufbauend kann der SSV, unter Vernachlässigung von Verbundeffekten[169] (in Form von Risikoverbünden, Synergien, Verwendung knapper Ressourcen etc.) zwischen Zentrale und Franchisenehmern einerseits und innerhalb der Franchisenehmerschaft andererseits, folgendermaßen konkretisiert werden:

---

166 Vgl. GROB (1999a), S. 79 ff.

167 Vgl. hierzu ausführlicher GROB (1989), S. 6.

168 Vgl. GROB (1989), S. 8.

169 Vgl. zur Komponentenbewertung eines Konzerns COPELAND/KOLLER/MURRIN (1998), S. 158 ff.

Der Strategic System Value (SSV) ist die Summe aller Partner Values zzgl. des Anfangswertes des neutralen Bereiches:

$$SSV = \sum_{i=1}^{n} PV_i + NV$$

$$PV_i = EW_{FNi} \cdot (1 + i_{oi})^{-t}$$

Symbole:

PV_i	Partner Value des Franchisenehmers i
EW_{FNi}	VOFI-Endwert des Franchisenehmers i
i_{oi}	Opportunitätskostensatz der Periode i[170]
t	Periodenlaufindex
i	Franchisenehmerlaufindex
NV	Neutral Value, Anfangswert der Zahlungsüberschüsse des neutralen Bereiches

In der Realität existieren allerdings durchaus Verbundeffekte.[171] Um den Zusammenhang zwischen SSV und Partner Values möglichst realitätsnah und zugleich einfach abzubilden, ist der aus den Verbundeffekten resultierende Wertbeitrag den Beteiligten (Zentrale bzw. Franchisenehmern) verursachungsgerecht zuzuordnen, und Auszahlungen der Zentrale sind soweit wie möglich im Rahmen der Partner Value-Berechnung bei den einzelnen Franchisenehmern zu berücksichtigen.[172]

---

170 Nur wenn ein VOFI-Modell mit einem einheitlichen Zinssatz, konstantem Ertragsteuersatz und sofortiger Verlustausgleichsmöglichkeit vorliegt, kann ein Anfangswert durch Abzinsen des Endwertes mit einem einheitlichen steuerverkürzten Zinssatz berechnet werden. In diesem Fall gilt für alle i_{oi} mit i = 1, ..., n; $i_{oi} = i_o$. Ansonsten muss der Endwert mit einem periodenindividuellem Opportunitätszinssatz i_{oi} diskontiert werden.

171 Vgl. GÜNTHER (1997), S. 99.

172 Vgl. GÜNTHER (1997), S. 102.

Beispielsweise besteht in vielen Franchisesystemen die Möglichkeit, dass neue Franchisenehmer bei erfahrenen Franchisenehmern hospitieren, um den täglichen Arbeitsablauf in einem Franchisebetrieb kennen zu lernen. Hierdurch reduziert sich der Bedarf an Schulungen durch den Franchisegeber. Die daraus resultierenden (Kosten-) Auszahlungseinsparungen des Franchisegebers sind als positive Komponenten des Partner Value des Franchisenehmers, welcher die Betreuung des neuen Franchisenehmers übernommen hat, zu berücksichtigen. Die restlichen Auszahlungen für die Schulung neuer Franchisenehmer oder für die Betreuung durch Außendienstmitarbeiter sind, ggf. unter Verwendung von Mengen- und Wertschlüsseln, die mit Hilfe der Prozesskostenrechnung ermittelt wurden, den einzelnen Franchisenehmern zuzuordnen. Vgl. zur Vorgehensweise der Prozesskostenrechnung Kap. 3.2.1.

Als Fazit kann festgehalten werden, dass der VOFI-Anfangswert i.S. des SSV bzw. Partner Value eine geeignete Größe darstellt, um die oberste Zielsetzung des Franchisegebers, die Maximierung der Verzinsung seines Vermögens in einer bestimmten Periode, abzubilden. Nach dem oben formulierten Postulat sind Investitionsentscheidungen, seien es Entscheidungen bzgl. der Erhöhung des SSV oder des Partner Value, anhand desselben Auswahlkriteriums zu treffen. Bei einer rein finanziellen Zielsetzung ist daher jene Handlungsalternative als die optimale auszuwählen, die den höchsten Anfangswert erwarten lässt. Weisen alle Alternativen einen negativen Anfangswert auf, ist statt der Zielsetzung der Guthabenmaximierung eine Minimierung der Verbindlichkeiten anzustreben. In diesem Fall ist die Alternative mit dem kleinsten negativen Anfangswert die optimale.

In einem engen Zusammenhang mit der Unternehmungsbewertung steht die Finanzierungstheorie. Im folgenden Kapitel wird daher dieser Zusammenhang näher betrachtet und die Bedeutung der Finanzierungstheorie für das CVM in Franchisesystemen untersucht.

2.3.4 Relevanz der Finanzierungstheorie für die Ermittlung der Renditeforderungen der Kapitalgeber

2.3.4.1 Zusammenhang zwischen Finanzierungstheorie und Unternehmungsbewertung

Die Finanzierungstheorie i.w.S. setzt sich zusammen aus der Investitionstheorie und der Finanzierungstheorie i.e.S.[173] Letztere umfasst die klassische Finanzierungslehre sowie die neoklassische und die neoinstitutionalistische Finanzierungstheorie.[174]

Gegenstand der Investitionstheorie ist das unternehmerische Investitionsverhalten. Dabei ist der Investitionsbegriff in der betriebswirtschaftlichen Literatur und Praxis sehr unterschiedlich belegt.[175] In dieser Arbeit wird der Investitionsbegriff von ADAM

---

173 Vgl. PERRIDON/STEINER (1997), S. 17.

174 Vgl. zu dieser Unterteilung der Finanzierungstheorie ausführlicher PERRIDON/STEINER (1997), S. 16-26; SCHMIDT/TERBERGER (1997), S. 9 ff. und S. 383 ff.

175 Vgl. Adam (1997), S. 1 ff.; PERRIDON/STEINER (1997), S. 27-30; GROB (1999a), S. 4-6; KRUSCHWITZ (1995), S. 4 f.; SCHNEIDER (1992), S. 7-13; SCHMIDT/TERBERGER (1997), S. 86.

zugrunde gelegt, wonach jene Auszahlungen als Investitionen zu begreifen sind, "die längerfristige Nutzungspotentiale bzw. Vermögenspositionen zur Folge haben."[176] Dabei ist die Bilanzierungsfähigkeit keine Voraussetzung für eine Investition, sodass nicht nur Auszahlungen für Maschinen oder Geldanlagen am Kapitalmarkt, sondern auch Auszahlungen für die Aus- und Weiterbildung von Mitarbeitern Investitionen darstellen.[177]

In Bezug auf die hier zu behandelnde Problemstellung[178] stellen damit nach o.g. Definition franchisenehmerbezogene Auszahlungen (z.B. für Schulungen, Beratungen, Erstausstattung etc.) eine Investition dar. Diese Investition wird vom Franchisegeber mit dem Ziel getätigt, im Laufe der Geschäftsbeziehung Einzahlungen durch Franchisegebühren und sonstige Zahlungen sowie weitere Nutzungspotentiale in Form nicht-monetärer Effekte (Informationspotential, Referenzpotential etc.) zu generieren, um letztlich den Partner Value des Franchisenehmers sowie den SSV zu erhöhen.

Eine besondere Anforderung an die Investitionstheorie stellt die Tatsache dar, dass der Erfolg einer Investition stets mit Unsicherheit behaftet ist. Ex ante lässt sich einer Investition kein genauer, intersubjektiv nachprüfbarer Wert zuweisen. Die Bewertung von Investitionen basiert daher immer auf individuellen Erwartungen eines Investors/Planers über die Höhe und den zeitlichen Anfall der Ein- und Auszahlungen.[179] Um trotz dieser Unsicherheit annähernd genaue Beurteilungen von Investitionen zu ermöglichen, sind im Rahmen der Investitionstheorie Konzepte für die Investitionsplanung bei unsicheren Datensituationen entwickelt worden.[180]

Wie die vorangegangenen Ausführungen verdeutlicht haben, hängt der *investitionstheoretische* Beitrag der Finanzierungstheorie für das CVM in Franchisesystemen unmittelbar mit der funktionsspezifischen Wertermittlung der Unternehmungsbewertung zusammen.

---

176 ADAM (1997), S. 1.

177 Vgl. ADAM (1997), S. 1.

178 Vgl. die Ausführungen in Kap. 1.

179 Vgl. ADAM (1997), S. 1.

180 Vgl. hierzu ADAM (1997), S. 316-353; GROB (1999a), S. 375-463; PERRIDON/STEINER (1997), S. 97-133. In Kap. 4 dieser Arbeit wird eine Methodik zur Prognose der Franchisenehmer-Struktur-Dynamik entwickelt.

Zwischen Investition und Finanzierung bestehen i.d.R. enge Interdependenzen, da sowohl die Finanzierungsmittel als auch deren Anlagemöglichkeiten begrenzt sind. Aus diesem Grund sind bei der Beurteilung einer Investition die mit der Investition und der Finanzierung verbundenen Zahlungen gleichzeitig zu berücksichtigen.[181] GROB spricht daher auch von "zwei Seiten einer Medaille".[182] Diesbezüglich ist der Beitrag der Finanzierungstheorie darin zu sehen, die investitionstheoretische Bewertung der Handlungsalternativen um Renditeforderungen des Franchisegebers und um die Beurteilung der unternehmungsspezifischen Risikosituation zu ergänzen.[183]

Da sich die vom Franchisegeber, als Eigenkapitalgeber, zu tragenden Risiken von denen der Fremdkapitalgeber unterscheiden, fordern Franchisegeber und Fremdkapitalgeber unterschiedlich hohe Renditen, die sich in den Eigen- und Fremdkapitalkosten niederschlagen.[184] Im folgenden Kapitel werden daher die Renditeforderungen der Eigen- und Fremdkapitalgeber näher untersucht.

2.3.4.2 Renditeforderungen von Eigen- und Fremdkapitalgebern

In der Definition des Partner Value bzw. SSV dieser Arbeit wird die Möglichkeit, Kapitalrückflüsse zu reinvestieren, ausdrücklich erfasst.[185] Da die verschiedenen Handlungsalternativen zu unterschiedlichen Zahlungsströmen an den Franchisegeber führen, wird eine Höhenpräferenz benötigt, um zu ermitteln, welche der verschiedenen Handlungsalternativen am vorteilhaftesten ist. Bei der Wertsteigerungsanalyse werden die Höhenpräferenzen begrenzt auf die Eigenkapitalkosten. Diese entsprechen der risikoadäquaten Mindestrendite, welche die Eigentümer, also in diesem Fall der Franchisegeber, fordern, um sich erstens weiterhin an dem Franchisesystem finanziell zu beteiligen bzw. um zweitens zusätzliches Eigenkapital in das Franchisesys-

---

181 Vgl. ADAM (1997), S. 2-3.

182 GROB (1999a), S. 4.

183 Vgl. PAPE (1999), S. 139.

184 Vgl. KNORREN (1998), S. 53; GROB/LANGENKÄMPER/WIEDING (1999), S. 456 f.; HELLING (1994), S. 125 ff.

185 Vgl. Kap. 2.3.3.3.

tem zu investieren. Daher sind als Eigenkapitalkosten grundsätzlich die Opportunitätskosten aus risikobehafteten Alternativanlagen heranzuziehen.[186]

Zur Berechnung der *Eigenkapitalkosten* wird in der Literatur häufig auf das Capital Asset Pricing Modell (CAPM) zurückgegriffen. Es wird daher kurz in seinen Grundzügen vorgestellt und geprüft, inwiefern es zur Ermittlung der Renditeforderungen eines Franchisegebers geeignet ist.

Das CAPM wurde von SHARPE, LITNER und MOSSIN, basierend auf der Portefeuilletheorie[187] unter Einbeziehung einer sicheren Kapitalanlagemöglichkeit (Modell der Kapitalmarktlinie)[188], konzipiert. Im Rahmen des CAPM (Modell der Wertpapierlinie) wird der Preis einzelner Wertpapiere bzw. werden die Eigenkapitalkosten risikobehafteter Investitionen im Marktportefeuille ermittelt. Dem Modell liegen zahlreiche Annahmen zugrunde.[189] Insbesondere wird davon ausgegangen, dass

186 Vgl. diesbezüglich JÄGER (2001), S. 218 f.; SIEGERT (1994), S. 69; STUDER (1998), S. 370. Einen guten Überblick über die verschiedenen Methoden zur Ermittlung der Eigenkapitalkosten gibt der ARBEITSKREIS "FINANZIERUNG" DER SCHMALENBACH-GESELLSCHAFT DEUTSCHE GESELLSCHAFT FÜR BETRIEBSWIRTSCHAFT E.V. (1996), S. 547-558.

187 Vgl. SHARPE (1964); LINTNER (1965); MOSSIN (1966); MARKOWITZ (1959).

Die Portfoliotheorie untersucht für risikobehaftete Wertpapiere bzw. Anlagemöglichkeiten, wie sich das Verhalten der Risikostreuung von Anlegern erklären lässt und leitet Aussagen darüber ab, wie ein Portfolio hinsichtlich seiner Zusammensetzung rational gestaltet werden sollte. In diesem Zusammenhang sind die Konsequenzen eines Wertpapierkaufs eindeutig durch den Erwartungswert der Rendite (μ) und die Standardabweichung (σ) festgelegt. Ein Portefeuille ist risikoeffizient, wenn es keine Alternative gibt, die ein gleiches μ, aber ein geringeres σ, ein gleiches σ, aber ein größeres μ, oder ein geringeres σ als auch ein größeres μ aufweist.

Der geometrische Ort aller risikoeffizienten Portefeuilles ist die Effizienzkurve. Vgl. zu den vorangegangenen Ausführungen PERRIDON/STEINER (1997), S. 249 ff.; SCHMIDT/TERBERGER (1997), S. 311 ff.

188 Basierend auf den Erkenntnissen der Portfoliotheorie kann dann durch Einbeziehung einer risikolosen Kapitalanlagemöglichkeit die Menge effizienter Portefeuilles sowie die erwartete Rendite eines effizienten Portfolios bestimmt werden. Der geometrische Ort aller effizienten Portefeuilles ist die Kapitalmarktlinie. Sie ist eine Gerade mit dem Ordinatenabschnitt R_f und dem Tangentialpunkt M (Marktportefeuille) mit der Effizienzkurve riskanter Portefeuilles. Unterschiede zwischen den Portefeuilles der Anleger ergeben sich nur durch den entsprechend der Risikoneigung gestalteten Anteil risikoloser Anlagen am Portefeuille der Anleger. Als Kombination riskanter Anlagemöglichkeiten wird kein Anleger eine andere Kombination wählen als das Marktportfolio M.

Die erwartete Rendite eines effizienten Portfolios entspricht dann der Rendite einer sicheren Anlage (R_f) zzgl. einer Risikoprämie. Diese ergibt sich durch Multiplikation des Marktpreises für eine Einheit an Risiko mit dem entsprechenden Risiko des betrachteten Portfolios. Vgl. PERRIDON/STEINER (1997), S. 260 ff.; SCHMIDT/TERBERGER (1997), S. 343 ff.

189 Vgl. zu diesen sowie zu den weiteren Annahmen des CAPM-Modells SCHMIDT/TERBERGER (1997), S. 343 f.; PERRIDON/STEINER (1997), S. 258 ff.

- ein vollständiger Kapitalmarkt existiert,
- zu einem risikolosen Zinssatz i_f Geld aufgenommen bzw. angelegt werden kann[190] und
- Risikoneigung und Portefeuillestruktur unabhängig voneinander sind, sodass die Portefeuilles aller Anleger die gleiche Struktur aufweisen und erst der Anteil risikoloser Papiere im Portefeuille die Risikoneigung der Anleger ausdrückt.[191]

Wenngleich diese Annahmen und die Vergangenheitsorientierung des CAPM immer wieder kritisiert wurden, bestätigen empirische Untersuchungen grundsätzlich den folgenden Zusammenhang zwischen Rendite und Risiko:[192] Die Eigenkapitalkosten $E(R_i)$ setzen sich zusammen aus der Rendite risikoloser Anlagen R_f zzgl. der Risikoprämie $[E(R_m) - R_f]$ multipliziert mit dem systematischen Risiko (β_i)[193] der Unternehmung. Das Risiko ergibt sich aus der Kovarianz zwischen den Renditeerwartungen des risikobehafteten Wertpapiers i bzw. der risikobehafteten Investition i und des Marktportefeuilles M, dividiert durch die Varianz der erwarteten Rendite des Marktportefeuilles M.

Für die konkrete Anwendung des CAPM müssen die Parameter des Modells bestimmt werden. Als Näherungswert für die *Rendite risikoloser Anlagen* R_f wird in der Literatur vorgeschlagen, die Rendite bestimmter Staatspapiere heranzuziehen. Bei dem aktuellen Zinsniveau kann auf dem deutschen Markt derzeit mit einem Wert von ca. 5% gerechnet werden.[194] Als Wert für die *Risikoprämie* $[E(R_m) - R_f]$, welche sich

---

190 Erst die Existenz eines risikolosen Zinssatzes ermöglicht nach der Fisher-Separation die Unabhängigkeit von Investition und Finanzierung. Vgl. dazu FISHER (1930).

191 Es gilt die TOBIN-Separation, d.h. Risikoneigung und Portefeuillestruktur sind unabhängig von einander. Danach können sich die Strukturen individueller Portefeuilles nur aufgrund unterschiedlicher Zukunftserwartungen der Anleger unterscheiden. In Verbindung mit der zuvor getroffenen Annahme über die homogenen Erwartungen der Anleger bedeutet dies, dass die Portefeuilles aller Anleger die gleiche Struktur aufweisen, die im Marktgleichgewicht mit der Struktur des Marktportefeuilles übereinstimmt. Erst der Anteil risikoloser Papiere im Portefeuille drückt die Risikoneigung der Anleger aus. Vgl. dazu TOBIN (1957).

192 Vgl. WESTON/COPELAND (1992), S. 215; SHARPE (1991), S. 508; STEHLE/HARTMOND (1991), S. 408-409.

193 Die risikolose Anlagemöglichkeit weist ein β von 0 auf, da die Kovarianz zwischen den Renditeerwartungen der risikolosen Anlage und des Marktportefeuilles 0 ist. Da die Kovarianz des Marktportefeuilles mit sich selbst gleich der Varianz des Marktportefeuilles ist, ist der β-Wert für das Marktportefeuille 1. Somit hat die Wertpapierlinie eine lineare Form. Vgl. SCHMIDT/TERBERGER (1997), S. 356; PERRIDON/STEINER (1997), S. 264 f.

194 Vgl. OFFENBÄCHER/SCHMITT (1999), S. 243 ff. COPELAND/KOLLER/MURRIN empfehlen für den amerikanischen Markt die Rendite einer Schatzanweisung mit einer Laufzeit von zehn Jahren

als Differenz zwischen der erwarteten Rendite der risikolosen Anlage und des Marktportefeuilles ergibt, empfehlen COPELAND/KOLLER/MURRIN 5 bis 6 Prozent anzusetzen.[195] Alternativ lässt sich die Risikoprämie berechnen, indem von der auf Basis des DAX ermittelten Marktrendite die erwartete Rendite risikoloser Anlagen subtrahiert wird.[196]

Einige Autoren stellen die Übertragung des ursprünglich für die Bewertung von Aktien konzipierten CAPM auf die Unternehmungsbewertung mit der Begründung in Frage, dass die Unsicherheitssituation einer Unternehmung durch das CAPM nicht richtig abgebildet werden kann. Während das CAPM ein Marktgleichgewicht unterstellt, liegt nach Meinung der Kritiker für den Fall der Unternehmungsbewertung kein Marktgleichgewicht vor. Darüber hinaus werde der Einfluss der Eigentümer auf die Unternehmungspolitik nicht berücksichtigt.[197] Dem ist entgegen zu halten, dass das *systematische Risiko* β_i einer Unternehmung zumindest für börsennotierte Unternehmungen regelmäßig kapitalmarktbezogen ermittelt wird und das aktuelle Marktgeschehen abbildet.[198] Die Beta-Faktoren können dem Wirtschaftsteil überregionaler Tageszeitungen entnommen werden.

Wenngleich Franchisesysteme in Deutschland derzeit überwiegend noch nichtbörsennotiert sind, ist zu vermuten, dass in einigen Jahren, ähnlich wie in den USA, auch in Deutschland Franchisesysteme im Zuge des Größenwachstums an die Bör-

---

(Fortsetzung der Fußnote der vorherigen Seite)

heranzuziehen, vor allem da es sich um eine langfristige Rendite handelt und deren Duration (durchschnittliche, dynamisierte Bindungsdauer einer Finanzanlage) ungefähr der des Free Cash Flows der zu bewertenden Unternehmung entspricht. Vgl. ausführlicher COPELAND/KOLLER/MURRIN (1998), S. 277 ff. Zum Begriff der Duration vgl. PERRIDON/STEINER (1997), S. 191 ff. Berechnungen der DG Bank bzgl. der Zinskurven von Staatsanleihen bestätigen diese Ergebnisse auch für den deutschen Markt. Vgl. o.V. (2000b), S. 39.

195 Dieser Wert wird ermittelt, indem das langfristige geometrische Mittel der Risikoprämien für die S&P500-Aktien im Vergleich zur Rendite langfristiger Staatsanleihen der Jahre 1926 bis 1988 gebildet wird. Vgl. COPELAND/KOLLER/MURRIN (1998), S. 279 ff.

196 Vgl. KNORREN (1998), S. 56; PERRIDON/STEINER (1997), S. 281. LEWIS (1995), S. 88; OFFENBÄCHER/SCHMITT (1999), S. 243 ff.

197 Die Anwendung des CAPM auf die Unternehmungsbewertung wurde in Deutschland vor allem von GÖPPL vorangetrieben. Vgl. GÖPPL (1980). Vgl. zur Kritik bzgl. der Übertragbarkeit des CAPM auf die Unternehmungsbewertung BAETGE/KRAUSE (1994), S. 433-457; BALLWIESER (1993), S. 166 f.; LEWIS (1995), S. 87 f.; KNORREN (1998), S. 56 sowie die dort angegebene Literatur.

198 Vgl. PAPE (1999), S. 117.

se gehen werden. Für diese Systeme böte sich ggf. die Ermittlung der Eigenkapitalkosten mit Hilfe des CAPM an.

Bei nicht-börsennotierten Unternehmungen und damit beim Großteil der Franchisesysteme in Deutschland versagt das CAPM gänzlich, weil für diese Systeme kein effizienter Kapitalmarkt zur Verfügung steht.[199] Wird dagegen als Entscheidungskalkül der VOFI-Anfangswert des Franchisesystems, also der SSV bzw. der Partner Value, verwendet, treten derartige Probleme hinsichtlich der Quantifizierung der Eigenkapitalkosten nicht auf. Die dem Franchisegeber real zur Verfügung stehenden Anlagemöglichkeiten (Opportunitäten) lassen sich mit ihrer gesamten Konditionenvielfalt explizit im Kalkül berücksichtigen.[200]

Als *Fremdkapitalkostensatz* wird in der Literatur häufig der mit den Marktwerten der entsprechenden Kapitalart gewichtete, durchschnittliche effektive Zinssatz des der Unternehmung zur Verfügung gestellten verzinslichen Fremdkapitals herangezogen.[201] Bei Verwendung des VOFIs können die Fremdkapitalkosten exakt berücksichtigt werden, sodass auf einen gewichteten Fremdkapitalkostensatz verzichtet werden kann. Stattdessen lassen sich die dem Franchisegeber tatsächlich zur Verfügung stehenden Finanzierungsmöglichkeiten mit ihrer gesamten Konditionenvielfalt explizit im Kalkül berücksichtigen. Um eine Doppelerfassung von Pensionszahlungen zu vermeiden, dürfen Pensionsrückstellungen bei der Ermittlung der Kapitalkosten nicht mit einbezogen werden, wenn die mit Pensionsrückstellungen verbundenen Rentenzahlungen schon in die Ermittlung der Cash Flows einer Unternehmung eingeflossen sind.[202]

---

199 Vgl. dazu GROB/LANGENKÄMPER/WIEDING (1999), S. 454. Dagegen vertritt STUDER die Ansicht, die Ermittlung von Eigenkapitalkosten stelle in klein- und mittelständischen Unternehmungen insofern kein Problem dar, als dass bei Personalunion von Unternehmungsleitung und Eigentümer im Allgemeinen kein Anlass bestehe, die Schaffung von Shareholder-Value zahlenmäßig zu belegen. Vgl. STUDER (1998), S. 370. Dieser Meinung kann nicht gefolgt werden, da unabhängig von einer notwendigen Rechtfertigung, auch in diesen Unternehmungen die Eigenkapitalkosten der Fundierung von Investitionsentscheidungen dienen.

200 Vgl. GROB/LANGENKÄMPER/WIEDING (1999), S. 457 sowie die Ausführungen in Kap. 4.4.

201 Vgl. stellvertretend für viele KNORREN (1998), S. 57 f.; ARBEITSKREIS "FINANZIERUNG" DER SCHMALENBACH-GESELLSCHAFT DEUTSCHE GESELLSCHAFT FÜR BETRIEBSWIRTSCHAFT E.V. (1996), S. 558-562; FISCHER (1999).

202 Vgl. GROB/LANGENKÄMPER/WIEDING (1999), S. 456; SULZBACH (1999), S. 213 ff.

Nachdem in diesem Kapitel der SSV und der Partner Value als Steuerungsgrößen des CVM herausgearbeitet und definiert wurden, werden im nächsten Kapitel die Komponenten des Partner Value analysiert.

2.4 Komponenten des Partner Value

2.4.1 Überblick über die Komponenten des Partner Value

Die Komponenten des Partner Value können theoretisch gestützt durch die Übertragung allgemeiner Erkenntnisse des Customer Value Managements[203] auf die Charakteristika der Franchisegeber-Franchisenehmer-Beziehung[204] bestimmt werden.

Darüber hinaus wurde im Rahmen dieser Arbeit in der Zeit von Juni bis August 2000 in ausgewählten Franchisesystemen eine explorative Befragung zum Thema Customer Value Management durchgeführt.[205] Ziel war es zu erkennen, ob im Rahmen der theoretischen Untersuchung alle wesentlichen Komponenten des Partner Value und die Wirkungszusammenhänge zwischen monetären und nicht-monetären Komponenten des Partner Value berücksichtigt worden sind.

Bei der Auswahl der befragten Franchisesysteme wurde darauf geachtet, dass besonders professionell geführte Franchisesysteme *unterschiedlicher Branchen* in die Untersuchung einbezogen wurden. Wie bereits schon vorher erläutert wurde,[206] wird im Rahmen dieser Arbeit ein zweigliedriges System, in dem ein Hersteller oder Großhändler als Franchisegeber seine Produkte über Franchisenehmer auf der Einzelhandelsstufe an die Verbraucher verkauft, als Untersuchungsobjekt zugrunde gelegt. Deshalb wurden solche Systeme schwerpunktmäßig befragt.

Im Ergebnis lieferten die theoretische und die explorative Untersuchung folgende Komponenten des Partner Value (vgl. Abb. 10):

---

203 Zu den Komponenten des Customer Value im Allgemeinen vgl. KRÜGER (1997); CORNELSEN (2000).

204 Zu den Charakteristika von Franchisesystemen und der Franchisegeber-Franchisenehmer-Beziehung vgl. die Ausführungen in Kap. 2.2.

205 Vgl. zum Fragenkatalog der explorativen Befragung sowie zu der Liste der befragten Franchisesysteme Anhang I.

206 Vgl. die Ausführungen in Kap. 2.2.2.

Abb. 10: Komponenten des Partner Value

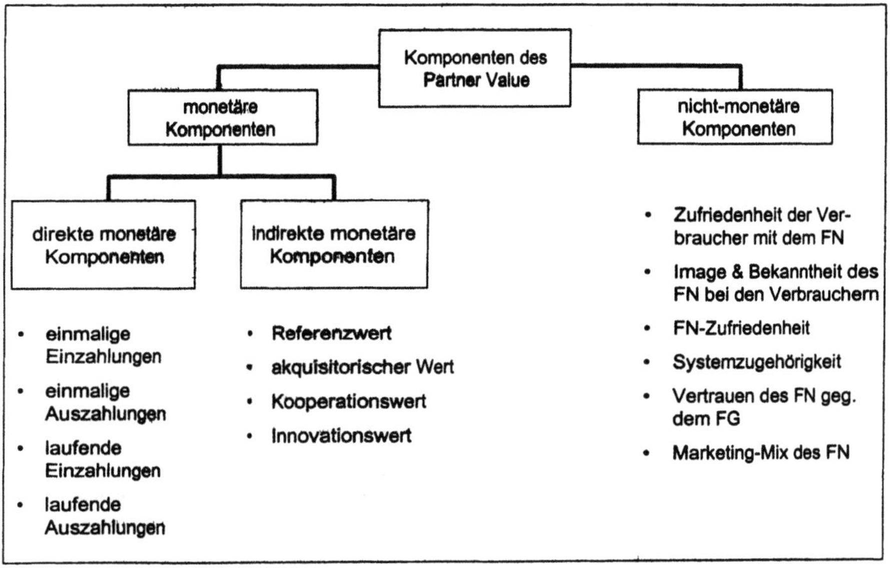

Quelle: Eigene Darstellung.

Der Franchisenehmer leistet im Rahmen der Kooperation monetäre und nicht-monetäre Beiträge.[207] Zu den *monetären Komponenten* des Partner Value zählen alle durch einen Franchisenehmer *direkt und indirekt verursachten Ein- und Auszahlungen.* Mit welchen Ein- und Auszahlungen ein Franchisegeber konkret konfrontiert ist, wird in Kap. 2.4.2 ausführlich untersucht. Bei den *nicht-monetären Komponenten* handelt es sich um kurz- oder langfristige ökonomische Wirkungen von Verhaltensweisen eines Franchisenehmers. Nicht-monetäre Komponenten weisen daher einen vorökonomischen Charakter auf. Die monetären und nicht-monetären Komponenten sind zweckmäßigerweise getrennt zu betrachten, weil die nicht-monetären Komponenten deutlich höhere Quantifizierungsprobleme sowohl ex-post in der Ist-Erfassung als auch ex-ante im Rahmen von Entwicklungs- und Wirkungsprognosen verursachen.[208]

---

207 Vgl. SCHEMUTH (1996), S. 20.

208 Vgl. BACKHAUS (1999), S. 38.

2.4.2 Monetäre Komponenten

2.4.2.1 Direkte monetäre Komponenten des Partner Value

Die direkten monetären Komponenten des Partner Value sind nach einmaligen und laufenden Ein- und Auszahlungen zu unterscheiden (vgl. Tab. 2).

Tab. 2: Direkte monetäre Komponenten des Partner Value

Kategorie der Komponenten	Monetäre direkte Komponenten
einmalige Einzahlungen	• Eintrittsgebühr • Abschlussgebühr • Kreditvermittlungsgebühr • Beratungshonorare • Einzahlungen aus dem Verkauf von Geschäftseinrichtungen
einmalige Auszahlungen	• Auszahlungen für die Akquisition eines FN • Auszahlungen für die Gründungsberatung • Auszahlungen für den Einkauf von Geschäftseinrichtungen • Auszahlungen für die Beendigung einer Geschäftsbeziehung
laufende Einzahlungen	• laufende Franchisegebühren • Werbegebühren • Gebühren für Serviceleistungen • Einzahlungen aus Vermietung
laufende Auszahlungen	• Auszahlungen für Vorprodukte und -leistungen sowie für bezogene Waren • Auszahlungen für die laufende Betreuung und Schulung der Franchisenehmer • Auszahlungen für die Gemeinschaftswerbung • Auszahlungen für weitere Serviceleistungen des FG für den FN (z.B. EDV, Buchführung) • Auszahlungen für das Immobilienmanagement

Quelle: Eigene Darstellung.

Zu den *einmaligen Einzahlungen des Franchisegebers* aus der Geschäftsbeziehung zum Franchisenehmer zählen die Eintritts-, Abschluss- und Kreditvermittlungsgebühren, Beratungshonorare sowie Einzahlungen aus dem Verkauf von Einrichtungs- und Ausstattungsgegenständen für den Franchisebetrieb.[209]

Der Eintrittsgebühr kommt die Funktion zu, die *einmaligen Auszahlungen* des Franchisegebers für den Aufbau des Franchisesystems sowie für Maßnahmen zur Eingliederung eines neuen Franchisenehmers anteilig zu decken.[210] Hierzu zählen bspw. Schulungen, die das für die Existenzgründung erforderliche Know-how vermitteln, die Unterstützung bei der Suche nach einem geeigneten Ladenlokal sowie die Prüfung von Mietverträgen, die Gestaltung der Eröffnungswerbung durch Spezialisten etc.

Lediglich ca. 14% der Mitgliedssysteme des DFV erheben nach einer Untersuchung von 1996 keine Eintrittsgebühr. Bei 68% dieser Systeme erreicht die Eintrittsgebühr eine Höhe von bis zu 30.000 DM; 17% verlangen eine Eintrittsgebühr zwischen 30.000 und 100.000 DM und lediglich 1% der Systeme berechnet eine Eintrittsgebühr zwischen 100.000 und 150.000 DM.[211]

Grundsätzlich hat der Franchisegeber die Möglichkeit, von allen Franchisenehmern eine gleich hohe, fixe Gebühr zu verlangen oder aber die einmalige Gebühr individuell für jeden Franchisenehmer festzulegen. So wird z.B. in einigen Franchisesystemen die einmalige Franchisegebühr mit den Franchisenehmern in Einzelvereinbarungen festgelegt oder in Abhängigkeit von dem mit dem Franchisebetrieb erzielbaren Umsatzpotential festgelegt.[212]

Von der Eintrittsgebühr, die an den Franchisegeber gezahlt wird, sind die erforderlichen *Investitionen des Franchisenehmers*[213] in Ladeneinrichtung, Warenausstattung

---

209 Vgl. SKAUPY (1995), S. 101 ff.

210 Vgl. DNES (1991), S. 140.

211 Vgl. NEBEL (1999b), S. 226. Vgl. darüber hinaus VNR VERLAG FÜR DIE DEUTSCHE WIRTSCHAFT AG (1999) sowie die Ergebnisse einer Untersuchung von HERRFELD zur Ausgestaltung von Franchiseverträgen. HERRFELD (1998), S. 52.

212 Vgl. NEBEL (1999b), S. 225 f.

213 Den spezifischen Investitionen des Franchisenehmers ist ex-ante eine Screening-Funktion zuzuschreiben. D.h. nicht nur die Eintrittsgebühr, sondern auch die *Investitionssumme* stellt ein Instrument des Franchisegebers zur Auswahl geeigneter Franchisenehmer dar. Arbeitet ein Franchisenehmer nicht profitabel bzw. entspricht er nicht den qualitativen Anforderungen des Franchisesystems, so läuft der Franchisenehmer Gefahr, im Zuge einer Kündigung des Fran-

etc. zu unterscheiden. Die Höhe der Investitionssumme ist von System zu System sehr unterschiedlich; sie wird maßgeblich durch die Größe der Franchisebetriebe und den Umfang der Ladeneinrichtung bestimmt. Bei der klassischen Form der Franchisenehmerfinanzierung sind Franchisenehmer von der Kompetenz und dem Ermessensspielraum der jeweiligen Hausbank vor Ort abhängig. Der einzelne Franchisenehmer ist dabei oft nicht in der Lage, die Vielzahl der Faktoren, die in eine optimale Finanzierung hineinspielen können, zu überblicken. Viele Franchisesysteme unterstützen aus diesem Grund ihre Franchisenehmer bei der Suche nach der optimalen Finanzierung.[214]

Die Abgrenzung von einmaligen und laufenden Zahlungen ist insofern bedeutend, als dass die Entstehung und Höhe der laufenden Zahlungen das vorrangige Unterscheidungsmerkmal zwischen mehr oder weniger profitablen Franchisenehmern sind.[215] Im Gegensatz dazu kann für die einmaligen Zahlungen in vielen Franchise-

---

(Fortsetzung der Fußnote der vorherigen Seite)

chisevertrages seine spezifischen Investitionen zu verlieren (sunk costs). Für den Franchisenehmer erhöhen sich damit durch die Eintrittsgebühr die Kosten eines Fehlverhaltens. Vgl. HERRFELD (1998), S. 141 sowie die dort angegebene Literatur.

214 Vgl. zur Franchisenehmerfinanzierung ausführlicher MEIER (1999), S. 206-224; STERN (1994), S. 194-198; SKAUPY (1995), S. 185 ff. sowie die Ausführungen in Kap. 2.2.4.

215 Die ökonomische Funktion der verschiedenen Franchisegebühren kann mit Hilfe der ökonomischen Analyse untersucht werden:
Mit den *Eintritts- und laufenden Gebühren* wird nicht nur der Zweck verfolgt, dem Franchisegeber Einzahlungen zur verschaffen. Darüber hinaus kommt diesen Gebühren insbesondere auch eine Screening- und Kapitalbeschaffungsfunktion zu. Die Eintrittsgebühr sollte positiv mit den erforderlichen Investitionen des Franchise*gebers* in das neue Franchisegeschäft verknüpft sein, um eine Screening-Funktion auszuüben. Wenngleich empirische Untersuchungen die Kapitalbeschaffungs-Funktion der Eintrittsgebühr nicht eindeutig bestätigen können, kann jedoch die Tatsache, dass junge Franchisesysteme im Vergleich zu älteren Franchisesystemen oftmals höhere Einstiegsgebühren erheben, als ein Indiz für die Kapitalbeschaffungsfunktion sein. Vgl. zur ökonomischen Analyse des Franchising ausführlicher HERRFELD (1998), S. 128 ff. sowie die dort angegebene Literatur. Vgl. zur Kalkulation der Eintrittsgebühr auch SKAUPY (1995), S. 102.

Darüber hinaus wird im Rahmen der ökonomischen Analyse des Franchising untersucht, wie Struktur und Höhe von Eintritts- und laufenden Gebühren zu gestalten sind, um den Gewinn des Franchisegebers zu optimieren. Wenngleich die Untersuchungen z.T. widersprüchliche Ergebnisse und wenig operationale Handlungsempfehlungen liefern, lässt sich als zentrale Gemeinsamkeit aller Untersuchungen festhalten, dass umsatzabhängige, laufende Zahlungen immer dann sinnvoll sind, wenn Unsicherheit über die Umsatzentwicklung des Franchisenehmers herrscht. Diese Unsicherheit dürfte i.d.R. in der Praxis gegeben sein, sodass die Existenz laufender, umsatzabhängiger Gebühren zweckmäßig erscheint. Vgl. HERRFELD (1998), S. 129 ff. Die Principal-Agent-Theorie liefert Erkenntnisse dafür, dass im Gegensatz zu einmaligen und/oder periodisch zu entrichtenden fixen Zahlungen umsatzabhängige Zahlungen des Franchisenehmers an den Franchisegeber ökonomisch zweckmäßiger sind. Vgl. hierzu ausführlicher POSSELT (1999), S. 359 ff.

systemen davon ausgegangen werden, dass diese für die Mehrzahl der Franchisenehmer in ähnlicher Höhe anfallen.[216] Als Ausnahme von dieser Regel sind die Kreditvermittlungsgebühren zu betrachten, weil diese unter anderem von der Eigenkapitalausstattung des Franchisenehmers abhängen.[217]

Die einfachste Methode einer Erhebung der *laufenden Franchisegebühr* ist die in Form einer fixen Zahlung bzw. eines pauschalen Betrages, unabhängig vom Erfolg des Franchisenehmers. Aus der Sicht des Franchisegebers ist diese Gebühr jedoch nicht geeignet, ein adäquates Anreiz-Beitrags-Gleichgewicht herzustellen. Aus diesem Grunde wird in Franchisesystemen am häufigsten die variable, laufende Gebühr erhoben. Sie kann entweder indirekt in Form eines Kalkulationsaufschlages auf die bezogenen Waren oder direkt als umsatzabhängiges Entgelt erhoben werden.[218]

Darüber hinaus ist zu unterscheiden, ob die laufenden Gebühren linear oder nichtlinear mit dem Umsatz steigen.[219] Zum einen kann, unabhängig vom Erfolg des Franchisenehmers, als Gebühr ein konstanter Prozentsatz vom Franchisenehmer-Umsatz berechnet werden. In diesem Fall steigt die Höhe der Gebühr linear mit der Höhe des Franchisenehmer-Umsatzes. Zum anderen können Franchisegeber und Franchisenehmer vereinbaren, in Abhängigkeit vom Erfolg des Franchisenehmers unterschiedlich hohe Prozentsätze vom Umsatz als laufende Gebühr zu erheben oder bei über- oder unterschreiten einer bestimmten Umsatzschwelle den Prozentsatz der umsatzabhängigen Gebühr zu ändern bzw. eine fixe Gebühr zu erheben.[220] In diesem Fall liegt ein nicht-linearer Verlauf der laufenden Gebühr vor.

So kann es z.B. sinnvoll sein, bei erfolgreichen, umsatzstarken Franchisenehmern, die laufende Gebühr nur degressiv mit dem Umsatz steigen zu lassen. Denn ein guter, meist wenig betreuungsintensiver Franchisenehmer würde bei einem linearem

---

216 Vgl. SKAUPY (1995), S. 101 f.

217 Vgl. SKAUPY (1995), S. 105.

218 Vgl. SKAUPY (1995), S. 135 f.; SONDERMANN (1996), S. 13; TÄGER (1994), S. 85.

219 Vgl. hierzu und im Folgenden NEBEL (1999b), S. 227; BHATTACHARYYA/LAFONTAINE (1995), S. 763 f.

220 Vgl. HERRFELD (1998), S. 52; SKAUPY (1995), S. 103 ff.
Die CLEAN COMPANY erhebt bis zu einem Franchisenehmer-Umsatz von 10.000 DM eine fixe Gebühr in Höhe von 900 DM, bei einem Umsatz zwischen 10.000 und 40.000 DM eine variable Gebühr von 9% vom Umsatz und bei einem Umsatz über 40.000 DM eine fixe Gebühr von 3.600 DM. Vgl. VNR VERLAG FÜR DIE DEUTSCHE WIRTSCHAFT AG (2000), S. 82.

Verlauf der Gebühr quasi für seinen Erfolg "bestraft", indem er erheblich mehr Franchisegebühren bezahlt als er im Gegenzug der Franchisegeberzentrale an Leistungen abfordert. Hingegen sind umsatzschwache Franchisenehmer häufig auch sehr betreuungsintensiv. Derartige Franchisenehmer würden bei einem linearen Funktionszusammenhang zwischen Gebühren und Umsatz im Verhältnis zu den umfangreichen Leistungen der Systemzentrale zu geringe Gebühren zahlen. In diesen Fällen bietet es sich an, eine laufende Gebühr zu vereinbaren, die sich an einem vereinbarten Mindestumsatz bemisst, unabhängig davon, ob dieser erzielt wird oder nicht. Allerdings überwiegen die linear verlaufenden Gebühren in Franchisesystemen.[221]

Falls die *laufenden Auszahlungen* des Franchisegebers für Werbung und sonstige Serviceleistungen (vgl. nochmals Tab. 2) nicht durch die laufende Gebühr abgedeckt werden, können Werbe- und Service-Gebühren separat erhoben werden.[222] Dabei dient meistens der Brutto-Umsatz als Berechnungsbasis.[223] Diese Zahlungen können i.d.R. als relativ konstant und unabhängig von der Beziehungsdauer angenommen werden.[224]

Hingegen können bestimmte Zahlungen in hohem Maße von der bisherigen Beziehungsdauer abhängen, z.B. Auszahlungen für Schulungen oder für die Betreuung der Franchisenehmer. Fallen zu Beginn der Geschäftsbeziehung Auszahlungen für die Bewertung und Selektion der Franchisenehmer an, so treten im Laufe der Geschäftsbeziehung Auszahlungen für die Franchisenehmer-Betreuung und eventuell für die Auflösung der Geschäftsbeziehung auf.[225] Darunter sind z.B. die Auszahlungen des Rückkaufs von Waren und Einrichtungsgegenständen oder Ausgleichsansprüche zu fassen.[226]

---

221 Vgl. Nebel (1999b), S. 227.

222 Vgl. Bauder (1988), S. 147 ff.; Clemens (1988), S. 96 ff.; Nebel (1999b), S. 228; Skaupy (1995), S. 135; Sondermann (1996), S. 13.

223 Vgl. Herrfeld (1998), S. 52; Skaupy (1995), S. 105 f.

224 Vgl. Nebel (1999b), S. 226.

225 Vgl. Krüger (1997), S. 114 ff.

226 Skaupy (1995), S. 139.

Schließlich sind Zahlungen zu berücksichtigen, deren Anfall und Höhe sehr orts- und franchisenehmerabhängig prognostiziert werden müssen (z.B. Einzahlungen aus Vermietung und Auszahlungen für das Immobilienmanagement).[227]

Von den direkten monetären Komponenten sind die indirekten Komponenten des Partner Value zu unterscheiden. Im folgenden Kapitel werden die wesentlichen indirekten Komponenten dargestellt.

2.4.2.2 Indirekte monetäre Komponenten des Partner Value

Indirekte monetäre Wertbeiträge eines Franchisenehmers können als Ergebnis direkter, positiver oder negativer Kommunikation (=Referenzen) mit anderen Franchisenehmern über den Franchisegeber bzw. über das Franchisesystem entstehen.[228] So kann ein etablierter Partner z.B. an potentielle neue Franchisenehmer Einstellungen und Informationen weitergegeben. Hierdurch werden sie positiv oder aber auch negativ beeinflusst, dem System beizutreten und sich im Hinblick auf den gemeinsamen Systemzweck[229] zu engagieren.[230] Insbesondere ist zu berücksichtigen, dass negative Erfahrungen in der Regel an einen größeren Kreis von Franchisenehmern weitergegeben werden als positive.[231] Dieses negative, dem gesamten Franchisesystem schadende Potential ist vor allem vor der Beendigung von Geschäftsbeziehungen zu bedenken, wenn unzufriedene Franchisenehmer das Image durch negative Propaganda schädigen.

Der *Referenzwert* eines Franchisenehmers schlägt sich folglich *indirekt* in den Einzahlungen anderer Franchisenehmer an den Franchisegeber bzw. in den Auszahlungen des Franchisegebers für diese Franchisenehmer (z.B. für Schulungen und Betreuung) nieder.

Ein Franchisenehmer verfügt über einen *akquisitorischen Wert*, wenn er maßgeblich zur Rekrutierung neuer Franchisenehmer oder Mitarbeiter für das System beiträgt

227 Vgl. SKAUPY (1995), S. 105 f.

228 Vgl. CORNELSEN (1998), S. 6.

229 Zum Systemzweck vgl. die Ausführungen in Kap. 2.2.4.

230 Vgl. CORNELSEN (1996), S. 14 f.

231 Vgl. SCHLEUNING (1997), S. 147.

oder neue bzw. andere, weniger erfolgreiche Franchisenehmer unterstützt. So tauschen z.B. in vielen Franchisesystemen die Franchisenehmer untereinander Informationen aus und partizipieren an den Erfahrungen der anderen. Im Franchisesystem DER TEELADEN besteht bspw. für interessierte Franchisenehmer die Möglichkeit, in einem speziellen Arbeitskreis untereinander die Jahresabschlüsse zu vergleichen und hieraus wertvolle Informationen für den eigenen Franchisebetrieb zu generieren. Ferner hospitieren neue Franchisenehmer zunächst bei erfahreneren Franchisenehmern und werden von diesen eingearbeitet. Die genannten Unterstützungsleistungen eines Franchisenehmers A wirken sich *indirekt* in einem höheren Umsatz und damit in höheren Franchisegebühren des Franchisenehmers B aus. Darüber hinaus führen diese Unterstützungsleistungen des Franchisenehmers A dazu, dass der Franchisegeber Auszahlungen für die Betreuung des Franchisenehmers B einsparen kann.

Der Franchisegeber stellt dem Franchisenehmer ein erprobtes Unternehmungs- und Marketingkonzept sowie Know-how und Branchenwissen zur Verfügung. Ungeachtet dessen muss der Franchisenehmer eine selbständige Unternehmung führen. Daher wird der Partner Value eines Franchisenehmers von seiner Persönlichkeit, seinen unternehmerischen und verkäuferischen Fähigkeiten sowie insbesondere von seinem *Kooperationswert*, d.h. von der Bereitschaft, seine Fähigkeiten und Einsatzkraft in enger Zusammenarbeit mit dem Franchisegeber einzusetzen, bestimmt. Beiträge eines Franchisenehmers zur Weiterentwicklung des Systempakets und der Netzwerkstrategie durch die Weitergabe von Verbesserungsvorschlägen und Informationen über den eigenen Betrieb, über die Endkunden und über Abläufe und Gegebenheiten im Franchisesystem schlagen sich *indirekt* im PV des Franchisegebers nieder.[232]

Die Ausprägung des *Innovationswertes* ist sehr stark mit dem Kooperationswert korreliert. Ein innovativer, kooperationsbereiter Partner kann durch seine Ideen erheblich zur Weiterentwicklung des Systems beitragen. Der Franchisegeber kann Informationen der Franchisenehmer wie z.B. Anregungen, Verbesserungsvorschläge und Beschwerden entsprechend nutzen.[233] Insbesondere aus Verbessungsvorschlägen

---

232 Vgl. GIERL/KURBEL (1997), S. 176. In der Praxis wird dieses Potential in der Hinsicht gelobt, als dass Franchisenehmer i.d.R. nur wirklich geeignete Personen vorschlagen, um sich selbst nicht durch mangelhafte Vorschläge zu diskreditieren.

233 Vg. CORNELSEN (1996), S. 20 f.

und Beschwerden kann der Franchisegeber lernen, inwieweit Änderungsbedarf besteht, und durch eine konsequente Umsetzung der zielkonformen Vorschläge und Ideen zur Erhöhung des SSV beitragen.[234] Die Franchisenehmer sollten daher in die Innovationsprozesse des Franchisenehmers einbezogen werden.[235]

Da es sich beim Partner Value um eine zukunftsorientierte Größe handelt, ist die zukünftige Entwicklung seiner einzelnen monetären Komponenten von Interesse. Für diese Entwicklungsprognose ist es sinnvoll, zunächst mögliche Determinanten i.S. von vorsteuernden nicht-monetären Komponenten, welche die direkten und indirekten monetären Komponenten des Partner Value beeinflussen, zu *identifizieren* und zu *operationalisieren* (vgl. das folgende Kap.).

2.4.3 Nicht-monetäre Komponenten als vorsteuernde Determinanten der monetären Komponenten

2.4.3.1 Überblick über Zusammenhänge zwischen nicht-monetären Komponenten und monetären Komponenten

Auf der Basis von *Vergangenheitswerten* und unter Einbeziehung *begründeter Annahmen über Änderungen der nicht-monetären Komponenten und der Ursache-Wirkungs-Zusammenhänge* zwischen nicht-monetären und den monetären Komponenten kann die *Entwicklung der einzelnen monetären Komponenten* für die zukünftigen Perioden *prognostiziert* werden (vgl. Abb. 11).

---

234 Vgl. HOMBURG/SCHNURR (1998), S. 173.

235 Vgl. RIEKER (1995), S. 59.

Abb. 11: Zusammenhänge zwischen monetären und nicht-monetären Komponenten

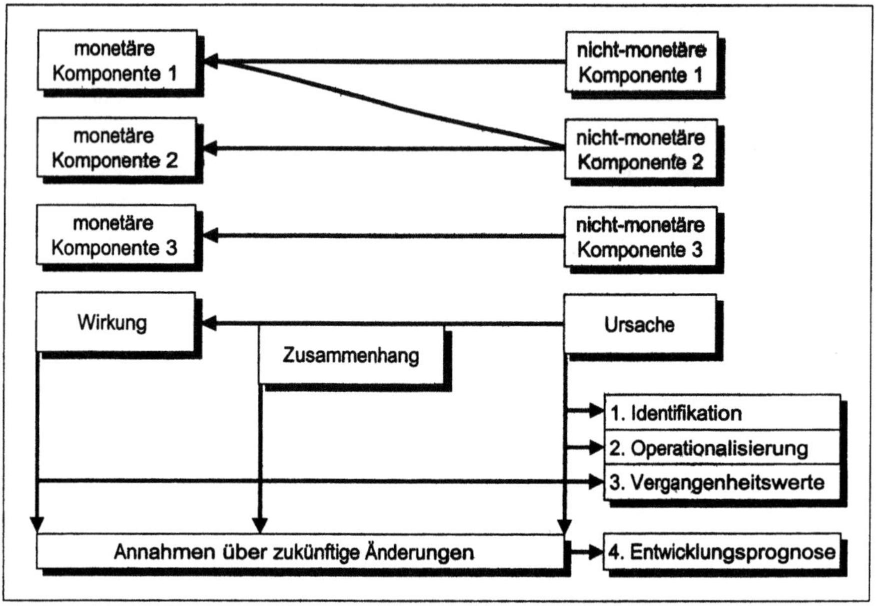

Quelle: Eigene Darstellung.

Der Entwicklung der einzelnen monetären Komponenten liegt idealtypischerweise eine Abbildungsvorschrift für den Zusammenhang zwischen monetären Komponenten und nicht-monetären Komponenten zugrunde. Zumindest ist eine qualitative Beschreibung des Zusammenhangs die Grundlage für eine grobe Schätzung der Komponenten zukünftiger Perioden.[236] Welche Zusammenhänge zwischen den monetären Komponenten und den nicht-monetären Komponenten bestehen, wird in den nächsten beiden Kapiteln untersucht.

---

[236] Vgl. BARTH (1999), S. 133 f.

2.4.3.2 Einfluss der nicht-monetären Komponenten auf die direkten monetären Komponenten

Die Prognose der *einmaligen Zahlungen* ist mit geringen Schwierigkeiten verbunden.[237] Anfall und Höhe der *einmaligen Einzahlungen* aus Eintritts- und Abschlussgebühr sind vertraglich geregelt. Kreditvermittlungsgebühren, Beratungshonorare und Einzahlungen aus dem Verkauf von Einrichtungsgegenständen sind, sofern sie anfallen, mit dem Franchisenehmer auszuhandeln und bekannt, wenn es zu einer Einigung über die Inanspruchnahme dieser Leistungen durch den Franchisenehmer gekommen ist.[238] Zu erwartende *einmalige Auszahlungen* für die Akquisition eines Franchisenehmers sowie für die Beendigung der Geschäftsbeziehung können bei Vorliegen eines franchisenehmerbezogenen Rechnungswesens auf Basis von Vergangenheitswerten und unter Berücksichtigung von Erwartungen über zukünftige Änderungen der betreffenden Prozesskosten und -mengen geschätzt werden.

Wie die vorangegangenen Ausführungen gezeigt haben, sind im Rahmen der Entwicklungsprognose insbesondere diejenigen Ein- und Auszahlungen genauer zu untersuchen, die von Franchisenehmer zu Franchisenehmer unterschiedlich ausfallen. Es handelt sich vornehmlich um die laufenden Ein- und Auszahlungen, also um die

- laufende Franchisegebühr, die i.d.R. umsatzabhängig ist,
- Werbegebühren und sonstige Servicegebühren, die, sofern sie erhoben werden, i.d.R. auch umsatzabhängig sind,
- Auszahlungen für die laufende Betreuung der Franchisenehmer und
- Auszahlungen für die Gemeinschaftswerbung und weitere Serviceleistungen.

Für diese Auszahlungen wurden im Rahmen der Expertengespräche wesentliche nicht-monetäre Komponenten ermittelt, welche die Höhe der o.g. Ein- und Auszahlungen bestimmen. An dieser Stelle muss darauf hingewiesen werden, dass monetäre und nicht-monetäre Komponenten sowie Art und Intensität des Zusammenhangs zwischen den monetären und nicht-monetären Komponenten sowohl in zeitlicher Hinsicht als auch von Franchisesystem zu Franchisesystem variieren können. Inso-

---

237 Vgl. hierzu auch SKAUPY (1995), S. 101.

238 Vgl. SKAUPY (1995), S. 101 ff.

fern haben die folgenden Ausführungen modellhaften Charakter. In Kap. 4 werden diese Zusammenhänge dann anhand eines Demonstrationsbeispiels verdeutlicht.

Allen *laufenden Einzahlungen* liegt in der Regel das gleiche Prognoseproblem in Form einer proportionalen Abhängigkeit vom Franchisenehmer-Umsatz zugrunde.[239] Zur Prognose der laufenden Einzahlungen sind daher der Umsatz, ggf. nach Warengruppen differenziert, und dessen Einflussfaktoren näher zu untersuchen (vgl. Abb. 12).

Abb. 12: Einfluss der nicht-monetären Komponenten auf die laufenden Ein- und Auszahlungen

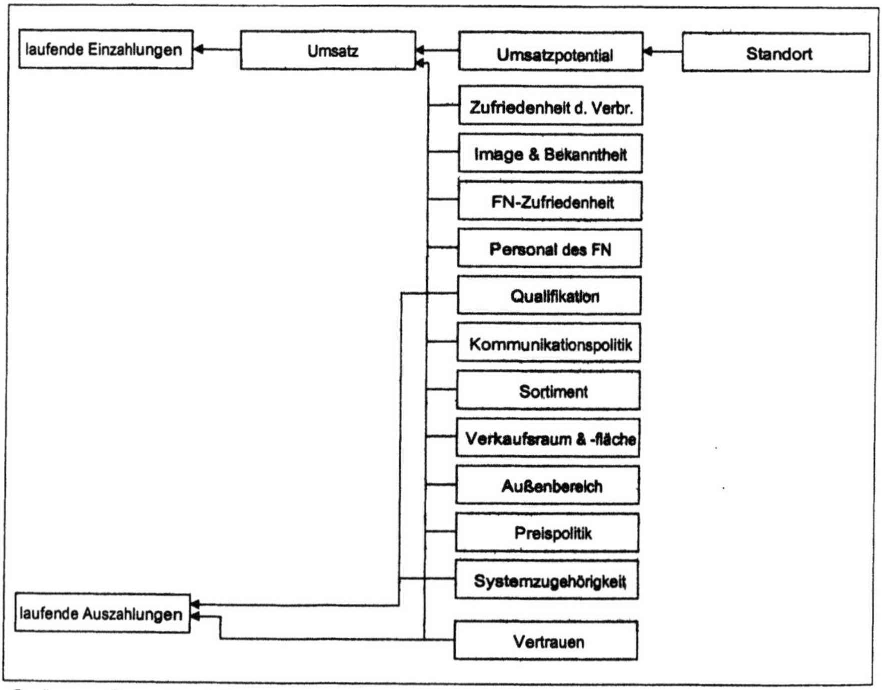

Quelle: Eigene Darstellung.

239 Vgl. SKAUPY (1995), S. 135 f.

Ein wichtiger Einflussfaktor des Umsatzes ist der *Standort* des Franchisenehmerbetriebes. Der Standort beinhaltet verschiedene wertrelevante Teilaspekte.[240] So ist die Anzahl der potentiellen Kunden ebenso zu beachten wie deren Bedarfshöhe an Leistungen, die vom Franchisenehmer angeboten werden. Auch Anzahl und Qualität der Konkurrenzanbieter im Einzugsgebiet sowie baurechtliche Bestimmungen sind hinsichtlich ihrer Wirkung auf den Franchisenehmer-Umsatz zu operationalisieren.[241] Die Summe der operationalisierten Teildeterminanten des Standortes können zu *Umsatzpotentialeinschätzungen* des Standortes für die einzelnen Perioden des Planungshorizontes zusammengefasst werden.

Als weiterer Einflussfaktor des Franchisenehmer-Umsatzes kommt die *Zufriedenheit der Verbraucher* in Betracht (vgl. Abb. 13).[242]

Abb. 13: Einfluss der Verbraucherzufriedenheit mit einem Franchisenehmer auf dessen Umsatz und die laufende Franchisegebühr

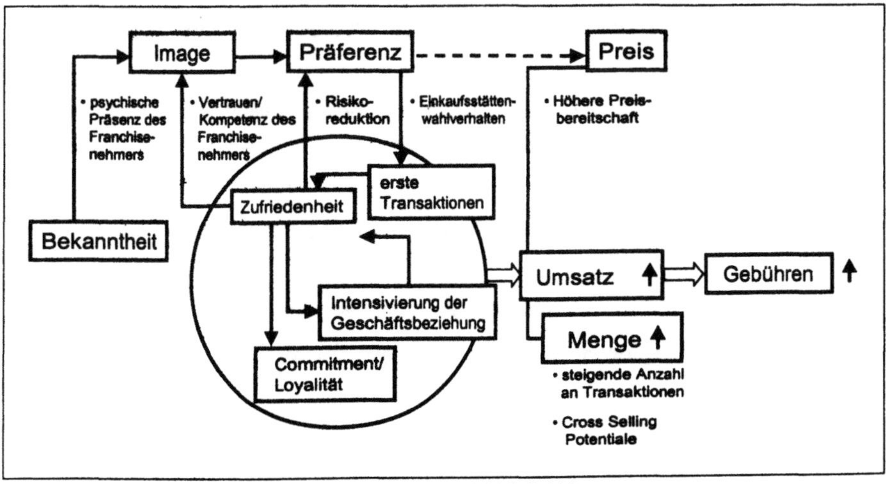

Quelle: Eigene Darstellung in Anlehnung an MEFFERT (1994), S. 314.

240 Vgl. SEIDEL (1997), S. 277 f.; AHLERT (1998b), S. 3 ff.; BEYER (1988), S. 228 ff.; WESSELS (1999b), S. 63 ff.

241 Vgl. zu den Bewertungs- und Auswahlverfahren der Standortplanung AHLERT (1998b), S. 11 ff.

242 Vgl. KAPLAN/NORTON (1997), S. 68 f.

Der Franchisenehmer bzw. das Franchisenehmer-Personal beeinflussen durch ihr Interaktionsverhalten mit dem Kunden in starkem Maße das *Image* und die *Bekanntheit* des Franchisebetriebes.[243] Ist der Verbraucher mit den Leistungen des Franchisenehmers zufrieden, entsteht Vertrauen gegenüber dem Franchisenehmer und seiner "Problemlösungskompetenz". Infolgedessen sinkt für den Verbraucher das Risiko, bei dem betrachteten Franchisenehmer erneut zu kaufen. Das größere Vertrauen und das geringere Risiko führen zu einer höheren Präferenz des Verbrauchers, erneut bei dem Franchisenehmer zu kaufen; die Geschäftsbeziehung intensiviert sich. Empfindet der Verbraucher langfristig Zufriedenheit mit dem Franchisenehmer resultieren hieraus Commitment (innere Verpflichtung) und Loyalität sowie durch Mengen- und ggf. mögliche Preissteigerungen schließlich ein höherer Umsatz des Franchisenehmers.[244] Als Konsequenz des höheren Franchisenehmer-Umsatzes erhält der Franchisegeber ceteris paribus höhere laufende Franchisegebühren.

Die einzelnen Facetten dieser Verbraucherzufriedenheit mit dem Leistungsangebot und dem Interaktionsverhalten eines Franchisenehmerbetriebes müssen systematisch und kontinuierlich gemessen und zu einem Zufriedenheitsindex zusammengefasst werden.[245]

Darüber hinaus ist die *Franchisenehmer-Zufriedenheit* eine wesentliche Determinante des Franchisenehmer-Umsatzes. Die allgemeine Zufriedenheit des Franchisenehmers setzt sich im Wesentlichen zusammen aus der Zufriedenheit

- mit seiner vergangenen, derzeitigen und zukünftig erwarteten wirtschaftlichen Lage,
- mit der Leistung und dem Verhalten des Franchisegebers[246] und
- mit den Gegebenheiten innerhalb des Franchisesystems.[247]

---

243 Vgl. KLOYER (1995), S. 34.

244 Zentrale Erkenntnisse zu den grundsätzlichen Zusammenhängen zwischen den Größen "Kunden"-Zufriedenheit und -bindung sowie dem ökonomischen Erfolg einer Unternehmung liefert die Untersuchung von REICHHELD/SASSER (1991).

245 Vgl. AHLERT/KOLLENBACH/KORTE (1996), S. 122; KORTE (1995); SIEFKE (1998).

246 Vgl. MEFFERT/MEURER (1999), S. 432-437.

247 Vgl. KLOYER (1995), S. 125; SCHLÜTER (2001).

Zufriedenheit empfindet der Franchisenehmer, wenn seine tatsächlichen Erfahrungen seine Erwartungen erreichen bzw. übersteigen.[248] *Franchisenehmer-Zufriedenheit* ist eine wichtige Voraussetzung für eine langfristige Systemzugehörigkeit des Franchisenehmers, da sie zu *Vertrauen* und Commitment gegenüber dem Franchisegeber führt,[249] die wiederum für eine dauerhaft stabile Franchisegeber-Franchisenehmer-Beziehung erforderlich sind.[250]

In der Zufriedenheit der Franchisenehmer drückt sich deren Urteil bzgl. des bisherigen Verhaltens des Franchisegebers und bzgl. möglicher Konfliktsituationen in der Vergangenheit aus.[251] Nach HEß kann Zufriedenheit als intermediäre Größe zwischen Konflikten und der durch sie tangierten Systemeffizienz verstanden werden. Franchisenehmer, die einen Konflikt wahrnehmen, reagieren i.d.R. nicht unmittelbar mit Verhaltensänderungen. Stellt sich allerdings im Zeitablauf als Folge des Konfliktes dauerhaft Unzufriedenheit ein, resultieren aus dieser Verhaltensänderungen, die sich negativ auf den SSV bzw. den Partner Value auswirken.[252] Denn unzufriedene Franchisenehmer führen ihre Unternehmung erfahrungsgemäß mit weniger Engagement und somit weniger erfolgreich als zufriedene Franchisenehmer.[253] Folglich kann die Franchisenehmer-Zufriedenheit als bedeutender strategischer Frühwarnindikator interpretiert werden. Ihre laufende Kontrolle ermöglicht die Einleitung von Maßnahmen zur Vorbeugung oder Beseitigung eventuell auftretender Defizite.[254]

Während sich Zufriedenheit primär auf den Ist-Zustand der Geschäftsbeziehung bezieht, beeinflussen Vertrauen und Commitment das zukünftige Potential eines Franchisenehmers.[255] Bereits GUTENBERG misst in seiner Theorie des akquisitorischen

---

248 Vgl. KOTLER (1999), S. 53.

249 Vgl. HOMBURG/GIERING/HENTSCHEL (1999), S. 176.

250 Vgl. HEß (1994), S. 92.

251 Vgl. MEFFERT/WÖLLENSTEIN/BURMANN (1996), S. 8 f.

252 Vgl. HEß (1994), S. 299 f.; MEFFERT/WÖLLENSTEIN/BURMANN (1996), S. 8; MATZLER/STAHL (2000), S. 626-641.

253 Vgl. MEFFERT (1994), S. 6; HUNT/NEVIN (1974), S. 187. Die motivierende Wirkung einer hohen Franchisenehmer-Zufriedenheit verdeutlicht auch folgendes Zitat: "Channel member's satisfaction leads to higher morale, greater cooperation, more participation in joint activities, fewer terminations of relationships, less conflict, less litigation, and greater efficiency within the channel (...)." BANDYOPADHYAY/ROBICHEAUX (1997), S. 35 f.

254 Vgl. LANGNER (1993), S. 48.

255 SYDOW/KLOYER (1995) messen dem Konstrukt Vertrauen in Franchisingnetzwerken insbesondere für *zukünftige* Eventualitäten, die sich nicht dezidiert vertraglich regeln lassen, eine hohe Be-

Potentials der Kundentreue als Ausdruck des Vertrauens eine große Bedeutung bei.[256] Vertrauen zwischen Franchisegeber und Franchisenehmer bedeutet, dass sich beide Geschäftspartner auf einander verlassen können. In Erwartung eines Zugewinns sind beide bereit, sich bewusst auf ungewisse zukünftige Eventualitäten in der Geschäftsbeziehung einzulassen, die so ohne weiteres nicht oder nur mit einem sehr hohen Aufwand vertraglich geregelt werden können. Damit wirkt Vertrauen komplexitätsreduzierend und führt zu Kosten- und Flexibilitätsvorteilen, die sich positiv im Partner Value des Franchisenehmers niederschlagen.[257] Vertrauen und Commitment sind gleichzeitig zu betrachten, da sie sich wechselseitig beeinflussen.[258] Ein hohes Commitment des Franchisenehmers mit dem System wirkt stabilitätsfördernd, da der Franchisenehmer die Geschäftsbeziehung für sich positiv bewertet und infolgedessen geringere Wechselabsichten sowie eine höhere Loyalität aufweist. Darüber hinaus ist die Bereitschaft höher, auch spezifische Investitionen zu tätigen, selbst wenn diese sich nicht kurzfristig, sondern erst nach etlichen Jahren rentieren.

Auch das *Personal des Franchisenehmers* ist als wesentliche Determinante des Franchisenehmer-Umsatzes zu betrachten. Zum einen ist ceteris paribus von einem höheren Umsatz bei einer größeren Anzahl an Mitarbeitern auszugehen.[259] Zum anderen hat auch die spezifische *fachliche und verkäuferische Qualifikation* des Fran-

---

(Fortsetzung der Fußnote der vorherigen Seite)

deutung bei. Vgl. SYDOW/KLOYER (1995), S. 23, 92 ff. Hingegen empfindet der Franchisenehmer Zufriedenheit, wenn die *tatsächlichen Erfahrungen* die Erwartungen erreichen bzw. übersteigen. Vgl. die Ausführungen zur Zufriedenheit in diesem Kapitel.

256 "Mit der Qualität der Waren, die angeboten werden, dem Ansehen des Unternehmens, seinem Kundendienst, seinen Lieferungs- und Zahlungsbedingungen und gegebenenfalls auch mit seinem Standort verschmelzen alle diese, oft rational gar nicht faßbaren Umstände zu einer Einheit, die das „akquisitorische Potential" eines Unternehmens genannt sei." GUTENBERG (1984), S. 243. Ein hohes akquisitorisches Potential erhöht die Kundenbindung (GUTENBERG spricht in diesem Zusammenhang auch von Stammkundschaft). Darüber hinaus kann eine Unternehmung, die ein hohes akquisitorisches Potential aufweist, ceteris paribus höhere Preise durchsetzen als eine Unternehmung mit einem geringeren akquisitorischen Potential. Vgl. GUTENBERG (1984), S. 243.

257 Vgl. DILLER/KUSTERER (1988), S. 218; HEß (1994), S. 163 f. und die dort angegebene Literatur. Vgl. zur Stellung von Vertrauen in der ökonomischen Theorie ALBACH (1980), S. 1 ff.; STAEHLE (1999), S. 409.

258 Vgl. hierzu und im Folgenden HEß (1994), S. 167 ff. und die dort angegebene Literatur; DILLER/KUSTERER (1988), S. 218.

259 Vgl. MÜLLER-HAGEDORN (1993), S. 100.

chisenehmers und seiner Mitarbeiter einen Einfluss auf die Umsatzerwartung.[260] Insbesondere ist dies bei Franchisebetrieben im Dienstleistungsbereich zu konstatieren, in denen die Qualität der Leistung sowie der *Service* und damit die Zufriedenheit und Wiederkaufabsicht der Endkunden wesentlich durch die fachliche und soziale Kompetenz des leistungserbringenden Franchisenehmers bzw. seines Personals bestimmt wird.[261]

Außerdem sind die Intensität der regionalen, endkundengerichteten *Kommunikationspolitik* des Franchisenehmers und die Ausgestaltung des *Sortiments, die Gestaltung des Verkaufsraums und des Außenbereiches des Franchisenehmerbetriebes* wichtige Einflussfaktoren auf die zukünftige Entwicklung des Franchisenehmer-Umsatzes. Einfache Maßgrößen könnten Auszahlungen für kommunikationspolitische Maßnahmen[262] und Kennzahlen für die Sortimentstiefe und -breite[263] darstellen. Handelt es sich um einen Dienstleistungsbetrieb, so kann analog ein Zusammenhang zwischen Anzahl der angebotenen Dienstleistungen und dem Umsatz unterstellt werden. Ferner ist davon auszugehen, dass mit steigender *Verkaufsfläche* des Franchisebetriebes dessen Umsatz degressiv zunimmt.[264] Schließlich ist zu berücksichtigen, dass der Franchisenehmer-Umsatz als Produkt aus der Menge der abgesetzten Leistung und deren Preis auch Resultat der *Preispolitik* von Franchisenehmer und Franchisegeber ist. In der Umsatzprognose sind folglich Preisänderungen und Nachfrageeffekte, insbesondere auch die zeitlich verzögerten und lebenszyklusabhängigen Wirkungen der Preispolitik auf den Absatz zu berücksichtigen.[265]

Mit zunehmender Dauer der *Systemzugehörigkeit* fällt es einem Franchisenehmer leichter, das vorhandene Umsatzpotential seines Franchisebetriebes besser auszuschöpfen. Darüber hinaus sinken mit zunehmender Zugehörigkeitsdauer die *Auszahlungen für Schulungen und Betreuung* der Franchisenehmer, weil die Franchisenehmer kontinuierlich an Wissen und Selbständigkeit gewinnen. Neben der bisheri-

---

260 Vgl. BARTH (1999), S. 57.

261 Vgl. STEIN (1996), S. 28.

262 Vgl. KOPPELMANN (1997), S. 589.

263 Vgl. BARTH (1999), S. 47.

264 Vgl. SEIDEL (1997), S. 279 f.

265 Vgl. MEFFERT (2000), S. 568 f.

gen Bindungsdauer gibt es weitere Einflussfaktoren, welche die zu erwartende Entwicklung dieser Auszahlungen determinieren.[266]

Ist z.B. das Ausgangsniveau der *fachlichen und verkäuferischen Qualifikation* eines Franchisenehmers zum Betrachtungszeitpunkt niedriger als das eines durchschnittlichen Franchisenehmers, so erhöhen sich hierdurch die Auszahlungen des Franchisegebers für Schulungen und Betreuung des Franchisenehmers.

Analog ist bei einer vom Durchschnitt abweichenden Qualifikation des Franchisenehmer-Personals vorzugehen. Auch hier muss eine Operationalisierung der Qualifikation des Franchisenehmers und seiner Mitarbeitern anhand einheitlicher und intersubjektiv nachprüfbarer Kriterien der Erfassung von Vergangenheitswerten und der Prognose vorausgehen.[267] Schließlich bestimmt das Ausmaß des *Vertrauens* zwischen Franchisenehmer und Franchisegeber die Höhe der Koordinations- und Kontrollkosten mit.[268]

2.4.3.3 Einfluss der nicht-monetären Komponenten auf die indirekten monetären Komponenten

Zu den wesentlichen indirekten monetären Komponenten des Partner Value zählen der Referenzwert, der akquisitorische Wert, der Kooperations- und der Innovationswert. Die Zusammenhänge zwischen den indirekten monetären Komponenten und den nicht-monetären Komponenten sind in der folgenden Abbildung dargestellt (vgl. Abb. 14).

---

266 Vgl. BARTH (1999), S. 57.

267 Vgl. BARTH (1999), S. 449.

268 Vgl. KLOYER (1995), S. 124 sowie die vorangegangenen Ausführungen zum Konstrukt Vertrauen.

Abb. 14: Einfluss der nicht-monetären Komponenten auf die indirekten monetären Komponenten

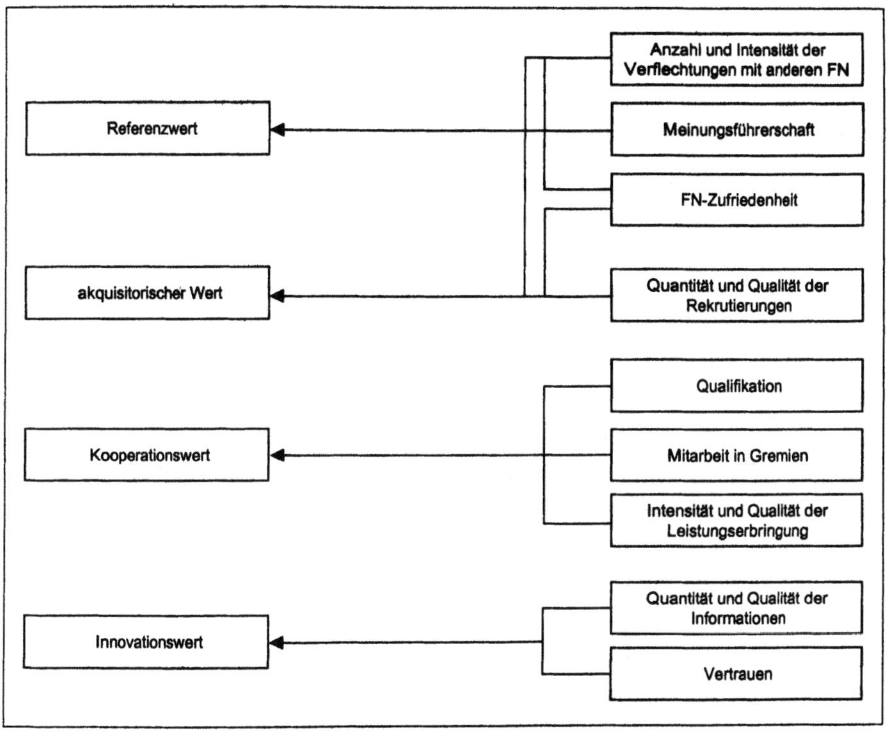

Quelle: Eigene Darstellung.

Determinanten des *Referenzwertes* eines Franchisenehmers sind die *Anzahl und Intensität der Verflechtungen mit anderen Franchisenehmern*, die Stärke seiner *Meinungsführerschaft* und die Richtung und der Grad seiner *Zufriedenheit* mit dem Franchisegeber und dem Franchisesystem.[269] Das soziale System wird durch Anzahl und Intensität der Verflechtungen mit anderen Franchisenehmern messbar. Die Stärke der Meinungsführerschaft eines Franchisenehmers hängt von seiner Persönlichkeit und seinem Fachwissen ab. Die Beeinflussungsfähigkeit der Persönlichkeit lässt sich durch die regelmäßigen Interaktionen mit dem Franchisenehmer sowie

269 Vgl. CORNELSEN (1998), S. 10.

durch Analyse des Franchisenehmerverhaltens in Erfahrungsgruppen, Franchisenehmerbeiräten und sonstigen Gremien hinsichtlich sozialer Dominanz, Extraversion und sozialer Zentralität bewerten.[270] Das franchisespezifische Fachwissen des Franchisenehmers könnte über Befragungen direkt gemessen werden oder vereinfachend als Funktion seiner bisherigen Verweildauer im System und des bisherigen Erfolges seines Franchisebetriebes angenommen werden.

Es ist zu erwarten, dass Unzufriedenheit zu negativer und Zufriedenheit zu positiver Kommunikation führt, sodass der Franchisenehmer also als Fürsprecher oder als Gegner des Franchisegebers auftreten kann.[271] Die Wirkung und Häufigkeit der Weitergabe negativer Informationen und Meinungen ist in der Regel höher als dies bei positiver Kommunikation der Fall ist.[272] Die Wirkung negativer Kommunikation ist im Rahmen der Ermittlung des Referenzwertes folglich mit einem höheren Faktor zu gewichten.[273]

Eng mit dem Referenzwert ist der *akquisitorische Wert* eines Franchisenehmers verbunden, weil seine *Zufriedenheit* mit dem Franchisesystem und seinem persönlichen Erfolg auch für das Weiterempfehlungsverhalten und die *Quantität und Qualität der akquisitorischen Bemühungen* mitbestimmend sein können.[274] Daneben ist die *Anzahl und Intensität der Verflechtungen mit anderen Franchisenehmern* zu berücksichtigen.

Der *Kooperationswert* eines Franchisenehmers wird im Wesentlichen durch seine *fachlichen und verkäuferischen Qualifikationen*, seine *Mitarbeit in Gremien* sowie die *Intensität und Qualität der Leistungserbringung* determiniert.

Als Einflussfaktoren des *Innovationswertes* eines Franchisenehmers sind die Quantität und Qualität der Informationen, Beschwerden, Verbesserungsvorschläge und Anregungen des Franchisenehmers zu identifizieren, die sich auf die Systementwicklung, den eigenen Franchisebetrieb und die Endkunden beziehen. Darüber hinaus

270 Vgl. Brüne (1989), S. 133-136.

271 Vgl. Brändli (1997), S. 23.

272 Vgl. Brändli (1994), S. 27.

273 Vgl. Schleuning (1997), S. 147.

274 Vgl. Cornelsen (1996), S. 14.

wirken sich *Vertrauen* und die *Franchisenehmer-Zufriedenheit* positiv auf den Innovationswert eines Franchisenehmers aus.

Zusammenfassend ist festzustellen, dass die Untersuchung der Ursache-Wirkungs-Zusammenhänge zwischen monetären und nicht-monetären Komponenten des Franchisenehmerwertes einen praktikablen Ansatz bietet, die franchisenehmerbezogenen Ein- und Auszahlungen zu prognostizieren. Inwiefern der zuvor erläuterte Partner Value mit Hilfe bisheriger Verfahren zur Bewertung von Geschäftsbeziehungen berechnet werden kann, wird in den nächsten Kapiteln dargelegt.

3 Eignung "klassischer" Methoden zur Ermittlung des Partner Value

3.1 Überblick

Verfahren zur Bewertung von Geschäftsbeziehungen lassen sich *im Hinblick auf die berücksichtigten Komponenten* in monetäre und nicht-monetäre Verfahren einteilen (vgl. Abb. 15)[275]

Abb. 15: Überblick über ausgewählte Bewertungsverfahren

	retrospektiv	**prospektiv**
monetär	• Umsatzanalyse • ABC-Analyse • Deckungsbeitragsanalyse • Prozesskostenrechnung	• Prozesskostenrechnung • Kapitalwertmethode • Customer Retention Modell • Migrationsmodell nach Dwyer • Migrationsmodell nach Meyer zu Selhausen
nicht-monetär	• Scoring-Modelle • Portfolio - Analyse	• Scoring-Modelle • Portfolio-Analyse

Quelle: Eigene Darstellung.

Allgemein ausgedrückt berechnen *monetäre Verfahren* die Differenz zwischen positiven und negativen, direkt einem Kunden zurechenbaren finanziellen Wirkungen.[276] Wie die Ausführungen über die Komponenten des Partner Value gezeigt haben[277], sind auch *nicht-monetäre* Komponenten in die Bewertung einzubeziehen, um den gesamten Nutzen einer Geschäftsbeziehung zu beurteilen. Im Wesentlichen handelt

---

[275] Vgl. KRÜGER (1997), S. 107; CORNELSEN (2000), S. 91; BRUHN ET AL. (2000), S. 167 ff.; O.V. (2000E), S. 22 ff.

[276] Vgl. KRÜGER (1997), S. 107 f. und die dort angegebene Literatur.

[277] Zu den Komponenten vgl. nochmals Kap. 2.4.

es sich um Verhaltenskomponenten, die sich nicht direkt in finanziellen Größen ausdrücken lassen, sondern mit Hilfe qualitativer, d.h. *nicht-monetärer Verfahren* wie z.B. Portfolio-Analyse oder Scoring-Modelle zu ermitteln sind.[278]

Nach dem Zeitbezug lassen sich retrospektive (vergangenheitsorientierte) und prospektive (zukunftsorientierte) Bewertungsverfahren unterscheiden.[279] *Retrospektive Verfahren* führen eine Bewertung der Geschäftsbeziehung basierend auf Vergangenheitsdaten durch. Es handelt sich also um Ex-post-Erfolgsanalysen. Zu den am häufigsten verwendeten Verfahren zählen die Umsatz-, ABC-, Deckungsbeitragsanalyse sowie die Prozesskostenrechnung in ihrer ursprünglichen, retrospektiven Form.

Im Rahmen der *Umsatzanalyse* wird der Umsatz als Indikator für die Größe und Bedeutung eines Franchisenehmers herangezogen. Je größer der Umsatz eines Franchisenehmers ist, desto höher ist der Einfluss dieses Franchisenehmers auf den Gesamtumsatz des Systems und die Einzahlungen für den Franchisegeber. Um einen komprimierten Überblick über die Franchisenehmerstruktur zu erhalten, wird vielfach eine Aufteilung der Franchisenehmer nach der Umsatzhöhe in A-, B- und C-Franchisenehmer vorgenommen. In diesem Zusammenhang wird auch von der ABC-Analyse gesprochen.[280]

Trotz seiner weiten Verbreitung in der Praxis ist dieses Verfahren kritisch zu beurteilen: Der monetäre Wert eines Franchisenehmers lässt sich nicht allein durch den Umsatz abbilden. Zwar resultieren die wesentlichen Einzahlungen des Franchisegebers, abgesehen von der einmaligen Eintrittsgebühr, aus den umsatzabhängigen Gebühren, zu denen insbesondere die laufende Gebühr sowie ggf. die Werbegebühr

---

278 Vgl. KRÜGER (1997), S. 109 f.; CORNELSEN (2000), S. 91, 149 ff.

279 Vgl. CORNELSEN (2000), S. 91; BRUHN ET AL. (2000), S. 167 ff.

280 Häufig erwirtschaften einige wenige Franchisenehmer (A- und B-Franchisenehmer) des Systems den höchsten Anteil am Gesamtumsatz. Diesen Franchisenehmern steht meist eine deutlich größere Gruppe an C-Franchisenehmern gegenüber, die einen geringen Anteil am Gesamtumsatz des Systems erzielen. Man spricht auch von der Pareto-Regel, nach der 20% der Franchisenehmer 80% des Gesamtumsatzes erwirtschaften, während 80% der Franchisenehmer 20% des Gesamtumsatzes erzielen.

Graphisch lassen sich diese Zusammenhänge als Franchisenehmerprofil darstellen. Hierzu wird in einem Koordinatensystem für jede Franchisenehmergruppe, beginnend mit der Gruppe mit dem höchsten Umsatzanteil, auf der Abszisse der kumulierte Franchisenehmeranteil und auf der Ordinate der kumulierte Umsatzanteil abgetragen. Je steiler der Kurvenverlauf ist, desto höher ist die Konzentration, d.h. der Umsatz des Systems wird größtenteils von einigen wenigen großen Franchisenehmern erwirtschaftet. Vgl. HOMBURG/DAUM (1997), S. 58 ff.; LINK/HILDEBRAND (1997), S. 162; PLINKE (1995), Sp. 1333; RIEKER (1995), S. 50 ff.

und Servicegebühren zählen.[281] Um jedoch den monetären Wert des Franchisenehmers ganzheitlich zu erfassen, müssen die von einem Franchisenehmer zukünftig verursachten Ein- und Auszahlungen einander gegenüber gestellt werden.[282] Darüber hinaus ist der Umsatz eine vergangenheitsbezogene Größe, die keine entscheidungsrelevanten Informationen für zukunftsbezogene Entscheidungen liefert.[283] Aus den genannten Gründen ist der Einsatz der Umsatzanalyse zur Ermittlung des Partner Value nicht sinnvoll.

Die *Deckungsbeitragsanalyse* ermittelt die Bedeutung eines Franchisenehmers oder einer Gruppe von Franchisenehmern anhand des absoluten Deckungsbeitrages oder des relativen Deckungsbeitrages (z.B. Deckungsbeitragsanteil eines Franchisenehmers am Deckungsbeitrag des gesamten Systems).[284] Dabei ist der Deckungsbeitrag eines Franchisenehmers definiert als Nettoerlöse des Franchisenehmers abzüglich der ihm direkt zurechenbaren Kosten. Kosten sind definiert als "ordentlicher betrieblicher Werteeinsatz zur Erstellung von Leistungen."[285]

Von Praktikern werden Deckungsbeitragsrechnungen als zu kurzfristig beurteilt, da ein Großteil der mittelfristig abbaubaren Fixkosten nicht auf die Bezugsobjekte (Franchisenehmer) verrechnet wird. Vor dem Hintergrund eines steigenden Gemeinkostenanteils[286] und sinkender variabler Kosten werden immer weniger Kosten auf die Franchisenehmer verrechnet. Hierdurch werden die Deckungsbeiträge im Verhältnis zu den Umsätzen immer größer und verlieren an Aussagekraft.[287]

Soll der Deckungsbeitrag des Franchisenehmers Grundlage für franchisenehmerbezogene Entscheidungen sein, so ist es für den Zweck der Entscheidungsunterstützung erforderlich,

---

281 Vgl. zu den verschiedenen franchisenehmerbezogenen Ein- und Auszahlungen Kap. 2.4.2.1.

282 Vgl. DILLER/CORNELIUS/AMBROSIUS (1997), S. 1 ff. sowie die dort angegebene Literatur; HOMBURG/SCHNURR (1998), S. 172 f.; KÖHLER (1998), S. 336.

283 Vgl. HOMBURG/SCHNURR (1998), S. 171; KÖHLER (1998), S. 336; KRÜGER (1997), S. 119; RIEKER (1995), S. 51 f. sowie die dort angegebene Literatur.

284 Vgl. hierzu und im Folgenden PLINKE (1995), Sp. 1331-1333; RIEKER (1995), S. 55 ff.; KRÜGER (1997), S. 127 ff.; AHLERT/FRANZ (1992), S. 177; HUMMEL/MÄNNEL (1986), S. 50; HUMMEL/MÄNNEL (1983), S. 49 ff.; SCHWEITZER/KÜPPER (1998), S. 371 ff.

285 AHLERT/FRANZ (1992), S. 114. GROB (1999b), S. 10.

286 Vgl. HORVÁTH/MAYER (1989), S. 214.

287 Vgl. zur Kritik an der Aussagefähigkeit der Deckungsbeitragsrechnung AHLERT/FRANZ (1992), S. 181 ff.; KÖHLER (1998), S. 338 f.

1. eine verursachungsgerechte Zuordnung[288] von Kosten vorzunehmen und
2. alle relevanten Kosten, d.h. alle zukunftsbezogenen Kosten (Plan-Kosten), die durch die zu treffende Entscheidung beeinflusst werden, zu berücksichtigen.[289]

Wenngleich die variablen Gemeinkosten dem Bezugsobjekt Franchisenehmer nicht einzeln zugerechnet werden können und daher geschlüsselt werden müssen, sind sie jedoch verursachungsgerecht zurechenbar und müssen deshalb in die Berechnung des Deckungsbeitrages einfließen. Andernfalls fiele der Deckungsbeitrag zu hoch aus.[290] Die Forderung nach einer verursachungsgerechten Zuordnung von Kosten wird somit von der Deckungsbeitragsrechnung erfüllt.

Zeitlich horizontale Interdependenzen (Verbundeffekte)[291] bleiben bei der klassischen Deckungsbeitragsrechnung i.d.R. unberücksichtigt. Nur wenn keine Verbundeffekte bei den Leistungen vorliegen, d.h. Indifferenz besteht, führt die Deckungsbeitragsanalyse zu sinnvollen Aussagen.[292] Auch zeitlich vertikale Interdependenzen

---

288 Hinsichtlich der verursachungsgerechten Zurechnung von Kosten und Erlösen wird in der Literatur diskutiert, ob
1. jedem Bezugsobjekt nur die Einzelkosten zugerechnet werden sollen und eine Gemeinkosten-Schlüsselung unzulässig ist, oder
2. jedem Bezugsobjekt diejenigen Kosten zugerechnet werden, die von ihm verursacht werden (Einzelkosten und variable Gemeinkosten) und damit bei Wegfall des Bezugsobjektes nicht mehr anfallen.

Vgl. hierzu AHLERT/FRANZ (1992), S. 179.

289 Entscheidungsrelevante Kosten sind nach CLARK ..."diejenigen Kosten, die als Folge einer bestimmten (geplanten) Handlung anfallen und die nicht entstehen, wenn diese Handlung unterbleibt." CLARK (1923).

Die entscheidungsrelevanten Kosten werden ermittelt, indem die Opportunitätskosten von den Grenzplankosten subtrahiert und die Opportunitätserlöse hinzu addiert werden.

Opportunitätskosten sind definiert als Deckungsbeitrag bzw. Kosteneinsparung aus der günstigsten alternativen Verwendung eines knappen Produktionsfaktors. Opportunitätserlöse stellen den bei der Wahl der günstigsten alternativen Verwendung eines knappen Produktionsfaktors auftretenden Faktorverzehr dar. Sie sind deshalb bei der Ermittlung der entscheidungsrelevanten Kosten von den Grenzplankosten zu subtrahieren. Für die Berechnung der Opportunitätskosten und -erlöse sind insbesondere die Zielsetzung des Franchisegebers, zeitlich horizontale Interdependenzen (Verbundwirkungen) und zeitlich vertikale Interdependenzen (Folgewirkungen) zu berücksichtigen. Vgl. hierzu AHLERT/FRANZ (1992), S. 130 f.; COENENBERG (1997), S. 307 ff.; HUMMEL/MÄNNEL (1983), S. 59.

Die Grenzkosten sind mit den variablen Kosten identisch, wenn die Gesamtkostenfunktion linear verläuft. Vgl. AHLERT/FRANZ (1992), S. 122.

290 Vgl. AHLERT/FRANZ (1992), S. 179 f.; KRÜGER (1997), S. 130 f.

291 Allgemein können Verbundeffekte komplementärer, konkurrierender und indifferenter Art sein.

292 Vgl. AHLERT/FRANZ (1992), S. 183.

(Folgewirkungen) bleiben bei der Deckungsbeitragsrechnung unberücksichtigt, da statische, einperiodische Größen der Kostenrechnung verwendet werden. So kann z.B. der Zusammenhang zwischen Umsatz und Lebenszyklus-Phase eines Franchisenehmers nicht abgebildet werden. Zur Abbildung zeitlich vertikaler Interdependenzen muss auf Verfahren der dynamischen Investitionsrechnung zurückgegriffen werden.[293]

Festzuhalten bleibt also, dass die Deckungsbeitragsrechnung nur dann entscheidungsrelevante Informationen liefert, wenn weder zeitlich horizontale noch zeitlich vertikale Interdependenzen vorliegen. Dieser Fall ist jedoch unrealistisch, sodass die Deckungsbeitragsanalyse für die Berechnung des Partner Value abzulehnen ist.

Als Konsequenz der Kritik an den bislang dargestellten Verfahren wurde die Prozesskostenrechnung, zunächst als retrospektives Verfahren, entwickelt. Ziel ist die Verteilung von Gemeinkosten des indirekten Bereiches auf Produkte und Produktvarianten, ohne eine willkürliche Schlüsselung wie bei der klassischen Vollkostenrechnung vorzunehmen.

Wie die vorangegangenen Ausführungen gezeigt haben, basieren retrospektive Verfahren auf Vergangenheitsdaten und liefern somit für sich allein genommen keine entscheidungsrelevanten Informationen. Allerdings kommt den vergangenheitsorientierten Verfahren die Funktion einer "Zubringerrechnung" für die prospektiven Verfahren zu. Auf der Basis von Ist-Werten können Wahrscheinlichkeiten für die weitere Entwicklung eines Franchisenehmers berechnet und in die *prospektiven Verfahren* integriert werden.

Welche der prospektiven Verfahren zur Bewertung von Geschäftsbeziehungen (vgl. nochmals die obige Abb. 15) auch für die Bewertung von Franchisegeber-Franchisenehmer-Beziehungen und damit zur Ermittlung des Partner Value geeignet sind, wird in den folgenden Kapiteln untersucht. Ziel ist die Identifikation langfristig profitabler Geschäftsbeziehungen, die nachhaltig einen Beitrag zum Wert der Unternehmung leisten.[294]

---

293 Vgl. AHLERT/FRANZ (1992), S. 182; KRÜGER (1997), S. 131.

294 Vgl. REICHHELD (1993b), S. 65 f.; KRÜGER (1997), S. 111, 138 ff.; CORNELSEN (2000), S. 139 ff.

3.2 Monetäre Verfahren

3.2.1 Prozesskostenrechnung

Da die Kosten der Selektion, Akquisition und laufenden Betreuung von Franchisenehmern i.d.R. Personalkosten sind, ist die Prozesskostenrechnung für die Franchisenehmerbewertung aus zwei Gründen von besonderer Bedeutung:[295]

Zum einen sind Personalkosten überwiegend Gemeinkosten, deren differenzierte und verursachungsgerechte Zuordnung auf den einzelnen Franchisenehmer aber weder durch die Vollkosten- noch durch die Teilkostenrechnungsverfahren gewährleistet ist.[296] Ursache hierfür ist, dass

1. sämtliche Prozesse von den Franchisenehmern gemeinsam in Anspruch genommen werden[297] und
2. der Hauptteil der franchisenehmerbezogenen Kosten aus Personalkosten besteht, die "meist als fixe Gemeinkosten klassifiziert und mangels Einzelbezugsgrößen keiner mengenmäßigen Planung unterzogen werden."[298]

Ziel der Prozesskostenrechnung ist daher die Verteilung von Gemeinkosten des indirekten, fertigungsnahen[299] Bereiches auf Kostenträger (Produkte, Kunden, Franchisenehmer), ohne eine willkürliche Schlüsselung, wie bei der klassischen Vollkostenrechnung, vorzunehmen.[300]

---

295 Zur Prozesskostenrechnung in Franchisesystemen vgl. KRESS/MARTINEAU/LÜTZOW (1994).

296 Vgl. AHLERT/FRANZ (1992), S. 223.

297 Vgl. BATTENFELD (1997), S. 98.

298 HORVÁTH/KIENINGER/MAYER/SCHIMANK (1993), S. 619.

299 Gegenstand der Prozesskostenrechnung ist der indirekte, fertigungsnahe Bereich und nicht die Fertigung selbst.

BAUER sieht die größte Effizienz bei der Einführung einer Prozesskostenrechnung und der damit angestrebten verursachungsgerechten Verteilung der Gemeinkosten im Bereich Vertrieb und Versand. Vgl. BAUER (1996), S. 281.

"Prozesse in Dienstleistungsunternehmen sind ebenfalls ein wichtiges Einsatzfeld der Prozesskostenrechnung. Hier erstreckt sich die Anwendung auf alle Leistungsprozesse, da generell die gleichen Bedingungen wie in Gemeinkostenbereichen eines Industrieunternehmens vorherrschen." HORVÁTH/MAYER (1993), S. 16. Vgl. auch MAYER (1998), S. 5.

300 Die Prozesskostenrechnung hat sich aus dem in den USA entwickelten Verfahren des Activity-Based Costing heraus entwickelt. Dem Activity-Based Costing (wie auch der Prozesskostenrechnung) liegt der Gedanke zugrunde, dass -im Gegensatz zu den Annahmen der konventio-

Zum anderen führen Personalkosten i.d.R. in derselben Periode zu Auszahlungen. Folglich können durch die prozessuale Verrechnung der Gemeinkosten auf franchisenehmerbezogene Hauptprozesse gleichzeitig die damit verbundenen Auszahlungen ermittelt werden und in die Berechnung des Partner Value einfließen.

Im Einzelnen sind die folgenden Schritte durchzuführen:[301]

1. Tätigkeitsanalysen
2. Bestimmung eines Kostentreibers
3. Kosten- und Mengenplanung für jede Aktivität
4. Einteilung in leistungsmengeninduzierte und leistungsmengenneutrale Kosten
5. Bildung von Prozesskostensätzen
6. Zusammenfassung der Teilprozesse zu Hauptprozessen
7. Ermittlung des Prozesskoeffizienten und Prozesskalkulation

1. Im Rahmen der *Tätigkeitsanalyse* werden die Aktivitäten des indirekten Bereiches untersucht. Dabei dürfen nur solche Aktivitäten in die Betrachtung mit einbezogen werden, die einen direkten Bezug zum Franchisenehmer aufweisen.[302] Konkret sind Tätigkeiten der Selektion, Akquisition und Betreuung der Franchisenehmer zu untersuchen. Tätigkeitsanalysen werden i.d.R. auf Basis von Interviews mit den Kostenstellenleitern durchgeführt.[303] Ermittelt werden

(Fortsetzung der Fußnote der vorherigen Seite)

nellen Kostenrechnungs-Verfahren- die Gemeinkosten nur geringfügig durch die Materialeinzelkosten oder die Herstellkosten determiniert sind. Ursächlich für die Gemeinkosten sind hingegen die Aktivitäten in den Gemeinkostenbereichen. Zentraler Unterschied zwischen dem Activity-Based Costing und der Prozesskostenrechnung ist die Tatsache, dass sich das Activity-Based Costing auf den Fertigungsbereich fokussiert, während der fertigungsnahe, indirekte Bereich Gegenstand der Prozesskostenrechnung ist. Vgl. zur Abgrenzung von Activity-Based Costing und Prozesskostenrechnung exemplarisch für viele AHLERT/FRANZ (1992), S. 225 ff.

Maßgeblich wurde die Entwicklung der Prozesskostenrechnung durch KAPLAN, COOPER und JOHNSON geprägt. Vgl. COOPER/KAPLAN (1998a, b); JOHNSON/KAPLAN (1987a, b). Als erste deutsche Autoren beschäftigten sich HORVÁTH/MAYER mit der Prozesskostenrechnung. Vgl. HORVÁTH/MAYER (1989).

Zur prozessorientierten Leistungsrechnung vgl. WIEDING (2000).

301 Vgl. SCHELLHAAS/BEINHAUER (1992), S. 302 ff.; HORVÁTH/MAYER (1989), S. 216 ff.; MAYER (1998), S. 12 ff.

302 Vgl. HORVÁTH/KIENINGER/MAYER/SCHIMANK (1993), S. 619.

303 Vgl. COOPER/KAPLAN (1988a), S. 99; HORVÁTH/MAYER (1993), S. 20 f.

a) die Art der Tätigkeiten in einer Kostenstelle sowie
b) die zur Leistungserstellung beanspruchten Ressourcen (Input).

Ein Interview mit dem Leiter der Kostenstelle "Auftragsbearbeitung" eines Franchisesystem, dessen Franchisenehmer als Einzelhändler agieren, könnte bspw. ergeben, dass in seinem Bereich folgende Aktivitäten anfallen:

- Auftragsprüfung durch den Innendienst,
- Auftragsbestätigung,
- Auftragsfreigabe und
- Auftragsüberwachung.

Ablaufbezogen werden diese Tätigkeiten zunächst zu Teilprozessen[304] (vgl. zu den einzelnen Tätigkeiten des Hauptprozesses "Warenbestellung" Abb. 16) und später im sechsten Schritt zu Hauptprozessen[305] aggregiert.[306]

---

304 Ein Teilprozess ist "eine Kette homogener Aktivitäten einer Kostenstelle, die einem oder mehreren Hauptprozessen zugeordnet werden kann und für die Prozesskosten ermittelt werden sollen." HORVÁTH/MAYER (1993), S. 17.

305 HORVÁTH/MAYER verstehen unter einem Hauptprozess "eine Kette homogener Aktivitäten, die demselben Kosteneinflussfaktor unterliegt und für die Prozesskosten ermittelt werden sollen. HORVÁTH/MAYER (1993), S. 16.

306 Vgl. FRANZ (1990), S. 117 ff.

Abb. 16: Teilprozesse der "Warenbestellung" und zugehörige Tätigkeiten

Teilprozess:	Tätigkeiten:
Auftragsakquisition	Besuchsvorbereitung durch AD-Mitarbeiter Besuche durch AD-Mitarbeiter Berichterstattung durch AD-Mitarbeiter
Auftragsbearbeitung	Auftragsprüfung durch Innendienst Auftragsbestätigung Auftragsfreigabe Auftragsüberwachung
Reklamationen bearbeiten	Überprüfung des Reklamationsgrundes Umtausch etc. veranlassen
Fakturierung	Rechnungen erstellen Zahlungseingang überprüfen
Mahnverfahren	Mahnungen versenden

Quelle: Eigene Darstellung in Anlehnung an SCHMIDT (1997), S. 109.

2. Im zweiten Schritt wird für jeden (Teil)prozess der *Kostentreiber*[307] bestimmt. Unter Kostentreibern versteht man dabei Arbeitsergebnisse der Wiederholaktivitäten (Output). Das Ausmaß der Kostentreiber innerhalb eines bestimmten Zeitraums bestimmt die Kosten der Aktivitäten. Beispiele für Kostentreiber in der Franchisenehmerbetreuung sind: Anzahl von Aufträgen, Rechnungen, Telefonanrufen, Besuchen des Außendienstes etc. Wichtig ist, dass eine proportionale Beziehung zwischen Kostentreiber und Kostenhöhe besteht. Geht man davon aus, dass die Kosten der Franchisenehmerbetreuung im Wesentlichen aus Personalkosten bestehen, so ist diese Bedingung erfüllt. Je häufiger z.B. Mahnungen an einen Franchisenehmer geschickt werden müssen, weil dieser das Zahlungsziel nicht einhält, desto höher ist der Anteil an Personalkosten, der auf diesen Franchisenehmer entfällt. Ferner sollte die Höhe des Kostentreibers möglichst einfach aus den vorhandenen Informationsquellen abzuleiten sein. So ist dem Franchisege-

307 Vgl. zum Begriff "Kostentreiber" und zu den Anforderungen an "Kostentreiber" FRANZ (1990), S. 116 f. und S. 121 f. sowie die dort angegebene Literatur.

ber zu empfehlen, die Kontakte des Innen- und Außendienstes zum Franchisenehmer und die Höhe der entsprechenden Kostentreiber (z.B. Länge und Anzahl an Telefonaten mit Mitarbeitern des Innendienstes innerhalb einer bestimmten Zeit) in einer Datenbank zu erfassen.

3. Im dritten Schritt wird die *Kosten- und Mengenplanung* für jede Aktivität vorgenommen. Es ist grundsätzlich zwar möglich, die Aktivitätskostenplanung analytisch durchzuführen; da die analytische Methode jedoch sehr aufwendig ist, wird in der Literatur vorgeschlagen, das Kostenbudget einer Kostenstelle im Verhältnis zur Personalkapazität einer Aktivität aufzuteilen.[308] Diese Vorgehensweise ist gerechtfertigt, wenn, wie im vorliegenden Fall der Franchisenehmer-Selektion, -Akquisition und -Betreuung, der überwiegende Teil der Gemeinkosten aus Personalkosten besteht.

4. Im vierten Schritt werden die Kosten in *leistungsmengeninduzierte (lmi)* und *leistungsmengenneutrale (lmn) Kosten* eingeteilt. Die lmn-Kosten entstehen unabhängig von der eigentlichen Leistungserstellung. Sie stellen insbes. Kosten für die Leitung der Kostenstelle dar. Die lmi-Kosten hingegen verändern sich in Abhängigkeit vom Kostentreiber, sie fallen in intervall- bzw. sprungfixer Form an und sind damit nicht kurzfristig, sondern nur mittel- bis langfristig disponibel.[309]

5. Die *Bildung der Prozesskostensätze*[310] schließt sich an die Kosteneinteilung an:

   Indem die lmi-Kosten einer Aktivität durch die Ausprägung des Kostentreibers dieser Aktivität dividiert werden, wird der lmi-Kostensatz berechnet:

$$\text{lmi-Kostensatz} = \frac{\text{Prozesskosten (Aktivitätskosten)} = \text{Input}}{\text{Prozessmenge (Aktivitätsmenge)} = \text{Output}}$$

   Der lmn-Kostensatz einer Aktivität i wird berechnet, indem das Verhältnis der Summe aller leistungsmengenneutralen Kosten zur Summe aller leistungsmengeninduzierten Kosten mit dem spezifischen leistungsmengeninduzierten Kostensatz der Aktivität i multipliziert wird:

---

308 Vgl. HORVÁTH/MAYER (1989), S. 217; HORVÁTH/MAYER (1993), S. 21 ff.; COOPER/KAPLAN (1988a), S. 99.

309 Vgl. AHLERT/FRANZ (1992), S. 229.

310 Vgl. AHLERT/FRANZ (1992), S. 229 f.

$$\text{Imn-Kostensatz} = \frac{\sum \text{Imn}}{\sum \text{Imi}} \cdot \text{Imi}$$

6. Die *Zusammenfassung von Aktivitäten zu Hauptprozessen*[311] setzt voraus, dass alle Aktivitäten den gleichen Kostentreiber aufweisen. Die Kosten des Hauptprozesses ergeben sich dann durch Addition der Kosten der einzelnen Aktivitäten. Die folgende Abbildung zeigt exemplarisch die Bildung des Hauptprozesses "Warenbestellung" (vgl. Abb. 17).

Abb. 17: Bildung des Hauptprozesses Warenbestellung

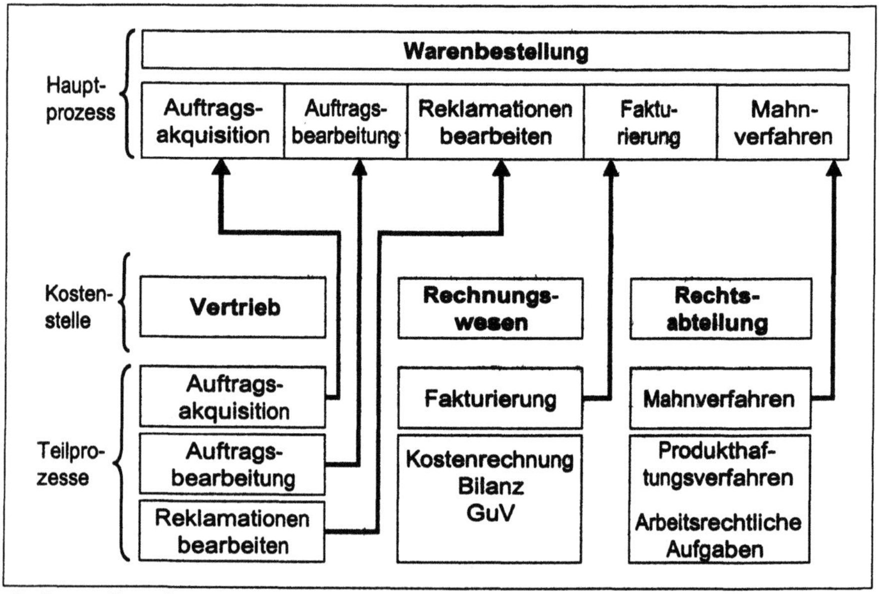

Quelle: Eigene Darstellung in Anlehnung an SCHMIDT (1997), S. 109.

7. Die *Prozesskoeffizienten* drücken aus, welche Prozesse ein Franchisenehmer in welchen Mengen beansprucht hat. Damit ist die Kenntnis der Prozesskoeffizienten Voraussetzung für die Verrechnung der Prozesskosten auf einen Franchise-

---

311 Vgl. AHLERT/FRANZ (1992), S. 231 ff.; HORVÁTH/KIENINGER/MAYER/SCHIMANK (1993), S. 613.

nehmer *(Prozesskalkulation)*. Durch Multiplikation des Prozesskoeffizienten eines Prozesses i mit dem entsprechenden Prozesskostensatz werden die Kosten eines Prozesses i, die auf einen Franchisenehmer entfallen, berechnet.[312] Dabei wird in der Literatur äußerst kritisch diskutiert, welche Kosten konkret in die Kalkulation eingehen:

In ersten Veröffentlichungen setzen HORVÁTH/MAYER *Voll*kosten mit der Begründung an, dass alle Kosten letztlich durch die selbsterstellten Produkte (im übertragenen Sinne durch die Franchisenehmer) verursacht werden und daher auch soweit wie möglich den Produkten (Franchisenehmern) zugerechnet werden sollten. Ein Teil dieser zugerechneten Kosten kann bei der Eliminierung eines Produktes (Kunden/Franchisenehmers) nur über längere Fristen abgebaut werden. Daher wird auch von strategischen Kosten gesprochen.[313]

Kritiker entgegnen, dass es sich bei der Prozesskostenrechnung um eine Vollkostenrechnung handelt. Konkret bezieht sich die Kritik auf die beiden folgenden Aspekte:[314]

1. Die Proportionalisierung sprungfixer (lmi-)Kosten birgt die Gefahr von Fehlentscheidungen, denn die verrechneten Prozesskosten sind erst bei mittel- bis langfristiger Betrachtung abbaubar. Ferner ist nicht genau erkennbar, in welcher Höhe und wann die Kosten abbaubar sind.
2. Durch die Verrechnung prozentualer Zuschlagssätze stellen die lmn-Kostensätze keine direkt kostenträgerbezogenen (franchisenehmerbezogenen) Maßgrößen dar, sodass eine Verrechnung über diese prozentualen Zuschlagssätze auf die Kostenträger (Franchisenehmer) zu einer Verzerrung ursprünglich berechneter Prozesskostensätze führt.

Aus dem allgemeinen Ziel der Prozesskostenrechnung, einer verursachungsgerechten Verrechnung von "Kosten für alle in Anspruch genommenen Ressourcen des

---

312 Vgl. AHLERT/FRANZ (1992), S. 234 f. Hat ein Franchisenehmer in einem Jahr z.B. 3 Mahnungen (Prozesskoeffizient) erhalten und die Bearbeitung einer Mahnung verursacht Kosten in Höhe von 300 DM (Prozesskostensatz), so entfallen 900 DM des Teil-Prozesses "Mahnverfahren" auf diesen Franchisenehmer.

313 Vgl. HORVÁTH/MAYER (1989), S. 218 f.; COOPER/KAPLAN (1988b), S. 20, 96.

314 Vgl. hierzu und im Folgenden GLASER (1992); KLOOCK (1991); AHLERT/FRANZ (1992), S. 240; COENENBERG/FISCHER (1991), S. 30; FRÖHLING (1992), S. 728.

Anwendungsbereiches",[315] leiten HORVÁTH ET AL. 1993 dezidiert die Rechtfertigung der von ihnen dargestellten Prozesskostenrechnung ab:

Ad 1: HORVÁTH ET AL. entgegnen, dass selbst KILGER schon erkannt hat, dass "die strikte Trennung zwischen proportional (bezugsgrößenabhängig und unterjährig veränderbar) und fix so kategorisch nicht beibehalten werden kann."[316] Insbesondere für den indirekten Leistungsbereich, der den Hauptanwendungsbereich der Prozesskostenrechnung darstellt, ist eine Proportionalisierung der meist als fixe Gemeinkosten klassifizierten Personalkosten erforderlich. Nur so kann dieser immer größer werdende Anteil der fixen Gemeinkosten an den Gesamtkosten mengenmäßig geplant und den Kostenträgern zugerechnet werden. HORVÁTH ET AL. weisen darauf hin, dass selbst KILGER diese Vorgehensweise akzeptiert hätte, sofern nicht der monatliche Ausweis von Verbrauchs- und Beschäftigungsabweichungen, sondern eher strategische Zielsetzungen, mit einem über ein Jahr hinausreichenden Planungshorizont, im Vordergrund stehen. Diese Art der Vorgehensweise entspräche, so die Autoren, sogar letztlich "Kilgers Vorschlag, im Rahmen einer «dynamischen Grenzplankostenrechnung» für bestimmte Fragestellungen mit einem längeren Planungshorizont zu arbeiten."[317]

Bei der Ermittlung des Partner Value wird ex definitione die gesamte zukünftige Entwicklung eines Franchisenehmers berücksichtigt. Damit steht, mit HORVÁTHS Worten ausgedrückt, ein über ein Jahr hinausreichender Planungshorizont im Vordergrund, sodass die Proportionalisierung der sprungfixen lmi-Kosten nicht zu Fehlentscheidungen führt.

Ad 2: HORVATH/MAYER weisen auf die Existenz zweier Ebenen von Bezugsobjekten hin: Die Verrechnung von Kosten auf die Prozesse ist eine dieser Ebenen. Davon zu unterscheiden ist die (teilweise) Verrechnung von Prozesskosten auf Kostenträger (Produkte/Franchisenehmer). Zentraler Unterschied dieser Ebenen ist, dass zwar alle Kosten der Ressourceninanspruchnahme in die Ermittlung der Prozesskosten eingehen (erste Ebene), jedoch nur ein Teil der Pro-

---

[315] HORVÁTH/MAYER (1993), S. 18.

[316] HORVÁTH ET AL. (1993), S. 619.

[317] HORVÁTH ET AL. (1993), S. 619.

zesse auf den Kostenträger verrechnet wird (zweite Ebene). Durch den gesonderten Ausweis der auf den Kostenträger verrechneten Kosten sind die jeweils relevanten Kosten zur Entscheidungsunterstützung erkennbar.[318]

Übertragen auf die Ermittlung des Partner Value heißt das, dass nur die von einem Franchisenehmer verursachten Kosten respektive Einzahlungen in den Partner Value einfließen.

Die Kritik der Umlage von lmn-Kosten auf lmi-Kosten weisen HORVÁTH ET AL. damit als unbegründet zurück, "weil lmn-Kostenteile ... bis auf die Hauptprozesse getrennt geführt werden. Die von .. [HORVÁTH ET AL.] entwickelten Simulations- und Planungsrechnungen proportionalisieren diesen Kostenanteil selbstverständlich nicht. Lediglich aufgrund deren geringer Bedeutung verrechnen einige Anwender den lmn-Kostenanteil proportionalisiert in die Kalkulation."[319] Vor dem Hintergrund dieser Diskussion wird in der Literatur von einer Prozess*vollkostenrechnung* gesprochen, wenn sowohl die lmn- als auch die lmi-Kosten zur Bildung der Prozesskostensätze herangezogen und auf die Kostenträger (Franchisenehmer) verrechnet werden. Hingegen werden bei einer Prozess*teilkostenrechnung* die lmn- und lmi-Kosten getrennt ausgewiesen und nur die lmi-Kosten auf die Kostenträger verrechnet.[320]

Als Zwischenfazit bleibt festzuhalten, dass, unter der Prämisse, dass franchisenehmerbezogene Kosten der Selektion, Akquisition und Betreuung direkt zu Auszahlungen führen, mit Hilfe der Prozesskostenrechnung die relevanten franchisenehmerbezogenen Auszahlungen ermittelt werden können, wenn

- mit einem längeren Zeitraum gearbeitet wird, sodass die lmi-Kosten disponibel sind und damit die Proportionalisierung der lmi-Kosten korrekt ist,
- lmi- und lmn-Kosten getrennt ausgewiesen werden, sodass eine verursachungsgerechte Zuordnung im Einzelfall möglich ist und
- die Ermittlung der Prozesskostensätze nicht auf Basis von Ist-Kosten, sondern auf Basis von Plankosten (zukünftig zu erwartende Kosten) erfolgt.

---

318 Vgl. HORVÁTH/MAYER (1993), S. 18.

319 HORVÁTH/KIENINGER/MAYER/SCHIMANK (1993), S. 621.

320 Vgl. BATTENFELD (1997), S. 100 f. sowie die dort angegebene Literatur.

Bedingt durch die Tatsache, dass Betreuungskosten überwiegend Personalkosten sind und Personalkosten in derselben Periode auch zu Auszahlungen führen, können mit Hilfe der Prozesskostenrechnung die Auszahlungen für die Betreuung eines Franchisenehmers ermittelt werden. Damit kann die Prozesskostenrechnung zur Ermittlung der franchisenehmerbezogenen Auszahlungen ergänzend zu den anderen prospektiven Verfahren der dynamischen Investitionsrechnung eingesetzt werden, die in den nächsten Kapiteln erläutert werden.

3.2.2 Kapitalwertmethode

Der anhand der Kapitalwertmethode berechnete Wert einer Kundenbeziehung wird in der Literatur häufig als "Customer Lifetime Value" bezeichnet.[321] Soll ein Franchisenehmer nach der Kapitalwertmethode bewertet werden, so sind die im Laufe seines Lebenszyklus anfallenden und ihm verursachungsgerecht zurechenbaren Einzahlungsüberschüsse der einzelnen Perioden auf den Betrachtungszeitpunkt zu diskontieren:[322]

$$C_0 = \sum_{t=1}^{n} \frac{d_t}{(1+i)^t} + \frac{d_\infty}{i \cdot (1+i)^n}$$

Symbole:

C_0 Kapitalwert

d Zahlungsüberschuss

i Diskontierungszinssatz

n Planungshorizont

t Periodenindex mit ∞ als Index für den Rentenfall der zweiten Phase

321 Vgl. stellvertretend für viele DWYER (1989), S. 9; SCHEMUTH (1996), S. 70; HOMBURG/DAUM (1997), S. 97; KRÜGER (1997), S. 132; CORNELSEN (1998), S. 4.

322 Vgl. zur Berechnung des Kapitalwertes stellvertretend für viele BLOHM/LÜDER (1995), S. 57 f.; GROB (1999a), S. 97 ff.

Die Zahlungsfolge eines Franchisenehmers wird an einer Alternativinvestition gemessen, die sich zum Zinssatz i verzinst.[323] Bei einem Kapitalwert von Null entspricht die Verzinsung des vom Franchisegeber in die Franchisegeber-Franchisenehmer-Beziehung investierten Kapitals genau dem Diskontierungszinssatz. Ist der Kapitalwert negativ, so können die anfänglichen Auszahlungen durch Einzahlungsüberschüsse nicht vollständig getilgt und verzinst werden. Damit ist die Investition des Franchisegebers in die Franchisegeber-Franchisenehmer-Beziehung unvorteilhaft. Ist der Kapitalwert eines Franchisenehmers hingegen positiv, so übersteigt die Verzinsung des vom Franchisegeber investierten Kapitals seine geforderte Mindestrendite.[324]

Bei der Berechnung des Kapitalwertes wird für die erste Phase angenommen, dass die Zahlungsüberschüsse periodenindividuell prognostiziert werden können. Für die zweite, weniger planungssichere Phase, wird als Betrag die ewige Rente der zu erwartenden Zahlungsüberschüsse angesetzt.[325]

Zu berücksichtigen ist, dass lediglich zukünftige Zahlungsströme entscheidungsrelevant sind. Bereits angefallene, nicht revidierbare Ein- und Auszahlungen, sogen. "sunk costs", sind hingegen nicht entscheidungsrelevant und dürfen daher nicht in die Betrachtung einbezogen werden.[326] Soll der Wert eines potentiellen neuen Fran-

---

323 Die Ermittlung der Renditeforderungen des Franchisegebers und die Beurteilung der unternehmungsspezifischen Risikosituation stellt einen Beitrag der Finanzierungstheorie im Rahmen des CVM dar. Vgl. Kap. 2.3.4.

324 Allgemein wird der Kapitalwert in der Literatur interpretiert als Betrag, der entnommen werden kann, ohne den Zukunftserfolg einer Unternehmung zu gefährden. Da für den Erhalt der Unternehmung notwendige Investitionen in das Anlage- und Umlaufvermögen schon vorab abgezogen werden, können die verbleibenden Überschüsse entnommen werden, ohne die zukünftige Entwicklung der Unternehmung zu beeinträchtigen. Für diese Zusammenhänge wurde schon frühzeitig der Begriff des "ökonomischen Gewinns der Erfolgskapitalerhaltung" verwendet. Vgl. CANNING (1929), S. 154 ff.; SCHNEIDER (1963), S. 457 ff.; MÜNSTERMANN (1966), S. 579 ff.; SCHNEIDER (1968), S. 1 ff.

Übertragen auf die Franchisegeber-Franchisenehmer-Beziehung stellt der Kapitalwert eines Franchisenehmers denjenigen Betrag zum Zeitpunkt t_0 dar, der nicht wieder in die Beziehung (z.B. in Form von Investitionen in Geschäftsausstattung, Marketing-Konzept, Warenwirtschaftssystem etc.) investiert werden muss, sondern über den der Franchisegeber frei verfügen kann.

325 Vgl. ausführlich zur Festlegung des Planungshorizontes und des Restwertes Kap. 4.2. Die Ermittlung des Restwertes in Form einer ewigen Rente entspricht am ehesten der Going-Concern-Prämisse der Unternehmungsbewertung. Vgl. RAPPAPORT (1986), S. 60; GÜNTHER (1997), S. 109 ff.; GROB/LANGENKÄMPER/WIEDING (1999), S. 455.

326 Vgl. GROB (1999b), S. 61 f.

chisenehmers ermittelt werden, ist der Zeitraum der gesamten Geschäftsbeziehung relevant, da der Franchisenehmer-Lebenszyklus vollständig in der Zukunft liegt. Zur Bewertung bestehender Franchisenehmer-Beziehungen sind indes nur die, vom Betrachtungszeitpunkt her gesehen, in der Zukunft liegenden Ein- und Auszahlungen in die Berechnung einzubeziehen.

Zu kritisieren ist, dass durch den Ansatz eines einheitlichen Zinssatzes unterschiedliche Finanzierungsformen (Eigen- und Fremdfinanzierung) sowie verschiedene Anlagemöglichkeiten für freiwerdende Mittel nicht berücksichtigt werden.[327] Darüber hinaus weist DWYER darauf hin, dass die Kapitalwertmethode nur dann sinnvoll anwendbar ist, wenn zuvor die Art der Kundenbeziehung untersucht wurde und Informationen über die Kundenstruktur-Dynamik vorliegen, da die Prognose periodenindividueller Einzahlungsüberschüsse der Kunden fundierte Erkenntnisse über die weitere Entwicklung der Geschäftsbeziehung voraussetzt.[328]

Aufgrund dieser Kritik wurden weitere Modelle entwickelt, die der Berechnung des Kapitalwertes eine Prognose der Kundenstruktur-Dynamik voranstellen. In den folgenden Kapiteln werden die drei wichtigsten Modelle vorgestellt und auf ihre Eignung hinsichtlich der Franchisenehmerbewertung untersucht.

3.2.3 Customer Retention Modell

In das Customer Retention Modell fließen Daten über die geschätzte Kundenloyalität sowie über die durchschnittlichen, periodenbezogenen Einnahmen und Ausgaben[329] eines Kunden ein.[330] Dabei werden nur treue Kunden für die Bewertung des Kundenstammes berücksichtigt (vgl. hierzu und im Folgenden Abb. 18).

---

327 Der Kapitalwertmethode liegt die realitätsferne Annahme eines vollkommenen Kapitalmarktes zugrunde. Eigen- und Fremdkapitalgeber fordern die gleiche Rendite. Ferner verzinsen sich freiwerdende Mittel zum einheitlichen Zinssatz i (Wiederanlageprämisse).
Vgl. GROB/LANGENKÄMPER/WIEDING (1999), S. 467 sowie die dort angegebene Literatur.

328 Vgl. DWYER (1989), S. 10 ff.

329 So hat DYWER z.B. im Rahmen seiner Bewertung von Kunden einer bestimmten Zeitschrift folgende periodenspezifischen Einnahmen und Ausgaben feststellen können:

Einnahmen: 1. Jahr: 50 DM, 2. Jahr: 55 DM, 3. Jahr: 60 DM.
Ausgaben: 1. Jahr: 48 DM, 2. Jahr: 45 DM, 3. Jahr: 45 DM.

330 Vgl. zur Vorgehensweise des Customer Retention Modells DWYER (1989), S. 11 ff.; WALTER (1996), S. 37 f.; SCHULZ (1995), S. 233 ff.

Abb. 18: Vereinfachtes Customer Retention Modell für eine Zeitschrift

1. Analyse der Loyalitätsrate

	1988	1989	1990	1991	1992	geschätzte Loyalitätsrate
Anzahl der Abonnenten (in Tausend)	56	54	60	61	63	
in t+1	39 (70%)	38 (70%)	43 (71%)	42 (69%)	44 (70%)	70%
in t+2	30 (77%)	30 (79%)	35 (81%)	34 (81%)	?	80%
in t+3	24 (80%)	25 (83%)	27 (77%)	?	?	80%
in t+4	19 (79%)	20 (80%)	?	?	?	80%

2. Einnahmen und Ausgaben

Einnahmen:	1. Jahr: 50 DM	2. Jahr: 55 DM	3. Jahr: 60 DM
Ausgaben:	1. Jahr: 48 DM	2. Jahr: 45 DM	3. Jahr: 45 DM

Diskontsatz: 20%

3. Berechnung des langfristigen Kundenwertes

1. Jahr: 1000 Neuabonnenten * $50/1,2^{0,5}$	45.644 DM
- Ausgaben $48/1,2^{0,5}$	43.818 DM
	1.826 DM
2. Jahr: 700 loyale Kunden * $55/1,2^{0,5}$	29.288 DM
- Ausgaben $45/1,2^{0,5}$	23.963 DM
	5.325 DM
3. Jahr: 560 loyale Kunden * $60/1,2^{0,5}$	21.300 DM
- Ausgaben $45/1,2^{0,5}$	15.975 DM
	5.325 DM

Quelle: Eigene Darstellung in Anlehnung an DWYER (1989), S. 12.

Die Entwicklung des Kundenstammes wird auf Basis von Vergangenheitswerten prognostiziert. Hierzu werden zunächst für mehrere zurückliegende Jahre die Loyalitätsraten untersucht und darauf aufbauend deren zukünftige Entwicklung prognostiziert.[331] Ausgehend von einem gegebenen Kundenstamm lässt sich für die Folgepe-

331 Ein einfaches Beispiel zur Ermittlung der Loyalitätsraten findet sich bei DWYER (1989), S. 12.

rioden entsprechend der abgeleiteten Loyalitätsraten (die durchaus von Periode zu Periode differieren können[332]) jeweils die Anzahl der im Kundenstamm verbliebenen, loyalen Kunden berechnen.

Für jede Periode werden die Einnahmenüberschüsse der Kunden auf den Betrachtungszeitpunkt diskontiert. Das Customer Retention Modell nach DWYER berücksichtigt, dass die *Einnahmenüberschüsse i.d.R. mit zunehmender Dauer der Kundenzugehörigkeit* infolge sinkender Betreuungskosten und zugleich höherer Einnahmen *steigen.*[333] *Innerhalb* einer Periode erfolgt keine Differenzierung zwischen den Kunden, es werden jeweils *gleiche (durchschnittliche) Einnahmen und Ausgaben* pro Kunde unterstellt.[334]

Die Summe der diskontierten Periodenergebnisse entspricht dem Kapitalwert des Kundenstammes (vgl. nochmals die Abb. 18). DWYER schlägt einen relativ hohen Diskontierungszinssatz in Höhe von 20% vor, um dem Gedanken Rechnung zu tragen, dass die Einnahmenüberschüsse auf Basis von Vergangenheitsdaten berechnet wurden und die zukünftigen Einnahmenüberschüsse mit Unsicherheit behaftet sind. Aus dem selben Grund setzt er den Planungshorizont mit 4-5 Jahren an.[335]

Dieses Modell ist zur Bewertung von Lost-for-good Kunden geeignet, da nur loyale Kunden berücksichtigt und reaktivierte Kunden nicht betrachtet werden.[336] Damit ist das Customer Retention Modell prinzipiell auch für die Beurteilung der Franchisege-

---

332 Bspw. zeigen DWYERS Berechnungen für die Abonnentenentwicklung einer Zeitschrift, dass sich die Loyalitätsrate von anfänglich 70% auf 80% erhöht hat. Vgl. DWYER (1989), S. 12.

333 "Lifetime value derives from revenue from customers who persist in the relationship, less fulfillment costs ... and direct costs associated with *maintaining* the account." DWYER (1989), S. 11.

334 Vgl. DWYER (1989), S. 12.

335 "We use a relatively high discount rate because the retention rates are estimated from customer behavior in the past – responding to former editorial emphasis, bygone economic environments, and yesterday's competitive options. It seems judicious not to bank too heavily on future net benefits unless the relationship is more tightly cemented and exhibits considerably low variance in retention and returns across cohorts. This same reasoning applies when selecting an LTV [Lifetime Value, Anmerk. d. Verf.] horizon. Analytically, it is possible to project the nth year's renewal rate based on the behavior of customer cohorts acquired n years ago. Practically, however, because the retained account base typically is shrinking and net benefits are so heavily discounted, the preponderance of LTV accrues in the first four or five years." DWYER (1989), S. 11.

336 Vgl. DWYER (1989), S. 11; KRÜGER (1997), S. 140.

ber-Franchisenehmer-Beziehung geeignet.[337] Außerdem kann der Lebenszyklus von Franchisenehmern berücksichtigt werden, da der Franchisenehmerstamm in verschiedenen Perioden analysiert wird.[338]

Problematisch ist die undifferenzierte Ermittlung von Einnahmen und Ausgaben, da in dem dargestellten Modell gleiche (durchschnittliche) Beträge pro Kunde unterstellt werden, die in der Realität so nicht vorzufinden sind. Das einfache Modell lässt sich dahingehend modifizieren, dass nach Kundengruppen differenzierte Loyalitätsraten sowie Einnahmen und Ausgaben ermittelt werden. Im Vergleich zur einfachen Durchschnittsbildung steigt hierdurch die Aussagekraft des Customer Retention Modells, da kundengruppenspezifische Kapitalwerte berechnet werden können.

Ein weiterer Mangel des Modells ist, dass jeweils nur die verbleibende Anzahl loyaler Kunden/Franchisenehmer in die Berechnung integriert wird. Die Nachteile, die aus einer Vernachlässigung der nicht-loyalen Kunden/Franchisenehmer resultieren, werden nicht berücksichtigt. Ferner werden Maßnahmen des Franchisegebers, welche die Entwicklung des Franchisenehmers mitbestimmen und verändern können, nicht berücksichtigt. Die Integration qualitativer Determinanten ist in diesem Modell nicht vorgesehen, da nur die diskontierten Einnahmen und Ausgaben der verschiedenen Perioden verwendet werden. Daher ermöglicht das Customer Retention Modell allenfalls einfache Aussagen über Auswirkungen der Veränderungen der Kunden respektive Franchisenehmerloyalität.[339]

Obwohl das Customer Retention Modell auf Lost-for-good Kunden zugeschnitten ist und den Lebenszyklus der Franchisenehmer berücksichtigt, weist es insbesondere im Hinblick auf eine differenzierte Vorgehensweise zur Ermittlung der Einnahmenüberschüsse und die pauschale und zudem unrealistische Festsetzung des Diskon-

337 In Kap. 2.3.2.1 wurde bereits herausgearbeitet, dass ein Franchisenehmer für den Franchisegeber als Lost-for-good-Kunde zu klassifizieren ist. Im Gegensatz zum Always-a-share-Kunden zeichnet sich ein Lost-for-good-Kunde aus durch geringere Abwanderungsraten, eine lange, feste Beziehung zum Lieferanten und unwiederbringlichen Verlust, wenn er einmal als Kunde/Franchisenehmer abgewandert ist.

338 Vgl. WALTER (1996), S. 37; JACKSON (1985), S. 122 f.

339 Vgl. zu dieser Kritik SCHULZ (1995), S. 235; WALTER (1996), S. 40.

tierungszinssatzes[340] diverse Mängel auf. Deswegen ist es als Methode zur Berechnung des Partner Value nicht uneingeschränkt geeignet.

3.2.4 Migrationsmodell nach DWYER

Das Migrationsmodell nach DWYER verwendet den Zeitraum seit dem letzten Kauf (Recency) als Indikator für das weitere Geschäftsverhalten eines Kunden. Die Kunden werden anhand dieses Indikators in verschiedene Recency-Zellen eingeteilt. In Zelle eins befinden sich alle Kunden, die in der aktuellen Periode ein Geschäft abgeschlossen haben. Für jede Periode werden die Kunden folglich durch den Zustand Käufer oder Nichtkäufer klassifiziert und wechseln in die nächst höhere Recency-Zelle, wenn kein Kauf in der Vorperiode stattgefunden hat (vgl. Abb. 19).[341]

---

340 Der Diskontierungszinssatz sollte so gewählt werden, dass er die Kapitalkosten widerspiegelt. Vgl. hierzu die Ausführungen in Kap. 2.3.4.

341 Vgl. hierzu und im Folgenden DWYER (1989), S. 13 f.

Abb. 19: Vorgehensweise des Customer Migration Modells nach DWYER

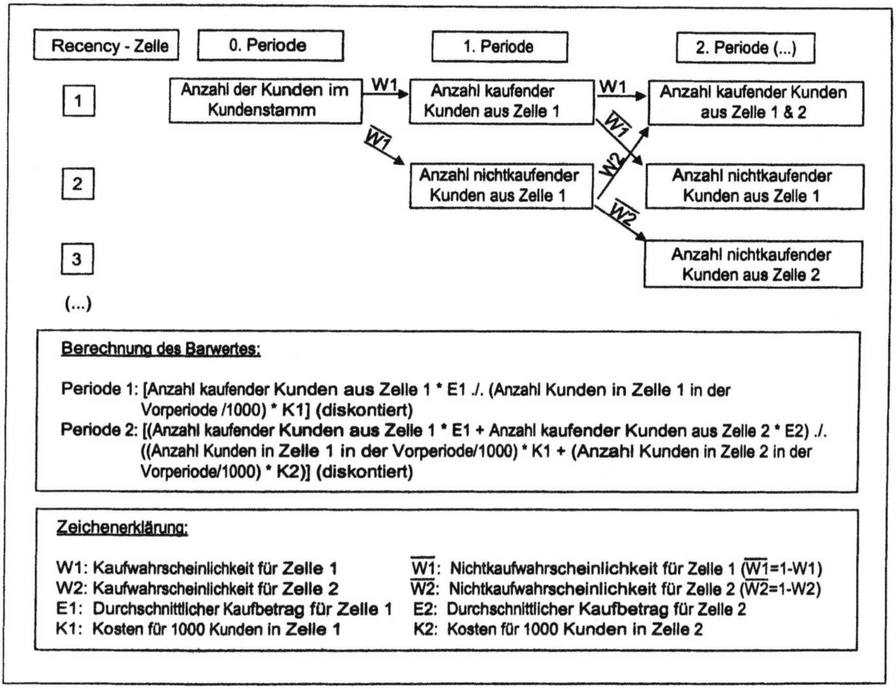

Quelle: Eigene Darstellung in Anlehnung an DWYER (1989), S. 14; WALTER (1996), S. 40.

Den einzelnen Zellen[342] werden aus Vergangenheitsdaten abgeleitete Wiederkaufswahrscheinlichkeiten und durchschnittliche Kaufbeträge zugeordnet. Das Periodenergebnis wird berechnet, indem das Produkt aus Anzahl an Käufern und durchschnittlichen Kaufbeiträgen gebildet wird und davon die entsprechend der Belegung der Zellen in der Vorperiode entstandenen Kosten abgezogen werden. Das ermittelte Ergebnis wird im Anschluss diskontiert und der Kapitalwert bezogen auf die gesamte

342 Der Begriff "Zellen" geht auf das RFM-Modell zurück. COURTHEOUX legt seinem Migrationsmodell das RFM-Modell zugrunde und beobachtet die Wanderung zwischen den Zellen. Mit zehn Perioden und sieben Zellen verwendet COURTHEOUX ein komplexeres Modell als DWYER. Die höhere Anzahl an Zellen resultiert aus einer differenzierteren Aufgliederung des Zeitraums seit dem letzten Kauf (Zelle 1: der letzte Kauf liegt 0-6 Monate zurück, Zelle 2: der letzte Kauf liegt 7-12 Monate zurück, ..., Zelle 7: der letzte Kauf liegt 37 Monate und länger zurück) Vgl. COURTHEOUX (1986).

Dauer der Geschäftsbeziehung aus der Summe der einzelnen Periodenergebnisse berechnet.[343]

Zusammenfassend lässt sich feststellen, dass mögliche Einnahmen- und Ausgabenänderungen im Zeitablauf einer Kundenbeziehung in dem Modell nicht berücksichtigt werden können. Ferner erfolgt innerhalb der aktiven Kunden keine weitere Differenzierung.[344] Aber gerade eine differenzierte Bewertung des Kunden- bzw. Franchisenehmerstammes ist erforderlich, um gezielte Maßnahmen zur Steigerung des Partner Value und damit des SSV durchführen zu können. Darüber hinaus ist dieses Modell für die Bewertung von Always-a-share-Kunden[345] konzipiert, sodass neben aktiven Kunden auch reaktivierte Kunden in die Berechnung eingeschlossen werden. Wie bereits dargelegt zählen Franchisenehmer jedoch zur Kategorie der Lost-for-good-Kunden.[346]

Aus den genannten Gründen ist das Migrationsmodell nach DWYER für die Berechnung des Partner Value nicht geeignet.

3.2.5 Migrationsmodell nach MEYER ZU SELHAUSEN

Ein auf Markov-Prozessen basierendes Migrationsmodell wurde erstmalig von MEYER ZU SELHAUSEN im Privatkundenbereich von Banken angewendet, um von Entwicklungen im Kundenstamm einer Bank auf die Entwicklungsmöglichkeiten einzelner Kunden zu schließen. Mit Hilfe dieses Modells kann dem einzelnen Kunden ein Erwartungswert für seinen prospektiven Erfolgsbeitrag zugeordnet werden.[347] Einen ersten Überblick über die Vorgehensweise des Migrationsmodells gibt die folgende Abbildung (vgl. Abb. 20).

343 Vgl. KRÜGER (1997), S. 142 f.; WALTER (1996), S. 39 f.

344 Vgl. WALTER (1996), S. 40.

345 Vgl. SCHEMUTH (1996), S. 67 f.

346 Vgl. nochmals Kap. 2.3.2.1.

347 Vgl. MEYER ZU SELHAUSEN (1976), S. 424 ff.; MEYER ZU SELHAUSEN (1989), S. 77 ff.; SACHENBACHER (1991), S. 29 ff.

Abb. 20: Ermittlung der Franchisenehmerstruktur-Dynamik mit Hilfe von Markov-Prozessen

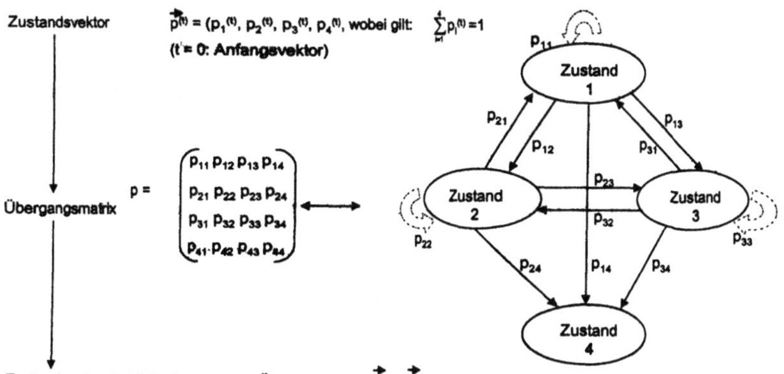

Zustandswahrscheinlichkeiten nach n Übergängen: $\vec{p}^{(n)} = \vec{p}^{(0)} \times p^n$, wobei $p^{(n)} = p^n$

Segment	Franchisenehmeranteil je Segment in t=0 (Anfangsvektor)	Übergangswahrscheinlichkeiten p zu Segment (Zustand)				Franchisenehmeranteil je Segment in t=1 (Zustand)
		1	2	3	4	
1	0,20	0,40	0,25	0,00	0,35	0,08
2	0,45	0,00	0,50	0,30	0,20	0,38
3	0,35	0,00	0,30	0,60	0,10	0,35
4	0,00	0,00	0,00	0,00	1,00	0,19

Quelle: Eigene Darstellung.

Wie die Ausführungen in Kap. 2.4 gezeigt haben, lassen sich auch Franchisenehmer anhand bestimmter Kriterien charakterisieren. Durch die Kombination mehrerer Kriterien[348] können die Franchisenehmer in Gruppen eingeteilt bzw. bestimmten Zuständen zugeordnet werden. Die Entwicklung eines Franchisenehmers kann im Rahmen eines Markov-Prozesses[349] durch eine Folge von Zuständen (Zustandskette) beschrieben werden, die der Franchisenehmer durchläuft. Jedem Zustand der Kette, in dem der Franchisenehmer für eine gewisse Zeit verweilt, wird ein Erfolgsbeitrag i.S.e. statischen Deckungsbeitrages[350] zugeordnet. Durch eine Gewichtung der Er-

348 Grundsätzlich sollen Zustandsvariablen und Zustände so definiert werden, dass die Zustände die Bedürfnisstruktur der Franchisenehmer in den jeweiligen Zuständen erkennen lassen. Einzahlungen und Auszahlungen müssen von den Merkmalen bestimmt werden. Vgl. zu den Anforderungen an die Kriterien ausführlicher MEYER ZU SELHAUSEN (1989), S. 78 f.; SACHENBACHER (1991), S. 35 sowie die Ausführungen in Kap. 4.3.2.

349 Zu den verschiedenen Arten von Markov-Prozesses vgl. ausführlicher Kap. 4.3.1.

350 Vgl. MEYER ZU SELHAUSEN (1989), S. 81.

folgsbeiträge mit der Verweilzeit des Franchisenehmers in den jeweiligen Zuständen wird der prospektive Wert eines Franchisenehmers ermittelt.[351] Anhand eines einfachen, selbstgewählten Beispiels soll gezeigt werden, wie mit Hilfe des Migrationsmodells nach MEYER ZU SELHAUSEN der Partner Value berechnet werden kann:

100 Franchisenehmer eines Franchisesystems lassen sich anhand von Zustandsvariablen in 4 Gruppen bzw. Zustände einteilen. Bei Zustand 4 handelt es sich um den absorbierenden Zustand "Nicht-Franchisenehmer":

1 = Franchisenehmer mit geringem Deckungsbeitrag pro Periode (Ø 10.000 DM)

2 = Franchisenehmer mit mittlerem Umsatz pro Periode (Ø 15.000 DM)

3 = Franchisenehmer mit hohem Umsatz pro Periode (Ø 20.000 DM)

4 = "Nicht-Franchisenehmer"

Der Zustandsvektor p(0) zeigt an, mit welcher relativen Häufigkeit sich die Franchisenehmer auf diese vier Zustände zum Zeitpunkt t_0 verteilen:[352]

$$p(0) = (0{,}20;\ 0{,}45;\ 0{,}35;\ 0{,}0),\ \text{mit} \sum_{i=1}^{n} p_i(t) = 1$$

Die Übergangsmatrix P gibt auf Basis von Vergangenheitswerten an, mit welcher Wahrscheinlichkeit ein Franchisenehmer von einer Gruppe (Zustand) in der darauffolgenden Periode in eine andere Gruppe wechselt oder in der eigenen verbleibt:[353]

---

351 Vgl. MEYER ZU SELHAUSEN (1989), S. 78.

352 Vgl. MEYER ZU SELHAUSEN (1989), S. 79.

353 Zur Ermittlung der Übergangswahrscheinlichkeiten vgl. ausführlicher MEYER ZU SELHAUSEN (1989), S. 81; SACHENBACHER (1991), S. 45 ff. sowie die Ausführungen in Kap. 4.3.4 dieser Arbeit.

P =

	(1)	(2)	(3)	(4)
(1)	0,40	0,25	0,0	0,35
(2)	0,0	0,5	0,3	0,2
(3)	0,0	0,3	0,6	0,1
(4)	0,0	0,0	0,0	1,0

Es ist davon auszugehen, dass die Gruppe "Nicht-Franchisenehmer" einen absorbierenden Charakter hat, d.h., jeder Franchisenehmer, der einmal aus dem Franchisesystem ausgestiegen ist, wird nicht mehr in dieses zurückkehren.[354] Die Werte in der Diagonalen geben die Wahrscheinlichkeit an, mit der ein Franchisenehmer in seinem Zustand verbleibt. Zeile 4 stellt den absorbierenden Zustand dar; kein Franchisenehmer wechselt von Zustand 4 mehr in einen anderen Zustand. Es erscheint realistisch, dass ein Neueinsteiger mit noch geringem Umsatz (Zustand 1) nicht direkt in die höchste Umsatzgruppe (Zustand 3) aufsteigen wird. Ebenso darf angenommen werden, dass ein neuer Franchisenehmer aufgrund erster schlechter Erfahrungen in der nächsten Periode das Franchisesystem verlässt. Mit steigendem Umsatz des Franchisenehmers verringert sich die Wahrscheinlichkeit, dass dieser infolge von Unzufriedenheit etc. aus dem System aussteigt (vgl. die sinkenden Übergangswahrscheinlichkeiten von den nicht-absorbierenden Zuständen in den absorbierenden Zustand in Spalte 4). Befindet sich ein Franchisenehmer in der höchsten Umsatzgruppe, wird er nur mit sehr geringer Wahrscheinlichkeit innerhalb einer Periode in die niedrigste absteigen (diese Wahrscheinlichkeit wird im Beispiel mit Null angenommen). Ferner wird unterstellt, dass es sich in der langfristigen Franchisegeber-Franchisenehmer-Beziehung um langsame Entwicklungen und Lerneffekte handelt. Infolgedessen ist die Wahrscheinlichkeit, dass Franchisenehmer in ihrem jeweils gegenwärtigen Zustand verweilen, am höchsten (vgl. die Werte in der markierten Diagonalen).

354 Vgl. KRÜGER (1997), S. 145.

Durch Multiplikation des Zustandsvektors p(0) mit der Übergangsmatrix P errechnet man die erwartete Verteilung der Franchisenehmer in t=1. Dieses Verfahren lässt sich für beliebig viele Perioden fortführen, wobei man feststellt, dass der Zustandsvektor - bedingt durch den absorbierenden Zustand in der Übergangsmatrix - gegen Null konvergiert. Langfristig werden also alle Franchisenehmer des Betrachtungszeitpunktes aus dem System ausgestiegen sein, wenn der Franchisegeber keine gegensteuernden Maßnahmen (Franchisenehmer-Bindungsmaßnahmen bzw. Aufnahme neuer Franchisenehmer) ergreift.

Für die Berechnung des dynamischen Erfolgsbeitrages wird zunächst der Erwartungswert der mittleren Verweildauern ermittelt.[355] Dazu wird im ersten Schritt aus der Übergangsmatrix die quadratische Untermatrix B gebildet, indem die letzte Spalte und die letzte Zeile gestrichen werden.

B =

	(1)	(2)	(3)
(1)	0,40	0,25	0,0
(2)	0,0	0,5	0,3
(3)	0,0	0,3	0,6

Daraufhin wird die Matrix C durch Subtraktion der Untermatrix B von der Einheitsmatrix E erzeugt: C = E – B =

$$\begin{pmatrix} 1 & 0 & 0 \\ 0 & 1 & 0 \\ 0 & 0 & 1 \end{pmatrix} - \begin{pmatrix} 0{,}40 & 0{,}25 & 0{,}0 \\ 0{,}0 & 0{,}5 & 0{,}3 \\ 0{,}0 & 0{,}3 & 0{,}6 \end{pmatrix} = \begin{pmatrix} 0{,}6 & -0{,}25 & 0{,}0 \\ 0{,}0 & 0{,}5 & -0{,}3 \\ 0{,}0 & -0{,}3 & 0{,}4 \end{pmatrix}$$

Im nächsten Schritt wird die Matrix C invertiert. Für dieses Beispiel ergibt sich als Inverse:

355 Vgl. hierzu und im Folgenden MEYER ZU SELHAUSEN (1989), S. 81 f.

C^{-1} =

	(1)	(2)	(3)	
(1)	1,67	1,52	1,14	$\sum = 4{,}32$
(2)	0	3,64	2,73	$\sum = 6{,}36$
(3)	0	2,73	4,55	$\sum = 7{,}27$

Die invertierte Matrix C^{-1} zeigt die mittlere Verweildauer eines Franchisenehmers in einem Zustand an. Sie zeigt jedoch nicht an, zu welchem Zeitpunkt sich die Franchisenehmer in den einzelnen Zuständen befinden.[356] Ein Franchisenehmer, der sich zum Betrachtungszeitpunkt in Zustand 1 befindet, wird danach im Durchschnitt 1,67 ZE in Zustand 1 verbleiben, 1,52 Zeiteinheiten in Zustand 2 und 1,14 Zeiteinheiten in Zustand 3 verweilen. Zusammengenommen gibt dies eine Verweildauer von 4,32 Zeiteinheiten im System. Analog lassen sich die Verweildauern für die Franchisenehmer ermitteln, die sich zum Betrachtungszeitpunkt in den Zuständen 2 und 3 befinden.

Im letzen Schritt wird der dynamische Erfolgsbeitrag (DE) eines Franchisenehmers über die verbleibende Dauer der Geschäftsbeziehung bis zum Ausscheiden des Franchisenehmers aus dem System berechnet. Dieser ergibt sich dadurch, dass die mittlere Verweildauer (Matrix C^{-1}) mit den statischen Deckungsbeiträgen (Spaltenvektor SE) der Franchisenehmer multipliziert wird.[357] In diesem Beispiel wird Zustand 1 ein statischer Deckungsbeitrag von 10.000 DM pro Periode, Zustand 2 ein statischer Deckungsbeitrag von 15.000 DM pro Periode und Zustand 3 ein statischer Deckungsbeitrag in Höhe von 20.000 DM pro Periode zugeordnet.

---

356 Vgl. MEYER ZU SELHAUSEN (1989), S. 82.

357 Vgl. MEYER ZU SELHAUSEN (1989), S. 82.

$$DE = \overbrace{\begin{bmatrix} 1{,}67 & 1{,}52 & 1{,}14 \\ 0 & 3{,}64 & 2{,}73 \\ 0 & 2{,}73 & 4{,}55 \end{bmatrix}}^{C^{-1}} * \overbrace{\begin{bmatrix} 10.000 \\ 15.000 \\ 20.000 \end{bmatrix}}^{SE} = \overbrace{\begin{bmatrix} 62.300 \\ 109.200 \\ 131.950 \end{bmatrix}}^{DE}$$

Demnach wird ein Franchisenehmer, der sich zum Betrachtungszeitpunkt in Zustand 1 befindet, einen erwarteten dynamischen Erfolgsbeitrag in Höhe von 62.300 DM erbringen. Für die anderen Franchisenehmer kann der Erfolgsbeitrag entsprechend berechnet werden.

Dieses Migrationsmodell bietet die Möglichkeit, differenzierte Untersuchungen bzgl. der Verweildauern in bestimmten Gruppen sowie der Übergänge in weitere Zustände durchzuführen als die bislang vorgestellten Verfahren zur Bewertung von Geschäftsbeziehungen (vgl. nochmals die invertierte Matrix C^{-1}). Es ermöglicht die Betrachtung des gesamten Verlaufs der Geschäftsbeziehung bis zum voraussichtlichen Ende der Franchisegeber-Franchisenehmer-Beziehung, dem Eintritt eines Franchisenehmers in den absorbierenden Zustand "Nicht-Franchisenehmer".[358]

Auch die Ein- und Auszahlungen werden im Rahmen dieses Migrationsmodells differenzierter ermittelt als in den vorherigen Verfahren zur Prognose der Geschäfts-Beziehungs-Entwicklung.[359] Kritisch ist allerdings, dass die zeitliche Präferenz der Deckungsbeiträge nicht berücksichtigt wird und dass mit Einnahmen und Ausgaben anstatt mit Zahlungsgrößen gearbeitet wird.[360] Damit liefert der berechnete Erfolgsbeitrag des Franchisenehmers in Abhängigkeit von dessen anfänglicher Gruppenzugehörigkeit nur eingeschränkt entscheidungsrelevante Informationen. Darüber hinaus werden Maßnahmen des Franchisegebers, welche die Entwicklung des Franchi-

358 Vgl. WALTER (1996), S. 43.

359 Das Modell arbeitet nicht mit durchschnittlichen Ein- und Auszahlungen aller Franchisenehmer, sondern bildet zunächst homogene Gruppen von Franchisenehmern. Auf Gruppenebene werden dann die jeweiligen Ein- und Auszahlungen ermittelt. Vgl. WALTER (1996), S. 41.

360 Vgl. MEYER ZU SELHAUSEN (1989), S. 82.

senehmers und damit seinen Partner Value beeinflussen, in diesem Modell nicht erfasst. Hierdurch wird die Aussagefähigkeit der Ergebnisse eingeschränkt.[361]

Das dargestellte Migrationsmodell verwendet zur Definition der Zustände bzw. Gruppen sowohl monetäre als auch nicht-monetäre Komponenten. Erste Anhaltspunkte, welche Komponenten in das Modell einzubeziehen sind, können nicht-monetäre Modelle wie Portfolio- und Scoring-Modelle liefern. Allerdings werden nicht-monetäre Verfahren nicht nur zur Ergänzung monetärer Verfahren, sondern auch separat zur Bewertung von Geschäftsbeziehungen eingesetzt. Daher wird in den folgenden Kapiteln untersucht, inwiefern Portfolio- und Scoring-Modelle zur Bewertung von Franchisenehmern geeignet sind.

3.3 Nicht-monetäre Verfahren

3.3.1 Scoring-Modelle

Im Rahmen von Scoring-Modellen[362] können monetäre und nicht-monetäre Komponenten des Partner Value gleichzeitig berücksichtigt und zu einem einzigen Entscheidungswert verdichtet werden.[363] Hierzu sind die folgenden Schritte durchzuführen:[364]

- Auswahl geeigneter Komponenten zur Bewertung des Partner Value
- Ableitung von Gewichtungsfaktoren für die Komponenten
- Auswahl möglicher Ausprägungen der Komponenten

---

361 Vgl. MEYER ZU SELHAUSEN (1989), S. 82.

362 Anstelle von Scoring-Modellen wird in der Literatur auch von Nutzwertanalysen gesprochen. Vgl. ZANGENMEISTER (1971); KNIGGE (1975); SCHNEEWEIß (1990); BERENS (1992), S. 44 ff.; ADAM (1996), S. 412 ff. Dieser Begriff geht auf ZANGENMEISTER zurück. Er definiert die Nutzwertanalyse als "die Analyse einer Menge komplexer Handlungsalternativen mit dem Zweck, die Elemente dieser Menge entsprechend den Präferenzen des Entscheidungsträgers bezüglich eines multidimensionalen Zielsystems zu ordnen. Die Abbildung dieser Ordnung erfolgt durch die Angabe der *Nutzwerte* N_i (Gesamtwerte) der Alternativen A_i." ZANGENMEISTER (1971), S. 161.

363 Vgl. DREYER (1974), S. 255 ff.; HOMBURG/SCHNURR (1998), S. 179; WALTER (1996), S. 18 ff.; CORNELSEN (1996), S. 25; LINK/HILDEBRAND (1997), S. 166; KÖHLER (1998), S. 342.

364 Vgl. hierzu und im Folgenden ZANGENMEISTER (1971), S. 161 ff.; STREBEL (1978), S. 2181 ff.; BERENS (1992), S. 44 ff.; ADAM (1996), S. 413.

- Bewertung durch Experten/Entscheider
- Berechnung des Partner Value als Summe der gewichteten Werte sämtlicher Komponenten

Die monetären Komponenten des Partner Value fließen dabei nicht in Form des originären monetären Zielwertes in das Scoring-Modell ein. Statt dessen wird der monetäre Zielwert in eine Größe transformiert, die der einheitlichen Skalierung des Scoring-Modells entspricht.[365] Durch diese Vorgehensweise werden Skalierungsprobleme verhindert, die entstehen können, wenn gleichzeitig monetäre und nichtmonetäre Komponenten in ein Modell integriert werden.[366] Das bekannteste, speziell für die Bewertung von Kunden entwickelte Scoring-Modell ist das RFMR-Modell. Es wurde ursprünglich für die Beurteilung von Versandhandelskunden entwickelt (vgl. Abb. 21).

365 Entspricht z.B. ein monetärer Zielwert von 10.000 Geldeinheiten dem maximal möglichen Skalenwert von 10 Punkten, so würde einem monetären Zielwert von 4.500 Geldeinheiten der Wert 4,5 zugeordnet werden. Zur Konstruktion von Bewertungsskalen vgl. exemplarisch KNIGGE (1975), S. 18 f.

366 Vgl. KÖHLER (1998), S. 342.

Abb. 21: RFMR-Modell

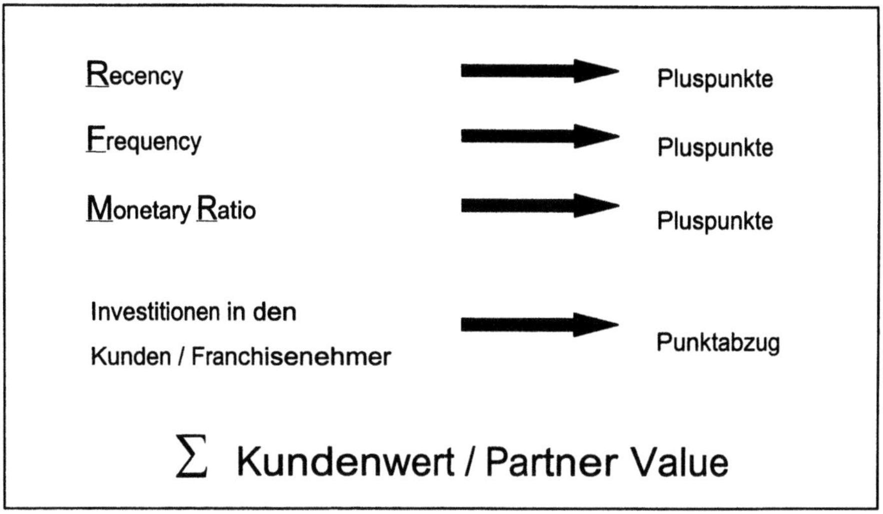

Quelle: Eigene Darstellung.

Das RFMR-Modell berücksichtigt, wann ein Kunde das letzte Mal gekauft hat (Recency), wie oft er in einem bestimmten Zeitraum gekauft hat (Frequency) und welchen Umsatz oder Deckungsbeitrag er getätigt hat (Monetary).[367] Dem Modell liegen empirische Untersuchungen zugrunde, die zeigen, dass die Response-Rate umso höher ist, je kürzer der letzte Kauf des betrachteten Kunden zurückliegt, je größer die Gesamtzahl seiner bisherigen Käufe ist und je mehr Umsatz mit diesem Kunden während der bisherigen Geschäftsbeziehung erzielt wurde. Diesen Informationen werden Pluspunkte zugeordnet. Für Investitionen in den Kunden (z.B. Werbesendungen, Retouren) werden Punkte abgezogen.[368]

---

[367] Vgl. LINK/HILDEBRAND (1993), S. 49 f.; HOLLAND (1992), S. 73 ff.

[368] Vgl. LINK/HILDEBRAND (1997), S. 166. Die Vergabe von Punkten im Rahmen des RFMF-Modells kann sich an den empirisch ermittelten Differenzen zwischen den Response-Raten in den R-, F- oder M-Klassen sowie der durchschnittlichen Response-Rate des jeweiligen Unternehmens richten wie das folgende Beispiel zeigt: Liegt die Response-Rate in einer höheren Umsatzklasse bspw. bei 12 Prozent, während die durchschnittliche Response-Rate für das Unternehmen 6 Prozent beträgt, so sind einem Kunden dieser höheren Umsatzgrößenklasse demnach 6 Pluspunkte zuzuordnen. Analog können die Differenzen für die Regency- und Frequency-Klasse, in die der Kunde fällt, berechnet und anschließend zu dessen Gesamtpunktwert addiert werden.

Während das ursprüngliche Modell lediglich drei Kriterien verwendete, existieren mittlerweile in der Praxis Modelle, die bis zu 1000 Kriterien berücksichtigen. Ziel ist es, möglichst alle relevanten Kriterien zur Beurteilung der Kunden heranzuziehen sowie branchenübergreifende und allgemeingültigere Modelle zu konzipieren.[369]

Für den Einsatz der dargestellten Kunden-Scoring-Modelle zur Bewertung von Franchisenehmern spricht, dass Informationen leicht zu gewinnen und das Verfahren einfach, schnell und damit kostengünstig ist. Ferner können neben quantitativen auch qualitative Komponenten berücksichtigt werden. Bei Überschreitung eines vom Franchisegeber festzulegenden Schwellenwertes kann der Franchisegeber davon ausgehen, dass der betrachtete Franchisenehmer langfristig zum Systemerfolg beiträgt. Der auf diese Weise ermittelte Partner Value könnte sowohl in der Akquisitionsphase zur Beurteilung potentieller Franchisenehmer als auch zur Bewertung des bestehenden Franchisenehmerstammes erste Anhaltspunkte geben.[370]

Zu kritisieren ist allerdings, dass Auswahl, Bewertung und Gewichtung der Komponenten subjektiv sind, die Komponenten häufig nicht überschneidungsfrei und unanhängig sind und hieraus implizit eine Doppelgewichtung von Komponenten und damit eine Verzerrung des Partner Value resultiert.[371] Ferner bleibt offen, wie die originären monetären Größen exakt zu ermitteln sind.

Insgesamt handelt es sich um ein statisches Modell, dass keine Aussagen über die weitere Entwicklung der Kunden respektive der Franchisenehmer ermöglicht und somit den Anforderungen an ein zukunftsbezogenes Bewertungsmodell nicht gerecht wird.

(Fortsetzung der Fußnote der vorherigen Seite)

Vgl. zur Vorgehensweise des RFMR-Modells sowie zu diesem Beispiel KÖHLER (1998), S. 343; SCHULZ (1995), S. 144 ff.

369 Vgl. HOLLAND (1992), S. 75. Einen guten Überblick über die verschiedenen Kunden-Scoring-Modelle, die im Wesentlichen eine Weiterentwicklung des RFMR-Modells darstellen, gibt SCHULZ (1995), S. 154. Vgl. auch CORNELSEN (2000), S. 152 ff.

370 Vgl. LINK/HILDEBRAND (1997), S. 166; SCHULZ (1995), S. 144 f.

371 Vgl. zur kritischen Würdigung von Scoring-Modellen ANDRITZKY (1976), S. 21 ff.; STREBEL (1978), S. 2185 f.; BERENS (1992), S. 56 ff.; ADAM (1996), S. 420 f.; MEFFERT (2000), S. 399; PLINKE (1997b), S. 140 f.; RIEKER (1995), S. 68; KÖHLER (1998), S. 342.

3.3.2 Kunden-Portfolio-Analyse

Die Portfolio-Analyse geht davon aus, dass sich eine Unternehmung in unabhängige strategische Geschäftseinheiten zerlegen lässt und dass für den langfristigen Erfolg der Unternehmung ein finanzielles Gleichgewicht der strategischen Geschäftseinheiten sinnvoll ist. Daher sollte der Finanzbedarf neuerer Geschäftseinheiten durch die finanziellen Überschüsse älterer, am Markt bereits etablierter Geschäftseinheiten gedeckt werden.[372]

Dieser Gedanke einer ganzheitlichen Investitionssteuerung[373] wird im Rahmen der Kunden-Portfolio-Analyse auf das Investitionsobjekt Kunde bzw. Geschäftsbeziehung übertragen. Die verschiedenen Kunden-Portfolio-Analysen unterscheiden sich im Wesentlichen hinsichtlich der zugrunde gelegten Dimensionen sowie in den Komponenten, die sich hinter den Dimensionen verbergen.[374] Am häufigsten zu finden sind Portfolios mit zwei Dimensionen. Eine Dimension repräsentiert Komponenten des internen Entscheidungsfeldes[375], die andere externe Komponenten.[376] Die Aggregation der Komponenten kann mit Hilfe eines Scoring-Modells erfolgen, indem die Ausprägungen der Komponenten bepunktet, gewichtet und zu einer Dimension zusammengefasst werden.[377]

Unter den existierenden Kunden-Portfolios ist das von GÖTZ/DILLER das umfassendste, es baut auf bestehenden Kunden-Portfolios sowie dem Interaktionsmodell von DILLER/KUSTERER[378] auf und ergänzt diese. Daher wird es im Weiteren vorgestellt und darauf hin untersucht, ob es zur Franchisenehmerbewertung geeignet ist.

---

372 Vergleichbare Überlegungen verbergen sich hinter dem Risikoausgleich im Rahmen der Portfolio-Selektion. Vgl. MEFFERT (2000), S. 350 ff.; ADAM (1996), S. 326; GÖTZ/DILLER (1991), S. 3; AHLERT (1998a), S. 82 f.

373 Zum Gedanken der ganzheitlichen Investitionssteuerung vgl. MARKOWITZ (1959).

374 Einen guten Überblick über die verschiedenen Kunden-Portfolios geben GÖTZ/DILLER (1991), S. 4; CORNELSEN (2000), S. 155 ff., S. L-LIII; SCHULZ (1995), S. 126 ff.; LINK/HILDEBRAND (1997), S. 169; RIEKER (1995), S. 71 ff.; WALTER (1996), S. 25 ff.; WOODSIDE/SONI (1991); HOMBURG/SCHNURR (1998), S. 180 ff.

375 Zum Begriff des Entscheidungsfeldes vgl. AHLERT (1997b), 88 ff.

376 Vgl. GÖTZ/DILLER (1991), S. 5; MEFFERT (2000), S. 350 ff.

377 Vgl. GÖTZ/DILLER (1991), S. 5 ff.; AHLERT (1998a), S. 87 sowie die vorangegangenen Ausführungen zur Vorgehensweise von Scoring-Modellen.

378 Vgl. DILLER/KUSTERER (1988).

Für eine ganzheitliche Beurteilung von Kunden- bzw. Geschäftsbeziehungen werden in dem Kunden-Portfolio Daten über die Kundenbeziehung sowie über die Bedeutung der Kunden am Markt herangezogen[379] und zu den *Dimensionen Kundenattraktivität* (externe Dimension) und *relative Wettbewerbsstärke der Kundenbeziehung* (interne Dimension) verdichtet.[380]

Die *Kundenattraktivität* ist bestimmt durch die Bedeutung eines Kunden am Markt, d.h. sie ist "die Summe aller über die entsprechenden Fähigkeiten des Kunden - im Vergleich zur Konkurrenz - relativierten Attraktivitätsfaktoren des Kundenmarktes bzw. der Kundenmärkte"[381] (vgl. die rechte Spalte der Abb. 22).

---

379 "Bei der Entscheidung über Investitionen in die Kundenbeziehung setzt sich das Entscheidungsfeld, also die Menge aller Daten, die für die Entscheidung potentiell relevant sind, aus Daten der Kundenbeziehung sowie der Bedeutung der Kunden am Markt bzw. auf den Märkten zusammen. Die damit gegebene Faktenvielfalt - z.B. die Vielschichtigkeit der Kundenbeziehung - und die Dynamik der Fakten zwingen den Entscheidungsträger zur Auswahl bzw. zur Verdichtung der Fakten. Dies ist das Ziel der Portfolio-Analyse. Sie "vermißt" quasi das Entscheidungsfeld, indem sie relevante Fakten selektiert oder die Faktenvielfalt auf Aggregationsgrößen - ein- oder mehrfaktorielle Dimensionen, die auch der Dynamik Rechnung tragen - verdichtet." GÖTZ/DILLER (1991), S. 4 f.

380 Vgl. GÖTZ/DILLER (1991), S. 10; KÖHLER (1998), S. 344; LINK/HILDEBRAND (1997), S. 167 sowie die dort angegebene Literatur.

381 GÖTZ/DILLER (1991), S. 11. Vgl. auch RIEKER (1995), S. 74 f.

Abb. 22: Indikatoren der relativen Wettbewerbsstärke der Kundenbeziehung und der Kundenattraktivität

Indikatoren der relativen Wettbewerbsstärke der Kundenbeziehung

Sachliche Ebene

- Umsatz mit dem Kunden
- Absatz an den Kunden
- Größe der Aufträge
- Anteil des Kunden am Umsatz
- Produktattraktivität des Lieferanten
- u.a.

Machtebene

- Anteil am Umsatz des Kunden
- Verfügung über knappe Ressourcen
- Möglichkeit zur Vorwärtsintegration
- Informationsvorsprung des Lieferanten
- u.a.

Menschlich-emotionale Ebene

- Vertrauen des Kunden
- Sympathie des Kunden
- gemeinsame Werte
- u.a.

Organisationsebene

- Logistiksysteme
- Kommunikationssysteme
- u.a.

Indikatoren der Kundenattraktivität

Marktattraktivität	Stärken/Schwächen
Marktfaktoren	
• Marktvolumen	• Marktanteil
• Marktwachstum	• Wachstum des Kunden
• Marktrentabilität	• Rentabilität des Kunden
• Art des Wettbewerbs	• Wettbewerbsvorteile des Kunden
• Betriebsgrößenersparnisse	• Betriebsgrößenersparnisse des Kunden
• u.a.	
Technologiefaktoren	
• Weiterentwicklungspotential	• Know-How-Stärke des Kunden
• Innovationsrate	• Innovationsrate des Kunden
• Zahl der Patentanmeldungen	• Anteil eigener Patente
• Synergiepotential der Technologie für den Lieferanten	• Synergiepotential des Kunden für den Lieferanten
• u.a.	
Sozio-politische Faktoren	
• rechtliche Stabilität	
• u.a.	

Quelle: Eigene Darstellung in Anlehnung an GÖTZ/DILLER (1991), S. 12 f.

Die *relative Wettbewerbsstärke der Kundenbeziehung* spiegelt die Qualität der Kundenbeziehung im Verhältnis zu der im Wettbewerb erforderlichen Qualität einer Kundenbeziehung wider.[382] Zur Konkretisierung dieser Dimension wird auf das Interaktionsmodell von DILLER/KUSTERER zurückgegriffen. Hiernach sind neben rein monetären Komponenten auch nicht-monetäre Komponenten heranzuziehen. Die nichtmonetären Komponenten werden wiederum unterteilt in

382 Vgl. KÖHLER (1998), S. 344 sowie die dort angegebene Literatur.

- Dimensionen von Macht,
- menschlich-emotionale Dimensionen und
- organisatorische Aspekte (vgl. die linke Spalte in der obigen Abb. 22).[383]

Anhand der erläuterten Dimensionen lassen sich die Kunden einer Unternehmung bzw. die Franchisenehmer eines Franchisesystems in einer Matrix darstellen und priorisieren (vgl. Abb. 23).[384]

Abb. 23: Strategien im zweidimensionalen Kunden-Portfolio

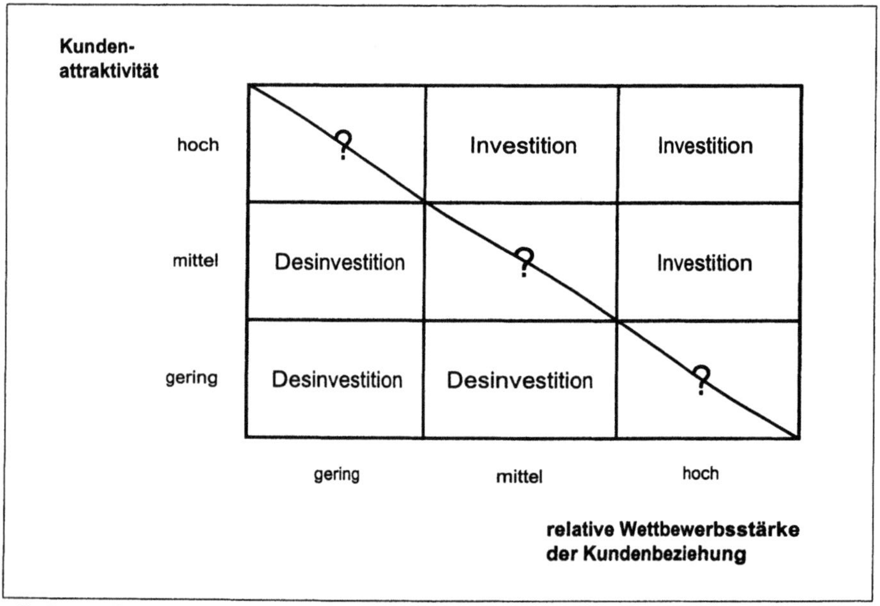

Quelle: Eigene Darstellung in Anlehnung an GÖTZ/DILLER (1991), S. 26.

Schlüsselkunden sind diejenigen Kunden, die bei hoher Kundenattraktivität gleichzeitig eine hohe relative Wettbewerbsstärke der Kundenbeziehung aufweisen. In diese

383 Die monetären Komponenten werden von den Autoren als sachliche Dimension der Kundenbeziehung bezeichnet. Vgl. ausführlicher DILLER/KUSTERER (1988), S. 211 ff.; GÖTZ/DILLER (1991), S. 13.

384 Vgl. GÖTZ/DILLER (1991), S. 24; MEFFERT (2000), S. 350 ff.; LINK/HILDEBRAND (1997), S. 167.

Kunden sollte investiert werden. Über Strategien, welche die Kundenpositionen in den Diagonalfeldern betreffen, ist situativ zu entscheiden, während die verbleibenden Kundenpositionen für die Unternehmung nicht attraktiv sind und daher desinvestiert werden sollten.[385]

Übertragen auf die Beurteilung von Franchisenehmern heißt das, dass diejenigen Franchisenehmer einen hohen Beitrag zum SSV leisten, die über eine hohe Bedeutung am Markt (z.B. hoher Marktanteil, schnelles Wachstum sowie Wettbewerbsvorteile gegenüber anderen Mitbewerbern vor Ort) verfügen und zugleich eine in monetärer und nicht-monetärer Hinsicht[386] gute Beziehungsqualität zum Franchisegeber aufweisen.

Damit das dargestellte Kunden-Portfolio zur Ableitung wertsteigernder Maßnahmen[387] wie z.B. Festlegung der Besuchsallokation, Intensität verkaufsfördernder Maßnahmen oder Investitionen in Informations- und Warenwirtschaftssysteme dienen kann, muss es zukunftsbezogene (prospektive) Informationen[388] enthalten und um franchisenehmerspezifische Kriterien ergänzt werden. Ferner handelt es sich bei Kunden-Portfolios streng genommen nicht um ein Instrument zur Wertermittlung, sondern um ein Instrument zur Darstellung von Kundenbeziehungen respektive Franchisegeber-Franchisenehmer-Beziehungen und zur leichteren Ableitung von Strategien.[389] Darüber hinaus gilt auch für das Kunden-Portfolio die generelle Kritik an den Portfolio-Analysen. Insbesondere die Voraussetzung unabhängiger strategischer Geschäftseinheiten bzw. Geschäftsbeziehungen zu Kunden bzw. Franchisenehmern ist in der Realität nicht gegeben.[390] Ein Franchisenehmer kann nicht isoliert betrachtet werden, sondern auch seine Beziehungen zu anderen Franchisenehmern

---

385 Diese Strategien werden auch als sogen. Normstrategien der Portfolio-Analyse bezeichnet. Vgl. GÖTZ/DILLER (1991), S. 24 ff.; MEFFERT (2000), S. 249 ff.; LINK/HILDEBRAND (1997), S. 168 f.

386 Vgl. hierzu im Detail Abb. 22.

387 Vgl. hierzu GÖTZ/DILLER (1991), S. 3.

388 Vgl. KÖHLER (1998), S. 344; GÖTZ/DILLER (1991), S. 20 ff.

389 Vgl. KÖHLER (1998), S. 344, 347; RIEKER (1995), S. 71.

390 Insbesondere die restriktiven sowie z.T. unrealistischen Annahmen und die Normstrategien der Portfolio-Analyse werden in der Literatur kritisiert. Vgl. exemplarisch ADAM (1996), S. 328 ff.; SCHULZ (1995), S. 135 ff.; KREILKAMP (1987), S. 461 ff.; RIEKER (1995), S. 75 ff.

Da Scoring-Modelle als Aggregationsalgorithmus im Rahmen von Portfolio-Analysen eingesetzt werden, gelten die im Kap. 3.3.1 genannten Kritikpunkte auch für die Portfolio-Analyse. Im Wesentlichen sind dies die Auswahl, Bewertung und Gewichtung der Komponenten.

im System, z.B. in Form von Patenschaften für neue Franchisenehmer, Mitarbeit in Gremien und Franchisenehmerbeiräten etc., sind zu berücksichtigen. Aufgrund dieser Kritik erscheint das dargestellte Kunden-Portfolio nach GÖTZ/DILLER zur Bewertung von Franchisegeber-Franchisenehmer-Beziehungen nicht geeignet. Es gibt jedoch wertvolle Hinweise, welche Komponenten zur Bewertung von Franchisenehmern im Rahmen eines ganzheitlichen Bewertungs-Ansatzes heranzuziehen sind.

3.4 Kritische Würdigung der monetären und nicht-monetären Verfahren

Die Aussagekraft retrospektiver Verfahren ist sehr eingeschränkt. Wird die Bewertung nur ex-post durchgeführt, so wird versäumt, eine Sollgröße zu ermitteln. Ohne Sollgrößen sind aber weder Soll-Ist-Vergleiche noch Abweichungsanalysen möglich. Ferner berechnen retrospektive Verfahren keine Größen, anhand derer (zukünftige) Erfolgspotentiale der Kunden identifiziert werden oder Investitionen in die Geschäftsbeziehung entscheidungstheoretisch fundiert werden können.[391]

Aber nicht nur die retrospektiven monetären Verfahren, sondern auch die derzeit existierenden prospektiven monetären Verfahren der Kundenbewertung, welche eine Weiterentwicklung der Kapitalwertmethode darstellen, sind zur Bewertung von Franchisenehmern nicht geeignet:

Das Migrationsmodell von DWYER ist auf Franchisesysteme nicht übertragbar, da es für Always-a-share Kunden entwickelt wurde, Franchisenehmer jedoch der Kategorie Lost-for-good-Kunden angehören. Wenngleich das Customer Retention Modell grundsätzlich auf Franchisesysteme übertragbar ist, erfüllt es nicht die Anforderungen im Hinblick auf eine differenzierte Ermittlung der Einnahmen und Ausgaben.

Lediglich das Migrationsmodell nach MEYER ZU SELHAUSEN ermöglicht eine Prognose der Franchisenehmerstruktur-Dynamik sowie eine ausreichend differenzierte Ermittlung der Einnahmen und Ausgaben. Jedoch wird weder die zeitliche Präferenz der Erfolgsbeiträge berücksichtigt, noch ermöglicht das Modell Prognosen über die Auswirkungen wertsteigernder Maßnahmen des Franchisegebers. Darüber hinaus wird in dem Modell der Kapitalwert als Steuerungsgröße verwendet. Aufgrund der verfah-

391 Vgl. KRÜGER (1997), S. 111.

rensimmanenten Probleme der Kapitalwertmethode[392] wird die Aussagefähigkeit der Ergebnisse damit eingeschränkt.

Auch die derzeit existierenden nicht-monetären Verfahren sind nicht uneingeschränkt zur Bewertung von Franchisenehmern geeignet. Scoring-Modelle weisen zwar den Vorteil auf, dass sie monetäre und nicht-monetäre Größen gleichzeitig berücksichtigen; die Auswahl, Bewertung und Gewichtung der Komponenten sind jedoch subjektiv geprägt. Da die Komponenten darüber hinaus selten überschneidungsfrei und unanhängig voneinander sind, werden sie häufig mehrfach gewichtet, was zu einer Verzerrung des Partner Value führt.

Aufgrund der dargestellten Kritik am Kunden-Portfolio nach GÖTZ/DILLER, erscheint auch dieses Verfahren zur Bewertung von Franchisegeber-Franchisenehmer-Beziehungen nicht geeignet. Allerdings gibt es wertvolle Hinweise, welche Komponenten zur Bewertung von Franchisenehmern im Rahmen eines ganzheitlichen Bewertungs-Ansatzes heranzuziehen sind.

Als Fazit ist festzuhalten, dass ein geeignetes Verfahren zur Bewertung von Franchisenehmern zunächst die Entwicklung der Geschäftsbeziehung verlässlich prognostizieren muss, um darauf aufbauend die zu erwartenden Ein- und Auszahlungen unter Berücksichtigung ihres zeitlichen Anfalls zu erheben und zu einer adäquaten Steuerungsgröße zu verdichten. Ferner sollte ein solches Bewertungsverfahren mit Verfahren der Unternehmensbewertung kompatibel sein, da der Partner Value einen Beitrag zum SSV darstellt. Wie die vorangegangenen Ausführungen gezeigt haben, werden die derzeit existierenden monetären Bewertungsverfahren den genannten Anforderungen nicht gerecht. Daher wird in Kapitel 4 eine neue Methodik zur Bewertung von Franchisenehmern konzipiert, die den genannten Anforderungen gerecht wird.

---

392 Vgl. hierzu die Ausführungen zur Kapitalwertmethode in Kap. 3.2.2.

4 Ermittlung von Partner Value und SSV auf der Basis des VOFIs

4.1 Charakterisierung des VOFI-Modells

In Analogie zum Shareholder Value wird in dieser Arbeit unterstellt, dass der Franchisegeber als oberstes finanzielles Ziel die Maximierung der Verzinsung seines Kapitals, das er in das Franchisesystem investiert hat, anstrebt. In diesem Zusammenhang wurde herausgearbeitet, dass der Totalgewinn der Investition des Franchisegebers in das Franchisesystem, der *Strategic System Value (SSV)*, die geeignete Steuerungsgröße für das Management des Franchisesystems ist. Darüber hinaus wurde gezeigt, dass jeder einzelne Franchisenehmer eine Teilinvestition für den Franchisegeber darstellt, deren Vorteilhaftigkeit sich am *Partner Value* bemisst.

Der Partner Value wurde definiert als VOFI-Anfangswert aller zukünftigen *Zahlungsüberschüsse*, die im Rahmen der Geschäftsbeziehung mit einem bestimmten Franchisenehmer, ab dem Betrachtungszeitpunkt t_0 bis zu seinem Ausscheiden aus dem System, erzielt werden. Die Summe aller Partner Values zzgl. des Anfangswertes des neutralen Bereiches stellt den *Strategic System Value* (SSV) dar.

Damit stellt sich zunächst die Frage, welche Zahlungsüberschüsse exakt in die Berechnung des Partner Value einzubeziehen sind. Eine Antwort auf diese Frage liefert der Shareholder Value-Ansatz. Im Rahmen des Shareholder Value-Ansatzes wird der Wert einer Unternehmung als Kapitalwert derjenigen *Zahlungsüberschüsse* ermittelt, *die nicht für Investitionen in das Anlage- oder Netto-Umlaufvermögen verwendet werden müssen* und somit als sogenannter Free Cash Flow (FCF) an die Eigentümer ausgeschüttet werden können.[393]

Folglich sind Investitionen in das Anlage- und Umlaufvermögen in Form von Ersatz- und Erweiterungsinvestitionen sowie weitere erforderliche Auszahlungen wie bspw. die Umsatzsteuer zuvor herauszurechnen. Umsatzsteuer ist gem. § 1 Abs. 1 Ziff. 1 UStG auf entgeltliche Lieferungen und Leistungen einer Unternehmung im Inland zu zahlen. Damit entfällt auf sämtliche direkten Warenlieferungen des Franchisegebers an den Franchisenehmer sowie alle im Franchisevertrag geregelten “Franchise-

393 Vgl. exemplarisch RAPPAPORT (1986), S. 51 f.

Rechte" wie die Nutzung von Marken, Namen, Ausbildungsangeboten, Schutzrechten etc. Umsatzsteuer.[394]

Ausgehend von den vorangegangenen Ausführungen ergibt sich der FCF an die Eigenkapitalgeber durch Berücksichtigung von Tilgung und Zinsen wie folgt:[395]

  Betriebliche Einzahlungen aus laufender Unternehmungstätigkeit
\- Betriebliche Auszahlungen aus laufender Unternehmungstätigkeit
\- Auszahlungen für Ersatz- und Erweiterungsinvestitionen
\- Rentenzahlungen
\- Tilgungen
\- Gewerbeertragsteuer
\- Körperschaftsteuer
\- <u>private Steuern der Eigenkapitalgeber</u>
= Free Cash Flow nach privaten Steuern

Die zur Ermittlung des Partner Value in einem VOFI abgebildeten Daten lassen sich einteilen in originäre und derivative Zahlungen.[396]

Die in der Zahlungsfolge enthaltenen *originären* Zahlungen sind unmittelbar durch eine Entscheidung beeinflusste Zahlungen wie betriebliche Ein- und Auszahlungen aus laufender Unternehmungstätigkeit, Auszahlungen für Ersatz- und Erweiterungsinvestitionen sowie Rentenzahlungen. Es handelt sich im Einzelnen um die in Kap. 2.4.2 ausführlich erläuterten monetären Komponenten des Partner Value.

Die tatsächliche Höhe und der zeitliche Anfall der Zahlungen hängen im konkreten Fall davon ab, welche Konstellation von Aktionsparametern (z.B. Struktur und Höhe der Franchisegebühren, Umfang und Intensität der Franchisenehmerbetreuung) die Entscheidungsträger auswählen und wie sich die Umweltsituation (z.B. konjunkturelle Situation, rechtliche Rahmenbedingungen) der Unternehmung darstellt. Die Kon-

---

394 Vgl. SKAUPY (1995), S. 194.

395 Vgl. GROB/LANGENKÄMPER/WIEDING (1999), S. 466. Der FCF an die Eigenkapitalgeber kann auch indirekt aus dem Jahresüberschuss ermittelt werden. Da allerdings die direkte Ermittlung des FCF aussagekräftiger ist und dem Franchisegeber als Eigenkapitalgeber alle erforderlichen Informationen für die direkte Cash Flow-Ermittlung zur Verfügung stehen, wird auf die Darstellung der indirekten Ermittlung des FCF nach privater Steuer an dieser Stelle verzichtet.

396 Vgl. zu den verschiedenen Zahlungsarten in einem VOFI GROB (1989), S. 25 ff., 42 f.; GROB (1999a), S. 82 ff.; 307 f.; ADAM (1997), S. 57.

kretisierung der Zahlungsfolge ist daher im Einzelfall durch die Modellbenutzer exogen vorzugeben.[397]

Im Rahmen der Franchisenehmer-Bewertung stellt die Prognose dieser originären Zahlungen die größte Schwierigkeit dar.[398] Aufgrund der in Kap. 3 gewonnenen Erkenntnis, dass die Bewertung von Franchisenehmern mit Hilfe derzeitiger Bewertungsverfahren nicht zufriedenstellend ist, wird in diesem Hauptkapitel erarbeitet, wie eine fundierte Prognose der originären Zahlungsreihe eines Franchisenehmers auf der Basis von Markov-Ketten vorgenommen werden kann, um sie dann in den VOFI zu integrieren. Im Vergleich zu anderen Verfahren der dynamischen Investitionsrechnung gehen in den VOFI nicht Differenzbeträge, sondern effektive Beträge in die Zahlungsfolge ein. Hierdurch lassen sich Zurechnungsfehler vermeiden und die Berechnungen sind leichter nachvollziehbar.[399]

Im Gegensatz zu den originären Zahlungen werden *derivative* Zahlungen durch eine Entscheidung nur mittelbar beeinflusst. Es handelt sich um Finanzierungs- und Steuerzahlungen, die sich aus den zuvor prognostizierten originären Zahlungen ableiten lassen. Zu den derivativen *Finanzierungszahlungen* zählen Kreditaufnahmen und -tilgungen, Anlage und Auflösung von Guthaben sowie die aus Kredit- und Guthabensalden resultierenden Zinszahlungen. Grundsätzlich sind diejenigen *Steuerzahlungen* zu berücksichtigen, die von einer Investition bzw. einer Opportunität verursacht werden. Da die Auszahlungen für Kostensteuern wie Kfz-Steuer und Grunderwerbsteuer bereits bei der Ermittlung der Zahlungsfolge der Investition berücksichtigt werden, sind lediglich noch die Ertragsteuerzahlungen im Rahmen von Nebenrechnungen zu ermitteln und in den VOFI zu integrieren. Bei Personengesellschaften und Einzelunternehmungen fallen Einkommen-, Kirchen- und Gewerbeertragsteuerzahlungen an, bei Kapitalgesellschaften sind es Gewerbeertrag- und Körperschaftsteuerzahlungen. Die im VOFI enthaltenen originären und derivativen Zahlungen, einschließlich der erforderlichen Nebenrechnungen, sind zusammenfassend in der folgenden Tabelle dargestellt (vgl. Tab. 3).[400]

397 Vgl. GROB (1989), S. 6.

398 Die Prognose der Zahlungsfolge ist nicht ein spezifisches Problem der vollständigen Finanzplanung, sondern ein Problem aller Bewertungsverfahren. Vgl. GROB (1989), S. 25. Zur Prognose speziell im Handel vgl. MATTMÜLLER (1990).

399 Vgl. GROB (1989), S. 6.

400 Vgl. auch die Ausführungen in Kap. 2.3.3.

Tab. 3: Aufbau eines standardisierten VOFIs

	t = 0	t = 1	t = 2	...	t = n
Zahlungsfolge					
Eigenkapital					
Kredite + Aufnahme - Tilgung - Sollzinsen					
Geldanlage - Anlage + Auflösung + Habenzinsen					
Steuern - GewESt-Zahlung					
+ GewESt-Erstattung					
- KSt-Zahlung					
+ KSt-Erstattung					
- ESt-Zahlung					
+ ESt-Erstattung					
Finanzierungssaldo	0	0	0	0	0
Bestandsgrößen Kredite Guthabenstand					
= **Bestandssaldo**					

Nebenrechnung Zahlungsfolge:	**t = 0**	**t = 1**	**t = 2**	**...**	**t = n**
Betriebliche Einzahlungen aus lfd. Unternehmungstätigkeit					
- Betriebliche Auszahlungen aus lfd. Unternehmungstätigkeit					
- Investitionen					
- Rentenzahlungen					
= Zahlungsfolge					

Nebenrechnung Abschreibungen:	**t = 0**	**t = 1**	**t = 2**	**...**	**t = n**
Restbuchwert Jahresbeginn					
- degressive Abschreibung					
- lineare Abschreibung					
= Restbuchwert Jahresende					

Nebenrechnung Gewerbeertragsteuer:	**t = 0**	**t = 1**	**t = 2**	**...**	**t = n**
Betriebliche Einzahlungen aus lfd. Unternehmungstätigkeit					
- Betriebliche Auszahlungen aus lfd. Unternehmungstätigkeit					
- Abschreibungen					
- Zuführung zu d. Pensionsrückstellungen					
- Zinsaufwand					
+ Zinsertrag					
= Gewinn vor Steuern					
+ Hinzurechnungen (50% der Dauerschuldzinsen)					
= Bemessungsgrundlage BGG					
- GewESt-Zahlung					
+ GewESt-Erstattung					

Nebenrechnung Körperschaftsteuer:	t = 0	t = 1	t = 2	...	t = n
= Gewinn vor Steuern					
- GewESt-Zahlung					
= Bemessungsgrundlage BGK					
- KSt-Zahlung (25% der BGK)					
+ KSt-Erstattung (25% der BGK)					
- Thesaurierung					
= Ausschüttung					

Nebenrechnung Einkommensteuer:	t = 0	t = 1	t = 2	...	t = n
50% der Ausschüttung					
+ Habenzinsen Standardanlage					
= Bemessungsgrundlage BGE					
- tarifliche Einkommensteuer					
+ Steuerermäßigung (180% des Steuermessbetrages der GewESt)					
= ESt-Zahlung bzw. –Erstattung					

Quelle: Eigene Darstellung in Anlehnung an GROB (1989), S. 42 f.; GROB (1999a), S. 82 ff., 307 f.

4.2 Festlegung des Planungszeitraumes

GROB schlägt vor, den Planungszeitraum in zwei Phasen aufzuteilen:[401]

1. Für die erste Phase, die i.d.R. mit fünf Jahren anzusetzen ist[402], wird angenommen, dass sich die jeweiligen Ein- und Auszahlungen der Alternativen periodenindividuell prognostizieren lassen.
2. Für die zweite Phase besteht eine erhöhte Prognoseunsicherheit. Aus diesem Grunde sollten nach GROB die anfallenden Zahlungsüberschüsse mit den Steuerzahlungen verrechnet und in Form einer ewigen Rente mit einem adäquaten Kalkulationszinssatz auf den Planungshorizont abgezinst und anschließend zum Bestandssaldo am Planungshorizont addiert werden.

Bei dieser Vorgehensweise wird zum einen unterstellt, dass sich am Ende der ersten Hälfte des Planungshorizontes ein konstanter Free Cash Flow einstellt, sodass der Restwert als Kapitalwert einer ewigen Rente berechnet werden kann. Wenngleich realiter die Höhe der Free Cash Flows in der zweiten Phase von der des festgelegten (konstanten) Free Cash Flow abweichen kann, haben diese Abweichungen jedoch keine Auswirkungen auf den VOFI-Endwert und können daher vernachlässigt werden.[403]

Zum anderen impliziert diese Vorgehensweise, dass in der zweiten Phase durchgeführte Erweiterungsinvestitionen eine interne Verzinsung exakt in Höhe der Kapitalkosten erwirtschaften. Damit werden die Mindestansprüche der Kapitalgeber gerade erfüllt und es besteht ein finanzielles Gleichgewicht, sodass unternehmerische Wachstumsprozesse keinen Einfluss auf den VOFI-Endwert haben.[404] Werden allerdings langfristig Renditen erwirtschaftet, welche die Kapitalkosten übersteigen, sollte der Genauigkeit wegen eine Wachstumsrate geschätzt und in den Restwert integriert werden.[405]

---

401 Vgl. GROB/LANGENKÄMPER/WIEDING (1999), S. 455, 469.

402 Dabei ist zu berücksichtigen, dass die Dauer der ersten Phase von Branche zu Branche differieren kann. Vgl. BÜHNER/TUSCHKE (1999), S. 15 f.; BAAN (1999), S. 255.

403 Vgl. RAPPAPORT (1987), S. 170; BAAN (1999), S. 255 ff.; BARTH/MARZIAN/WILLE (2000), S. 172.

404 Vgl. RAPPAPORT (1986), S. 61 f.; RAPPAPORT (1979), S. 102.

405 Vgl. COPELAND/KOLLER/MURRIN (1998), S. 292 ff.; BAAN (1999), S. 255 ff.; HENSELMANN/KNIEST (1999), S. 101 ff.

Als Alternative zur Berechnung der ewigen Rente wird in der Literatur die Ermittlung eines hypothetischen Marktwertes (Exit Value) diskutiert. Dabei wird ein Verkauf der Unternehmung am Ende des Planungshorizontes unterstellt. Zur Ermittlung des potentiellen Verkaufswertes kann alternativ

- der Unternehmungsgewinn am Ende des Planungshorizontes mit einem für die Unternehmung repräsentativen *Kurs-Gewinn-Verhältnis*[406] multipliziert werden,
- anhand der *Marktwert-Buchwert-Verhältnisse*[407] der potentielle Verkaufserlös abgeleitet werden oder
- der zukünftige Verkaufserlös in Form eines *Liquidationswertes*[408] ermittelt werden.

Der so ermittelte Restwert wird ebenfalls (wie die ewige Rente) auf den Betrachtungszeitpunkt diskontiert. Zu kritisieren ist allerdings, dass bei der Ermittlung des Exit Value auf vergangenheitsorientierte Größen der Buchhaltung zurückgegriffen werden muss. Ferner ist die Prognose zukünftiger Marktwert-Buchwert- bzw. Kurs-Gewinn-Verhältnisse nicht unproblematisch.[409] Hingegen werden zur Ermittlung der ewigen Rente Zahlungsgrößen herangezogen. Die Ermittlung des Restwertes in Form einer ewigen Rente entspricht damit am ehesten der Going-Concern-Prämisse der Unternehmungsbewertung und ist daher zu präferieren.[410]

Gegenstand der folgenden Ausführungen ist die Prognose der Partner Values und des SSV mit Hilfe von Markov-Ketten. In einem ersten Schritt sind die mit einer Alternative[411] verbundenen Ein- und Auszahlungen bis zum Ende der ersten Phase zu prognostizieren.

---

406 Zur Verwendung von Kurs-Gewinn-Verhältnissen vgl. COPELAND/KOLLER/MURRIN (1998), S. 102, 302 f.; GÜNTHER (1997), S. 157, 174; RAPPAPORT (1986), S. 63; LEWIS (1995), S. 104.

407 Zur Verwendung von Marktwert-Buchwert-Verhältnissen vgl. COPELAND/KOLLER/MURRIN (1998), S. 109 f., 306; GÜNTHER (1997), S. 221 ff.; RAPPAPORT (1986), S. 63; HENSELMANN/KNIEST (1999), S. 61 ff.

408 Vgl. BAETGE (1991), S. 25; FICKERT (1992), S. 69; BÜHNER/TUSCHKE (1999), S. 16; HENSELMANN/KNIEST (1999), S. 161 ff.

409 Vgl. PAPE (1999), S. 114 f. sowie die dort angegebene Literatur.

410 Vgl. RAPPAPORT (1986), S. 60; GÜNTHER (1997), S. 109 ff.; GROB/LANGENKÄMPER/WIEDING (1999), S. 455.

411 Vgl. zu den verschiedenen Ansatzpunkten und alternativern Wertsteigerungsmaßnahmen die Ausführungen in Kap. 2.3.2.2.

4.3 Prognose der originären franchisenehmerbezogenen Zahlungen

4.3.1 Überblick über Markov-Prozesse als Prognoseverfahren

Zukunftsorientierte Bewertungsmethoden können nicht auf der Ebene einzelner Franchisenehmer basieren, da die Unsicherheit über die Entwicklung einer einzelnen Franchisegeber-Franchisenehmer-Beziehung zu groß ist. Eine theoretisch sowie praktisch akzeptable Lösung des Problems kann darin liegen, homogene Gruppen von Franchisenehmern zu bilden und die Bewertung auf Gruppenebene durchzuführen. Wenngleich sich durch diese Vorgehensweise die Aussagekraft der Bewertung verringert, wird das Bewertungskonzept an sich nicht in Frage gestellt.[412]

Die Entwicklung der Zahlungsüberschüsse eines Franchisenehmers hängt unmittelbar von seiner persönlichen Entwicklung, dem Zustand in dem er sich momentan befindet sowie den Zuständen, in die er im Verlauf der Franchisegeber-Franchisenehmer-Beziehung hinein wächst, ab.[413] Diese Entwicklung lässt sich mit Hilfe von Markov-Prozessen abbilden. Mathematisch betrachtet handelt es sich bei Markov-Prozessen[414] um stochastische Prozesse, denen die Annahme zugrunde liegt, dass die zukünftige Entwicklung ausschließlich von der Gegenwart abhängt (Markov-Eigenschaft).[415]

---

412 Vgl. SACHENBACHER (1991), S. 10 f.

413 Vgl. SACHENBACHER (1991), S. 12.

414 Das Prinzip, "dass die zukünftige Entwicklung ausschließlich von der Gegenwart abhängt", wurde erstmalig von MARKOFF formuliert. Vgl. MARKOFF (1906). Zunächst wurden fast ausschließlich homogene Markov-Prozesse untersucht. Eine grundlegende allgemeine Theorie Markoffscher Prozesse wurde von KOLMOGOROFF (1931) erarbeitet. Eine systematische Erarbeitung der Markov-Prozesse erfolgte in den 50ern und 60ern. Vgl. JUSCHKEWITSCH (1953), (1957); DYNKIN (1961); HOWARD (1965); CHUNG (1967); KEMENY/SNELL (1983). Eine weitere mathematische Fundierung sowie eine Ausweitung ihres Anwendungsgebietes erfuhren Markov-Prozesse in den 90ern. Vgl. SCHÄL (1990); HERNÁNDEZ-LERMA/LASSERRE (1991a), (1991b); LAWLER (1995); NORRIS (1997).

Einzug in die Betriebswirtschaftslehre hielten Markov-Prozesse Ende der 60er, Anfang der 70er. Sie wurden zunächst zur Prognose des Markenwahlverhaltens und dann zur Prognose der Einkaufstättenwahl herangezogen. Vgl. DRAPER/NOLIN (1964); HEINEMANN (1976), S. 57 ff.; MEFFERT/STEFFENHAGEN (1977), S. 99 ff. sowie die jeweils angegebene Literatur. Später dienten Markov-Prozesse zur Ermittlung der Kundschaftsstrukturentwicklung im Privatkundengeschäft von Banken. Vgl. MEYER ZU SELHAUSEN (1976), S. 424-444; MEYER ZU SELHAUSEN (1989), S. 77-84; SACHENBACHER (1991).

415 "Only the last state occupied by the process is relevant in determining its future behavior." HOWARD (1965), S. 3. Ähnlich beschreibt FERSCHL die Eigenschaft von Markov-Prozessen:

Im Rahmen von Markov-Prozessen wird die Verteilung der Franchisenehmer auf die verschiedenen Zustände zum Zeitpunkt t durch den *Zustandsvektor* p(t) beschrieben. Die Dynamik der Franchisenehmerstrukturentwicklung lässt sich durch eine Folge von Zustandsvektoren p(t) für t = 0,1,2,...,T erfassen. Diese Folge von Zustandsvektoren wird mit Hilfe der Übergangsmatrix berechnet. Dabei geben die Elemente der *Übergangsmatrix P* die (bedingte) Wahrscheinlichkeit dafür an, dass ein Franchisenehmer von einem Zustand i (Zeile i) in einen Zustand j (Spalte j) wechselt. Durch Multiplikation des Zustandsvektors p(0) mit der Übergangsmatrix P errechnet man die Verteilung in t=1. Die Zustandsvektoren, die sich nach weiteren Übergängen ergeben, werden analog berechnet.[416]

Welche wesentlichen Arten von Markov-Prozessen grundsätzlich zu unterscheiden sind und welche dieser Prozesse zur Abbildung der Franchisenehmerstruktur-Dynamik geeignet sind, wird im Weiteren erörtert (vgl. Tab. 4).

(Fortsetzung der Fußnote der vorherigen Seite)

"Markov-Pozesse kann man anschaulich folgendermaßen charakterisieren: Hat man die Gelegenheit, die Realisation eines Prozesses an einem bestimmten Punkt $t \in T$ zu beobachten, so ist durch diese Beobachtung das Wahrscheinlichkeitsgesetz des weiteren Verlaufs insoweit bestimmt, als durch die zusätzliche Kenntnis des Verlaufs vor t keine weiteren Informationen über den zukünftigen Verlauf gewonnen werden können." FERSCHL (1970), S. 9. Vgl. ferner SCHÄL (1990), S. IX; DYNKIN (1961), S. 20 f.

Zur exakten mathematischen Definition der Markov-Eigenschaft vgl. FERSCHL (1970), S. 13 ff.

Speziell in der Marketing-Literatur gibt es Autoren, die fälschlicherweise zwischen Markov-Prozessen erster Ordnung und Markov-Prozessen höherer Ordnung unterscheiden. Dabei deckt sich jedoch nur der Begriff der "Markov-Prozesse erster Ordnung" mit der mathematisch exakten Definition von Markov-Prozessen. Hingegen erfassen die sog. "Markov-Prozesse höherer Ordnung" nicht nur die unmittelbar letzte Periode in ihrer Bedeutung für die Übergangswahrscheinlichkeiten, sondern auch weitere Perioden der Vergangenheit. Damit erfüllen solche Prozesse aber nicht die Markov-Eigenschaft und es darf nicht von Markov-Prozessen gesprochen werden. Ferner werden von einigen Autoren die Begriffe "stochastischer Prozess", "Markov-Prozess", "Markov-Kette", "Markov-Modell" nicht präzise belegt und (trotz gravierender mathematischer Unterschiede) z.T. synonym verwendet. Vgl. MEFFERT/STEFFENHAGEN (1977), S. 103-109; HEINEMANN (1976), S. 56 ff.

416 Vgl. MEYER ZU SELHAUSEN (1989), S. 79 f.; Vgl. zum allgemeinen Ablauf von Markov-Prozessen auch die Ausführungen in Kap. 4.3.1.

Tab. 4: Überblick über die wesentlichen Arten von Markov-Prozessen

Kriterium	Art des Prozesses

Art der Übergangsmatrix	• Konstellation der Übergangswahrscheinlichkeiten
	  • Periodisch
	  • Regulär
	  • Absorbierend
	• Konstanz der Übergangsmatrix
	  • Stationaritätsannahme ist erfüllt
	  • Stationaritätsannahme ist nicht erfüllt

Zustandsraum	• Endlich • nicht-endlich
Zeit	• homogen • dynamisch

Bewertung	• unbewertet
	• bewertet
	  • ohne Diskontierung
	  • mit Diskontierung

Quelle: Eigene Darstellung.

Nach Art der Übergangsmatrix ist zunächst zwischen periodischen, regulären und absorbierenden Markov-Prozessen zu differenzieren. *Periodische Markov-Prozesse* liegen vor, wenn von einem Zeitpunkt zum nächsten jeweils ein Zustandswechsel erfolgt. Das System strebt keinem Endzustand zu. Man spricht von *regulären Prozessen*, wenn alle Elemente der Übergangsmatrix wertmäßig positiv und kleiner als eins sind. Das System strebt einem Konvergenzzustand zu. Dieser Konvergenzzustand besagt nicht, das zwischen den verschiedenen Zuständen keine Wechsel mehr stattfinden; vielmehr kompensieren sich die Zu- und Abgänge bei allen Zuständen.[417] Enthält der Markov-Prozess mindestens einen absorbierenden Zustand, d.h. einen Zustand, bei dessen Erreichen ein Wechsel in andere Zustände nicht mehr möglich ist, und ist von jedem nicht absorbierenden Zustand ein Übergang in einen absorbierenden Zustand möglich, so wird ein solcher Markov-Prozess als *absorbierend* bezeichnet.[418] Es ist davon auszugehen, dass die Gruppe "Nicht-Franchise-

417 Vgl. DYNKIN (1961), S. 22; HOWARD (1965), 7 ff.

418 Vgl. KEMENY/SNELL (1983), S. 43 ff.; HOWARD (1965), S. 13.

nehmer" einen absorbierenden Charakter hat. Jeder Franchisenehmer, der einmal aus dem Franchisesystem ausgestiegen ist, wird nicht mehr in dieses zurückkehren.[419] Daher werden im Weiteren zur Prognose der Franchisenehmerstruktur-Dynamik absorbierende Markov-Prozesse zugrunde gelegt.

Die Annahme einer konstanten Übergangsmatrix - *Stationaritätsannahme* -[420] führt dann zu falschen Ergebnissen, wenn sich Strukturverschiebungen ergeben. Strukturverschiebungen können sowohl intern (z.B. durch Auswirkungen von Marketing-Maßnahmen, verändertes Verhalten der Zentrale und ihrer Mitarbeiter gegenüber den Franchisenehmern) als auch extern (z.B. konjunkturelle Veränderungen, Änderung der Wettbewerbssituation, franchisenehmerbezogen) bedingt sein.[421] Unter Verwendung der Wert- oder Politik-Iteration können solche Zusammenhänge modellmäßig abgebildet werden.[422] Allerdings ist es nicht ausreichend, lediglich Strukturveränderungen zu erfassen. Vielmehr sind die mit Hilfe der Markov-Prozesse gewonnenen Informationen in das bestehende Informationssystem der Franchisezentrale zu integrieren. So können i.S.e. Frühwarnsystems mögliche Strukturverschiebungen frühzeitig erkannt und durch entsprechende Maßnahmen beeinflusst werden.

Hinsichtlich des Zustandsraumes kann zwischen *endlichem* (d.h. abzählbarem) und *unendlichem Zustandsraum* unterschieden werden.[423] Markov-Prozesse mit abzählbarem Zustandsraum, die zugleich zeitlich homogen sind, werden als *Markov-Ketten* bezeichnet.[424] Dabei sind *homogene* Markov-Pozesse dadurch gekennzeichnet, dass die Übergänge zu diskreten, äquidistanten Zeitpunkten erfolgen.[425] Die Prämisse der Homogenität drückt aus, dass das System zeitlich gleichbleibenden Einflüs-

---

419 Vgl. KRÜGER (1997), S. 145.

420 Zur Stationaritätsannahme vgl. exemplarisch ANDERSON/GOODMAN (1957); MASSY/MONTGOMERY/MORISSON (1970), S. 84 ff.; FERSCHL (1970), S. 19 f.

421 Zur Problematik von Strukturverschiebungen vgl. ausführlicher SACHENBACHER (1991), S. 53 ff.; MEFFERT/STEFFENHAGEN (1977), S. 104.

422 Vgl. HOWARD (1965), 32 ff.; MEYER ZU SELHAUSEN (1976), S. 435 f.

423 Eine sehr gute Darstellung der Theorie der Markov-Ketten mit endlichem Zustandsraum findet sich bei GORDON (1965). Vgl. auch SCHÄL (1990), S. 55 ff.

424 Vgl. SCHÄL (1990), S. IX; FERSCHL (1970), S. 13; DYNKIN (1961), S. 22.

425 Vgl. DYNKIN (1961), S. 31 ff.; HOWARD (1965), S. 3 ff.; FERSCHL (1970), S. 19 ff.; KEILSON (1979), S. 15 ff.; LAWLER (1995), S. 7 ff.; NORRIS (1997), S. 1 ff.

sen (Umweltbedingungen) unterliegt. Zur Prognose der zukünftigen Entwicklung reicht es daher aus, zwei aufeinander folgende Zeitpunkte zu betrachten.[426]

In der Realität werden sich die Übergänge eines Franchisenehmers allerdings nicht zu äquidistanten Zeitpunkten vollziehen. Daher ließe sich das Übergangsverhalten der Franchisenehmer grundsätzlich realistischer mit Hilfe *kontinuierlicher* Markov-Prozesse abbilden, da bei diesem Prozesstyp die Zeit zwischen zwei Übergängen eine Zufallsvariable ist.[427] Jedoch ist nicht nur der kontinuierliche Markov-Prozess selbst deutlich komplexer als ein diskreter Markov-Prozess, sondern auch die Datenbeschaffung und das Aufstellen der Übergangsmatrix gestalten sich äußerst aufwendig und stoßen in der Praxis schnell an Implementierungsgrenzen.[428] Deshalb wird in dieser Arbeit vorgeschlagen, zur Bewertung von Franchisenehmern auf diskrete Markov-Prozesse zurückzugreifen und durch die Wahl eines geeigneten Zeitrasters die Approximationsfehler, die mit einer Diskretisierung der Übergänge verbunden sind, möglichst gering zu halten.[429]

Zur Abbildung der Franchisenehmerstruktur erscheint ein Zeitraster von 1 Jahr geeignet, um die Dynamik umfassend abzubilden. Gegen kürzere Abstände spricht, dass Saisonschwankungen dann zu sehr ins Gewicht fallen und der eigentliche Entwicklungstrend nicht deutlich wird. Ferner ist die Franchisegeber-Franchisenehmer-Beziehung längerfristig angelegt,[430] sodass weitreichende Änderungen der Beziehung (z.B. hinsichtlich der Franchisenehmer-Zufriedenheit oder einer Verringerung des Betreuungsaufwandes aufgrund einer größeren Vertrautheit des Franchisenehmers mit dem System) sich nicht monatlich ergeben. Für einen 1-Jahres-Abstand spricht außerdem, dass viele Daten, die für dieses Modell erhoben werden müssen, ohnehin jährlich in Franchisesystemen (z.B. in Jahresgesprächen, Franchisenehmer-Zufriedenheitsanalysen oder wenn der Franchisegeber die Franchisenehmer bei der Erstellung der Jahresabschlüsse unterstützt) erhoben werden. Somit reduziert sich der Erhebungsaufwand deutlich.

---

426 Vgl. FERSCHL (1970), S. 9 ff.; HEYER (1979), S. 11 ff.; SCHÄL (1990), S. IX.

427 Vgl. HOWARD (1965), S. 3, 89 ff.; KEILSON (1979), S. 20 ff.; LAWLER (1995), S. 53 ff.; NORRIS (1997), S. 60 ff.

428 Vgl. MEYER ZU SELHAUSEN (1976), S. 433.

429 Vgl. MEYER ZU SELHAUSEN (1976), S. 433; SACHENBACHER (1991), S. 42 ff.

430 Vgl. nochmals Kap. 1 zur Definition des Franchising nach KAUB.

Eine weitere Verbesserung der Prognoseergebnisse kann erzielt werden, wenn die Übergangswahrscheinlichkeiten p_{ij} nicht ausschließlich auf Basis des letzten Überganges, sondern als arithmetisches Mittel der Übergangswahrscheinlichkeiten zweier zurückliegender Übergänge ermittelt werden. Zu Beginn der Untersuchung wird ein gegebener Franchisenehmerstamm im Jahre t_2 (im folgenden Anwendungsbeispiel handelt es sich um das Jahr 1998) zu Grunde gelegt und über einen Zeitraum von zwei Jahren (also bis t_0) jeweils zum gleichen Stichtag[431] beobachtet.[432] Hierdurch wird vermieden, dass einmalige Schwankungen in der Franchisenehmerstruktur in die Zukunft projiziert werden.[433]

Hauptziel der folgenden Untersuchung ist es aber nicht allein die Veränderung der Franchisenehmerstruktur zu prognostizieren, sondern den zukünftigen Wert des Franchisenehmerstammes bzw. der Franchisenehmergruppen zu ermitteln. Zur Bewertung der Franchisenehmer kann ein *Bewertungsverfahren* in den zuvor dargestellten Markov-Prozess integriert werden.[434] Ein solches Bewertungsverfahren muss berücksichtigen, dass der Partner Value von den Zuständen, die ein Franchisenehmer durchläuft, und der spezifischen Verweildauer in einem Zustand abhängt. Die spezifische Verweildauer kann identisch sein mit der Zeit zwischen zwei diskreten Zeitpunkten, wenn nach dem betrachteten Zustand der Franchisenehmer in einen anderen Zustand wechselt. Jedoch kann sich ein Franchisenehmer auch über mehrere diskrete Zeitpunkte hinweg in einem bestimmten Zustand befinden. Daher müssen zur Bewertung der gesamten Zustandskette die Zahlungsüberschüsse der einzelnen Zustände zusammenfasst werden. Dabei wird angenommen, dass jeweils die Zeit zwischen zwei Übergängen des diskreten Markov-Prozesses der Länge der Betrachtungsperiode entspricht, und die Zahlungsüberschüsse r_{ij}, welche die Franchisenehmer nach einem Übergang von Zustand i zu Zustand j für den Franchisegeber erbringen, dem Übergang selbst zugerechnet werden können.

Da im Rahmen von Markov-Prozessen den Franchisenehmern lediglich Wahrscheinlichkeiten dafür zugeordnet werden können, dass sie von einem Zustand in den

---

431 Als Stichtage galten der 31.12. 1998, 1999 und 2000.

432 Vgl. hierzu und im Folgenden MEYER ZU SELHAUSEN (1976), S. 433 ff.; SACHENBACHER (1991), S. 45 ff.

433 Vgl. SACHENBACHER (1991), S. 116.

434 Vgl. HOWARD (1965), S. 18 ff.

nächsten gelangen, kann auch der Zahlungsüberschuss, der mit einem solchen Übergang verbunden ist, nur als Erwartungswert q_i der in den möglichen Zielzuständen j erwirtschafteten Zahlungsüberschüsse ermittelt werden:

$$q_i = \sum_{j=1}^{n} p_{ij} \cdot r_{ij} \qquad \text{mit } (i = 1,\ldots,n)$$

Der gesamte Erwartungswert des Zahlungsüberschusses $v_i(t)$ eines Franchisenehmers, der sich zu Anfang des Markov-Prozesses in Zustand i befand, setzt sich zusammen aus

- dem Erwartungswert für den Zahlungsüberschuss q_i, der nach dem nächsten Übergang erbracht wird und
- dem Erwartungswert, der bei den Übergängen bis t_{-1} erzielt wurde.

Er lässt sich rekursiv mit Hilfe der folgenden Formel berechnen:

$$v_i(t) = q_i + \sum_{j=1}^{n} p_{ij} \cdot v_j(t-1) \qquad \text{mit } (i = 1,\ldots,n)$$

Der zeitliche Anfall der Zahlungsüberschüsse kann berücksichtigt werden, indem eine *Diskontierung* in den bewerteten Markov-Prozess eingebaut wird.[435] Auf diese Weise kann für jede Gruppe von Franchisenehmern, die sich im Anfangszeitpunkt in einem bestimmten Zustand i befinden, ein Erwartungswert für den Kapitalwert der zukünftigen Zahlungsüberschüsse berechnet werden.

Es wurde bereits herausgearbeitet, dass eine Bewertung der Franchisenehmer anhand des Kapitalwertes nicht optimal ist. Insbesondere wurde der Ansatz eines einheitlichen Zinssatzes kritisiert.[436] Eine wesentlich realistischere Bewertung der Franchisenehmer sowie des gesamten Franchisesystems ist hingegen mit Hilfe des VOFIs möglich.[437]

Daher sollten zunächst die Franchisenehmerstruktur-Dynamik und die originären Zahlungsüberschüsse im Rahmen *unbewerteter, homogener, absorbierender Markov-Prozesse* prognostiziert und dann in den VOFI integriert werden, um anschlie-

---

435 Vgl. HOWARD (1965), S. 73 ff.; MINE/OSAKI (1970), S. 4 ff.

436 Vgl. die Ausführungen in Kap. 3.2.2.

437 Vgl. die Ausführungen in Kap. 2.3.3.3.

ßend den SSV bzw. die Partner Values berechnen zu können. Hierzu sind die folgenden Schritte erforderlich:

Es sind geeignete *Zustandsvariablen* auszuwählen (vgl. Kap. 4.3.2), anhand derer *Zustände* (Franchisenehmer-Cluster) definiert werden können (vgl. Kap. 4.3.3), die jeweils eine eindeutig definierte Bedürfnisstruktur und damit einen einheitlichen Zahlungsüberschuss aufweisen.[438] Darauf aufbauend lässt sich die *Entwicklung der Franchisenehmerstruktur* (vgl. Kap. 4.3.4, 4.3.5) und der periodenindividuellen Zahlungsüberschüsse als Abfolge von Zuständen darstellen und in die Zahlungsfolgen der VOFIs zur Berechnung der Partner Values und des SSV integrieren (vgl. Kap. 4.4).

4.3.2 Auswahl geeigneter Zustandsvariablen und Festlegung der Variablenausprägungen

Bezugnehmend auf die vorangegangenen Ausführungen sind die folgenden Anforderungen an die Zustandsvariablen zu stellen:[439]

1. Zur Definition der Zustände sind nur diejenigen Zustandsvariablen heranzuziehen, die für die Inanspruchnahme der Franchisegeber-Leistungen und die damit verbundenen Ein- und Auszahlungen relevant sind.
2. Für die mit Hilfe der Zustandsvariablen definierten Zustände muss ein idealtypischer Zahlungsüberschuss ermittelt werden können. Franchisenehmer eines Zustandes sollen für den Franchisegeber einen ähnlich hohen Zahlungsüberschuss erwirtschaften.
3. Die Zustandsvariablen dürfen nur zu Zuständen führen, die in der jeweils untersuchten Franchisenehmerstruktur vertreten sind. Damit die Franchisenehmerstruktur-Dynamik realitätsnah abgebildet werden kann, müssen Übergänge zwischen den einzelnen Zuständen erfolgen können. Daher darf es sich bei den definierten Zuständen nicht lediglich nur um sog. Anfangs- oder Endzustände handeln.

---

438 Vgl. MEYER ZU SELHAUSEN (1989), S. 78.

439 Vgl. hierzu und im Folgenden SACHENBACHER (1991), S. 35; BACKHAUS/PLINKE/WEIBER (2000), S. 381 f.

4. Die Zustandsvariablen und die gebildeten Zustände müssen dem Franchisegeber operationale Ansatzpunkte[440] für franchisenehmerbezogene Entscheidungen und Maßnahmen im Rahmen des CVM bieten.
5. Die Zustandsvariablen sind so auszuwählen, dass sie zu einer adäquaten Anzahl an Zuständen führen. Diesbezüglich ist zu berücksichtigen, dass eine zu hohe Anzahl an Zuständen die Praktikabilität und Wirtschaftlichkeit der Bewertung einschränkt. Bei einer zu hohen Anzahl von Zuständen sind die Zustände nur noch schlecht voneinander abgegrenzt und es ist schwer bis gar nicht möglich, einzelne Franchisenehmer einem Zustand eindeutig zuzuordnen. Ferner stehen den mit einer zunehmenden Anzahl an Zuständen steigenden Auszahlungen für differenzierte Maßnahmen keine entsprechenden Einzahlungen gegenüber.[441] Allerdings darf die Anzahl der verschiedenen Zustände auch nicht zu gering sein, ansonsten wird der Aussagewert des Konzeptes bereits im Ansatz stark eingeschränkt.
6. Die Anzahl der zustandsbildenden Variablen sollte größer sein als die Anzahl der gebildeten Cluster/Zustände.
7. Die Zustandsvariablen müssen messbar, über einen längeren Zeitraum stabil sowie wirtschaftlich sein.

Grundsätzlich können alle Komponenten des Partner Value zur Definition der Zustände und damit als Zustandsvariablen herangezogen werden. Allerdings wird die Bedürfnisstruktur der Franchisenehmer am besten durch diejenigen Zustandsvariablen abgebildet, die direkt mit der Inanspruchnahme von Leistungen des Franchisegebers zusammenhängen.[442] Dies sind insbesondere die laufenden franchisenehmerbezogenen Ein- und Auszahlungen sowie die indirekten monetären Komponenten des Partner Value.[443] Wie die Ausführungen in Kap. 2.4.2 gezeigt haben, ändern sich die Ausprägungen dieser Komponenten je nach der persönlichen Entwicklung

---

440 Zu den Ansatzpunkten des CVM in Franchisesystemen vgl. nochmals die Ausführungen in Kap. 2.3.2.2.

441 Eine optimale Anzahl an Zuständen, sprich ein optimaler Grad an Differenzierung, ist dann erreicht, wenn der Grenzerlös der Differenzierung gleich den Grenzkosten der Differenzierung ist. Eine weitere Differenzierung (Einteilung des Zustandsraumes in weitere Zustände) wäre dann unvorteilhaft.

442 Vgl. SACHENBACHER (1991), S. 81 f.

443 Zu den monetären Komponenten des Partner Value vgl. die Ausführungen in Kap. 2.4.2.

des Franchisenehmers. Die Veränderungen spiegeln sich in der jeweiligen Bedürfnisstruktur der Franchisenehmer bzw. der Franchisenehmergruppe wider.

Je differenzierter die Ein- und Auszahlungen in einem Franchisesystem ermittelt werden, wenn also ein Franchisesystem z.B. statt einer einheitlichen umsatzabhängigen Gebühr je nach Sortimentskategorie unterschiedlich hohe Gebührensätze fordert, desto genauer kann die Entwicklung der Franchisenehmer untersucht werden. In dem folgenden Demonstrationsbeispiel hat das betrachtete Franchisesystem jedoch die laufenden Einzahlungen durch die umsatzabhängige Franchisegebühr sowie die laufenden Auszahlungen für Schulungen, Beratungen und Services jeweils nur in einer Größe erhoben.

Als Zustandsvariablen können daher in der folgenden Analyse die

- laufenden Einzahlungen,
- laufenden Auszahlungen,
- die Umsatzpotentialausschöpfungsquote und
- die indirekten monetären Komponenten

verwendet werden.

Damit die Analyse-Ergebnisse nicht verzerrt werden, dürfen nur nicht-korrelierte Variablen zur Clusterbildung herangezogen werden. Es ist daher in einem nächsten Schritt zu prüfen, ob die vorgeschlagenen Zustandsvariablen miteinander korreliert sind.

Die Berechnung eines geeigneten Korrelationskoeffizienten ist davon abhängig, welches Skalenniveau die Variablen aufweisen und ob die Werte der zustandsbildenden Variablen einer Normalverteilung folgen oder nicht.[444] Die laufenden Ein- und Auszahlungen sind DM-Beträge. Die anderen Zustandsvariablen weisen Werte zwischen 1 (= sehr gut) und 7 (= sehr schlecht) auf. Damit sind alle zur Zustandsbildung vorgeschlagenen Variablen metrisch skaliert.[445]

---

444 Vgl. BÜHL/ZÖFEL (2000), S. 200.

445 Zu den verschiedenen Skalenniveaus und deren Messung vgl. BACKHAUS/PLINKE/WEIBER (2000), S. XVIII ff.

Zur Überprüfung der Normalverteilung wird in dieser Untersuchung der LILLIEFORS-Test, eine Modifikation des KOLMOGOROV-SMIRNOV-Tests, verwendet. Erhält man als Ergebnis eine Irrtumswahrscheinlichkeit p kleiner als 0,05 (Spalte Signifikanz), weicht die Verteilung der Variablen signifikant von der Normalverteilung ab (vgl. Tab. 5).[446]

Tab. 5: Test auf Normalverteilung der zustandsbildenden Variablen

	Kolmogorov-Smirnov[a]		
	Statistik	df	Signifikanz
laufende Gebühren	,082	63	,200*
laufende Auszahlungen	,185	63	,000
Umsatzpotentialausschöpfungsquote	,212	63	,000
Referenzwert und akquisitorischer Wert	,262	63	,000
Kooperationswert	,230	63	,000
Innovationswert	,223	63	,000

*. Dies ist eine untere Grenze der echten Signifikanz.

a. Signifikanzkorrektur nach Lilliefors

Quelle: Eigene Berechnung.

Mit Ausnahme der laufenden Gebühren gilt im vorliegenden Demonstrationsbeispiel für alle zustandsbildenden Variablen $p < 0,05$. Daher kann nur für die Variable laufende Gebühren Normalverteilung angenommen werden.[447] Liegen wie in diesem Fall nicht-normalverteilte, metrisch skalierte Variablen vor, ist der Rangkorrelationskoeffizient nach SPEARMAN ein geeignetes Maß für die Stärke des Zusammenhangs zwischen den Variablen. SPEARMAN'S rho ist die nicht-parametrische Form des Korrelationskoeffizienten nach PEARSON.[448] SPEARMAN'S rho kann wie jeder andere Korrelationskoeffizient Werte zwischen -1 und 1 annehmen. Der absolute Wert gibt die

446 Mit dem KOLMOGOROV-SMIRNOV-Test wird die Anpassung der beobachteten Verteilung an die Normalverteilung überprüft. Geprüft wird die H_0-Hypothese: die beobachtete Verteilung entspricht der Normalverteilung gegen die H_1-Hypothese: die beobachtete Verteilung entspricht nicht der Normalverteilung. Vgl. SACHS (1999), S. 426 ff.

447 Vgl. BÜHL/ZÖFEL (2000), S. 206.

448 Vgl. BACHER (1994), S. 511 ff.; BÜHL/ZÖFEL (2000), S. 305.

Stärke der Korrelation an, während das Vorzeichen die Richtung der Korrelation ausdrückt.

Da die Variablen in unterschiedlichen Maßeinheiten erhoben wurden, werden die Ausgangsdaten zuvor standardisiert, um eine Vergleichbarkeit der Variablen zu ermöglichen und für die weitere Analyse Interpretationserleichterungen zu erzielen. Die Standardisierung erfolgt, indem die Differenz zwischen dem Mittelwert und dem jeweiligen Betrachtungswert einer Variablen gebildet wird und diese anschließend durch die Standardabweichung dividiert wird.[449]

$$z_{kj} = \frac{x_{kj} - \bar{x}_j}{s_j}$$

Symbole:

x_{kj}	Beobachtungswert der Variablen j bei Objekt k
$\bar{x}_j$	Durchschnitt aller Beobachtungswerte der Variablen j über alle Objekte
s_j	Standardabweichung der Variablen j
z_{kj}	standardisierter Beobachtungswert der Variablen j bei Objekt k

In den beiden folgenden Tabellen sind jeweils die Rangkorrelation nach SPEARMAN, die Signifikanz-Werte und die Anzahl der jeweiligen Wertepaare der standardisierten Variablen angegeben. Im vorliegenden Fall sind die indirekten monetären Komponenten miteinander höchst signifikant ($p < 0{,}001$) korreliert (vgl. Tab. 6). Daher werden die indirekten Komponenten zu einer Variablen, dem indirekten monetären Wert, zusammengefasst. Der reduzierte Satz an zustandsbildenden Variablen wird erneut auf Korrelation geprüft (vgl. Tab. 7).

---

449 Vgl. BACKHAUS/PLINKE/WEIBER (2000), S. 264.

Tab. 6: Test auf Korrelation der zustandsbildenden Variablen

			Z-Wert laufende Gebuhren	Z-Wert laufende Auszahlungen	Z-Wert Umsatzpotential-ausschöpfungsquote	Z-Wert Referenzwert und akquisitonscher Wert	Z-Wert Kooperations-wert	Z-Wert Innovations-wert
Spearman-Rho	Z-Wert laufende Gebuhren	Korrelationskoeffizient	1,000	,057	-,193	-,024	-,109	-,242
		Sig (2-seitig)	.	,658	,131	,853	,394	,057
		N	63	63	63	63	63	63
	Z-Wert laufende Auszahlungen	Korrelationskoeffizient	,057	1,000	,245	-,256	-,128	-,254
		Sig (2-seitig)	,658	.	,053	,043	,319	,044
		N	63	63	63	63	63	63
	Z-Wert Umsatzpotentialaus-schöpfungsquote	Korrelationskoeffizient	-,193	,245	1,000	,059	,238	,159
		Sig (2-seitig)	,131	,053	.	,647	,060	,214
		N	63	63	63	63	63	63
	Z-Wert Referenzwert und akquisitonscher Wert	Korrelationskoeffizient	-,024	-,256	,059	1,000	,626**	,778**
		Sig (2-seitig)	,853	,043	,647	.	,000	,000
		N	63	63	63	63	63	63
	Z-Wert Kooperationswert	Korrelationskoeffizient	-,109	-,128	,238	,626**	1,000	,806**
		Sig (2-seitig)	,394	,319	,060	,000	.	,000
		N	63	63	63	63	63	63
	Z-Wert Innovationswert	Korrelationskoeffizient	-,242	-,254	,159	,778**	,806**	1,000
		Sig (2-seitig)	,057	,044	,214	,000	,000	.
		N	63	63	63	63	63	63

** Korrelation ist auf dem Niveau von 0,01 signifikant (2-seitig)

Quelle: Eigene Berechnung.

Tab. 7: Test auf Korrelation des reduzierten Satzes an zustandsbildenden Variablen

			Z-Wert: laufende Gebühren	Z-Wert: laufende Auszahlungen	Z-Wert: Umsatzpotential-ausschöpfungsquote	Z-Wert: indirekter monetärer Wert
Spearman-Rho	Z-Wert: laufende Gebühren	Korrelationskoeffizient	1,000	,057	-,193	-,142
		Sig (2-seitig)	.	,658	,131	,265
		N	63	63	63	63
	Z-Wert: laufende Auszahlungen	Korrelationskoeffizient	,057	1,000	,245	-,256
		Sig. (2-seitig)	,658	.	,053	,043
		N	63	63	63	63
	Z-Wert: Umsatzpotentialaus-schöpfungsquote	Korrelationskoeffizient	-,193	,245	1,000	,132
		Sig. (2-seitig)	,131	,053	.	,302
		N	63	63	63	63
	Z-Wert: indirekter monetärer Wert	Korrelationskoeffizient	-,142	-,256	,132	1,000
		Sig. (2-seitig)	,265	,043	,302	.
		N	63	63	63	63

Quelle: Eigene Berechnung.

Tab. 7 ist zu entnehmen, dass zwischen den verbliebenen zustandsbildenden Variablen auf einem Niveau von 0,01 keine signifikante Korrelation vorliegt, sodass die Variablen *laufende Einzahlungen*, *laufende Auszahlungen*, *Umsatzpotentialausschöpfungsquote* und *indirekter monetärer Wert* zur Clusterung/Zustandsbildung herangezogen werden können (vgl. zusammenfassend Tab. 8).

Tab. 8: Zustandsbildende Variablen der Analyse

Zustandsbildende Variablen	
direkte monetäre Komponenten	• laufende Einzahlungen • laufende Auszahlungen • Umsatzpotentialausschöpfungsquote
indirekte monetäre Komponenten	• Referenzwert • Akquisitorischer Wert • Kooperationswert • Innovationswert

Quelle: Eigene Darstellung.

Als vorsteuernde Größen der monetären Komponenten sind die nicht-monetären Komponenten mit diesen korreliert.[450] Sie können daher zur näheren Charakterisierung der definierten Cluster herangezogen werden. Tabelle 9 gibt einen Überblick über die zustandsbeschreibenden Variablen der folgenden Analyse.

Tab. 9: Zustandsbeschreibende Variablen der Analyse

Zustandsbeschreibende Variablen	
nicht-monetäre Komponenten	• Franchisenehmer-Zufriedenheit • Systemzugehörigkeit • Verkaufsraum und -fläche • Außenbereich • Personal • Service • Sortiment • Qualifikation

Quelle: Eigene Darstellung.

450 Vgl. zum Einfluss der nicht-monetären Komponenten auf die monetären Komponenten des Partner Value Kap. 2.4.3.

Nachdem in diesem Kapitel die zustandsbildenden und -beschreibenden Variablen herausgearbeitet wurden, wird im folgenden Kap. 4.3.3 erläutert, wie die einzelnen Zustände, in denen sich die Franchisenehmer im Laufe der Geschäftsbeziehung mit dem Franchisegeber befinden, und der gesamte Zustandsraum bestimmt werden können.

4.3.3 Bestimmung möglicher Zustände und des gesamten Zustandsraumes

Für die Bildung von homogenen Gruppen von Franchisenehmern zur Einteilung des Zustandsraumes wird das multivariate Verfahren der Clusteranalyse gewählt. Ziel der Clusteranalyse ist es, anhand von vorgegebenen Variablen Gruppen von Fällen zu bilden. Bei den Fällen handelt es sich um Objekte oder Personen, in diesem Demonstrationsbeispiel sind es die Franchisenehmer. Die zu einer Gruppe zusammengefassten Franchisenehmer sollten möglichst ähnliche Variablenausprägungen aufweisen, die Franchisenehmer unterschiedlicher Gruppen möglichst verschiedene.[451] Zur Quantifizierung der Ähnlichkeit bzw. der Distanz zwischen den Franchisenehmern ist ein geeignetes Proximitätsmaß auszuwählen.

4.3.3.1 Wahl eines geeigneten Proximitätsmaßes

Grundsätzlich lassen sich zwei Arten von Proximitätsmaßen unterscheiden:[452]

- *Ähnlichkeitsmaße* geben die Ähnlichkeit zwischen zwei Franchisenehmern an. Je größer der Wert eines Ähnlichkeitsmaßes, desto ähnlicher sind sich zwei Franchisenehmer.
- *Distanzmaße* sind ein Maß für die Unähnlichkeit zwischen zwei Franchisenehmern. Je größer die Distanz ist, desto unähnlicher sind sich die zwei Franchisenehmer.

Zu berücksichtigen ist, dass die Wahl des Proximitätsmaßes vom Skalenniveau der zu verwendenden zustandsbildenden Variablen abhängig ist. Da in dem betrachteten

---

451 Vgl. BLEYMÜLLER (1989), S. 129 ff.; BACKHAUS/PLINKE/WEIBER (2000), S. 329; BÜHL/ZÖFEL (2000), S. 434; BROSIUS/BROSIUS (1995), S. 863 ff.

452 Vgl. BACHER (1994), S. 198 ff.

Demonstrationsbeispiel die Variablen metrisch skaliert sind, ist für die weitere Analyse ein Proximitätsmaß für metrisch skalierte Variablen auszusuchen.[453] Darüber hinaus sind inhaltliche Erwägungen zu berücksichtigen. Soll der Gleichlauf zweier Profile untersucht werden, so ist ein Ähnlichkeitsmaß geeignet. Steht hingegen der absolute Abstand von Objekten bzw. von Personen wie bei der Franchisenehmer-Bewertung im Fokus der Betrachtung, so ist ein Distanz-Maß zu wählen.[454] In praktischen Anwendungen stellen für metrisch skalierte Variablen die MINKOWSKI-Metriken, auch L-Normen genannt, weit verbreitete Distanzmaße dar. Sie lassen sich folgendermaßen berechnen:

$$d_{k,l} = \left[\sum_{j=1}^{J} \left| x_{kj} - x_{lj} \right|^{r} \right]^{\frac{1}{r}}$$

Symbole:

$d_{k,l}$	Distanz der Objekte k und l
x_{kj}, x_{lj}	Wert der Variablen bei Objekt k, l (j=1, 2, ..., J)
$r \geq 1$	MINKOWSKI-Konstante

Für r=1 erhält man die City-Block-Metrik (L_1-Norm) und für r=2 die quadrierte EUKLIDISCHE Distanz (L_2-Norm). Bei Anwendung der quadrierten EUKLIDISCHEN Distanz erhalten kleinere Distanzwerte ein geringeres Gewicht und größere Distanzwerte ein höheres Gewicht. Anwendungsvoraussetzungen sind einheitliche bzw. zuvor standardisierte Werte. Da viele Fusionierungsalgorithmen auf der quadrierten EUKLIDISCHEN Distanz aufbauen, wird diese als Proximitätsmaß für die weitere Analyse herangezogen.[455] Der nächste Schritt ist die Wahl eines geeigneten Fusionierungsalgorithmus.

---

453 Vgl. BACKHAUS/PLINKE/WEIBER (2000), S. 331 f.

454 BACKHAUS/PLINKE/WEIBER (2000), S. 344 f.

455 Vgl. BACKHAUS/PLINKE/WEIBER (2000), S. 340 ff.; BÜHL/ZÖFEL (2000), S. 450; ANDERBERG (1973), S. 101 f.; VOGEL (1975), S. 84 f.; BACHER (1994), S. 238 ff.

4.3.3.2 Bestimmung des Fusionierungsalgorithmus

Hinsichtlich der *Vorgehensweise im Fusionierungsprozess* sind

- graphentheoretische Verfahren,
- Optimierungsverfahren,
- partitionierende Verfahren
- und hierarchische Verfahren

zu unterscheiden.

Den ersten beiden Verfahren kommt in der Praxis nur eine untergeordnete Rolle zu; sie werden daher in dieser Arbeit nicht näher betrachtet. Die partitionierenden Verfahren gehen von einer gegebenen Gruppierung (Startpartition) aus und ordnen die einzelnen Elemente mit Hilfe eines Austauschalgorithmus so lange um, bis eine gegebene Zielfunktion ein Optimum erreicht.

Bei den hierarchischen Verfahren lassen sich divisive und agglomerative Algorithmen unterscheiden. Die *divisiven Algorithmen* gehen von der gröbsten Partition aus und teilen die Gesamtheit an Objekten bzw. Personen in Gruppen auf. Hingegen gehen *agglomerative Algorithmen* von der feinsten Partition aus und fassen die Objekte oder Personen zu Gruppen zusammen. Zu den wichtigsten hierarchischen, agglomerativen Algorithmen in der Praxis zählen das Single-Linkage-, das Complete-Linkage- und das Ward-Verfahren.[456]

Dadurch, dass das Single-Linkage-Verfahren als neue Distanz zwischen zwei Gruppen immer den kleinsten Wert der Einzeldistanzen nimmt, ist es geeignet, Ausreißer in einer Stichprobe zu identifizieren. Als kontrahierendes Verfahren tendiert Single-Linkage dazu, viele kleine und wenige große Gruppen zu bilden. Die kleinen Gruppen bieten Hinweise zur Identifikation von Ausreißern unter den Objekten/Personen. Jedoch weist das Verfahren dadurch den Nachteil auf, dass es aufgrund der großen

---

456 Vgl. BACKHAUS/PLINKE/WEIBER (2000), S. 48 ff.

Gruppen zur Kettenbildung neigt, sodass schlecht getrennte Gruppen nicht aufgedeckt werden.

Es ist daher sinnvoll, dass Single-Linkage-Verfahren zur Identifikation von Ausreißern zu verwenden, und anschließend zur eigentlichen Clusterung das Complete-Linkage oder das Ward-Verfahren heranzuziehen.[457] Da nach einer Untersuchung von BERGS das Ward-Verfahren im Vergleich zu anderen Algorithmen meist sehr gute Partitionen findet und es i.d.R. die Objekte den richtigen Gruppen zuordnet,[458] wird in dieser Untersuchung die Clusterung mit Hilfe des Ward-Verfahrens durchgeführt.[459]

4.3.3.3 Ermittlung möglicher Zustände

Das Ward-Verfahren fasst diejenigen Gruppen zusammen, die ein vorgegebenes Heterogenitätsmaß am wenigsten vergrößern. Ziel ist es, Objekte/Personen bzw. Gruppen zu fusionieren, welche die Streuung (Varianz) in einer Gruppe möglichst wenig erhöhen. Als Konsequenz entstehen relativ homogene Cluster.[460]

Die optimale Anzahl an Clustern bzw. Zuständen kann mit Hilfe des Elbow-Kriteriums bestimmt werden. Es gibt den Fusionsschritt an, bei dem das Varianzkriterium, auch Fehlerquadratsumme genannt, sprunghaft ansteigt.[461]

Das folgende Struktogramm zeigt für die ausgewählten Zustandsvariablen die Entwicklung der Fehlerquadratsumme in Abhängigkeit von der Anzahl der Cluster/Zustände (vgl. Abb. 24).

---

457 Vgl. BACKHAUS/PLINKE/WEIBER (2000), S. 357 f.

458 Vgl. BERGS (1981), S. 91 ff.

459 Im Rahmen des vorgeschalteten Single-Linkage-Verfahrens wurden keine Ausreißer identifiziert, sodass alle 63 Franchisenehmer in die Clusteranalyse einbezogen werden können.

460 Vgl. BLEYMÜLLER (1989), S. 194 f.; BACKHAUS/PLINKE/WEIBER (2000), S. 359 ff.

461 Vgl. BACKHAUS/PLINKE/WEIBER (2000), S. 375 ff.

Abb. 24: Struktogramm der Clusteranalyse nach dem Ward-Verfahren

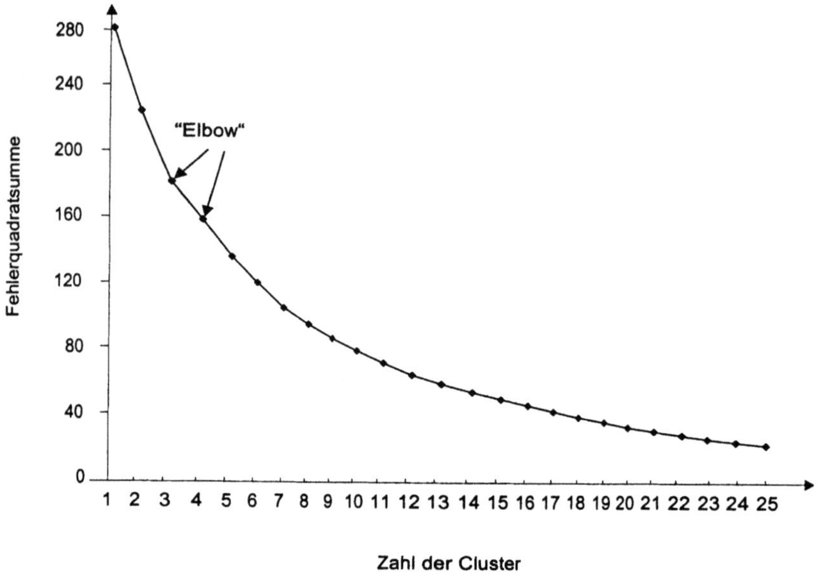

Quelle: Eigene Darstellung.

Der Kurvenverlauf lässt bei den Clusterzahlen 3 und 4 zwei Knickstellen erkennen. Damit weist die Entwicklung der Fehlerquadratsumme keinen eindeutigen "Elbow" als Auswahlkriterium für die Clusterzahl auf. Vergleicht man den Heterogenitätszuwachs zwischen den Clustern 4 und 5 bzw. 3 und 4, so zeigt sich, dass der Heterogenitätszuwachs zwischen 3 und 4 etwas größer ist.[462] Das bedeutet, dass die 4-Cluster-Lösung als sehr gut einzustufen ist.

462 Der Heterogenitätszuwachs zwischen den Clustern 4 und 5 beträgt 22,29; der zwischen den Clustern 3 und 4 beträgt hingegen 23,667.

Für die weitere Vorgehensweise ist zu prüfen, inwiefern die vier bisher ermittelten Cluster Konsistenz aufweisen (vgl. Kap. 4.3.3.4). Nur wenn die Cluster konsistent sind, kann davon ausgegangen werden, dass diese Gruppen zur Definition des Zustandsraumes geeignet sind und eine valide Basis für die Projektion in die Zukunft darstellen.

4.3.3.4 Prüfung der Cluster auf Konsistenz

Mit Hilfe der Diskriminanzanalyse werden die zuvor ermittelten Cluster auf Konsistenz überprüft. Ziel ist es festzustellen, ob eine Klassifikationsfunktion aufgestellt werden kann, die eine eindeutige Trennung der vorgegebenen Cluster ermöglicht. Die von FISHER entwickelten Klassifikationsfunktionen stellen einen sehr guten Ansatz dar, um eine Klassifizierung anhand der Merkmalswerte (ohne Diskriminanzfunktionen) vornehmen zu können. Ein weiterer Vorteil dieser Klassifikationsfunktionen im Hinblick auf die Prognose der Franchisenehmerstruktur-Dynamik ist, dass Sprünge der Franchisenehmer zwischen den Clustern festgestellt und neue Franchisenehmer den vorhandenen Clustern zugeordnet werden können.[463] Damit die Klassifikationsfunktion ermittelt werden kann, müssen metrisch skalierte Variablen und homogene Gruppen vorliegen.[464]

Die Homogenität der gefundenen Gruppen kann anhand der F-Werte beurteilt werden. Für jede Variable einer Gruppe kann der F-Wert folgendermaßen berechnet werden:

$$F = \frac{V(J,G)}{V(J)}$$

Symbole:

V(J,G)	Varianz der Variable J in Gruppe G
V(J)	Varianz der Variable J in der Erhebungsgesamtheit

463 Vgl. SACHENBACHER (1991), S. 98.

464 Vgl. hierzu und im Folgenden BACKHAUS/PLINKE/WEIBER (2000), S. 180.

In Tab. 10 sind die F-Werte für die vier ermittelten Cluster dargestellt.

Tab. 10: F-Werte für die 4-Cluster-Lösung

zustandsbildende Variablen	Cluster 1 n = 27; 42,9%	Cluster 2 n = 12; 19%	Cluster 3 n= 10; 15,9%	Cluster 4 n = 14; 22,2%	Insgesamt n = 63
laufende Gebühr	0,60636	0,67461	2,01020	0,41680	---
laufende Auszahlungen	0,86204	0,98161	0,96516	0,30625	---
Umsatzpotential-ausschöpfungs-quote	0,47605	0,15948	1,06418	0,35776	---
indirekter monetärer Wert	0,39048	0,58432	0,15885	0,26522	---

Quelle: Eigene Berechnung.

Je größer der F-Wert ist, desto höher ist die Streuung der Variablen J in der Erhebungsgesamtheit. Der F-Wert sollte nicht größer als 1 sein, da sonst die Streuung der Variablen J in der Gruppe G größer ist als in der Erhebungsgesamtheit. Sind die F-Werte aller Variablen eines Clusters kleiner als 1, kann das Cluster als vollkommen homogen bezeichnet werden.[465]

Bei den Clustern 1, 2 und 4 handelt es sich um vollkommen homogene Cluster, da die F-Werte aller Variablen für diese Cluster kleiner als 1 sind. Lediglich für das Cluster 3 ergeben sich für die Variablen laufende Gebühr und Umsatzpotentialausschöpfungsquote F-Werte, die größer als 1 sind. Das bedeutet, dass die Variablen in Cluster 3 eine größere Heterogenität aufweisen als in der Erhebungsgesamtheit. Da jedoch die F-Werte der beiden anderen Variablen laufende Auszahlungen und indirekter monetärer Wert kleiner als 1 sind, kann davon ausgegangen werden, dass insgesamt vier homogene Cluster vorliegen, und somit die Anwendungsvoraussetzungen der Klassifikationsfunktionen nach FISHER gegeben sind.

Für jedes der vier Cluster ist eine separate Klassifizierungsfunktion der folgenden Form zu bestimmen:[466]

---

465 Vgl. BACKHAUS/PLINKE/WEIBER (2000), S. 378.

466 Vgl. BACKHAUS/PLINKE/WEIBER (2000), S. 180 f.

$$F_i = b_{0i} + b_{1i} Z_1 + b_{2i} Z_2 + ... + b_{Ji} Z_J$$

Symbole:

F_i Funktionswert der Klassifikationsfunktion i, mit i = 1, 2,..., n

b_{0i} Konstante der Klassifikationsfunktion i

b_{ji} Klassifikationskoeffizient der Klassifikationsfunktion i, mit j = 1, 2,..., J

Z_j standardisierte Merkmalswerte der Variablen j, mit j = 1, 2,..., J

Für das Demonstrationsbeispiel sind die nachfolgenden Klassifizierungskoeffizienten berechnet worden (vgl. Tab. 11):

Tab. 11: Klassifizierungskoeffizienten nach FISHER

	Klassifizierungskoeffizienten nach Fisher			
	1	2	3	4
Z-Wert: laufende Gebühren	-1,2E-02	1,596	,809	-1,923
Z-Wert: laufende Auszahlungen	,101	-,486	-1,939	1,607
Z-Wert: Umsatzpotentialausschöpfungsquote	-,950	3,950	-,408	-1,261
Z-Wert: indirekter monetärer Wert	1,534	2,253	-5,009	-1,312
(Konstant)	-2,025	-4,908	-6,077	-3,085

Quelle: Eigene Berechnung.

Damit lassen sich die folgenden Klassifizierungsfunktionen aufstellen:

$$F_1 = -2{,}025 - 0{,}012\, Z_1 + 0{,}101\, Z_2 - 0{,}950\, Z_3 + 1{,}534\, Z_4$$

$$F_2 = -4{,}908 + 1{,}596\, Z_1 - 0{,}486\, Z_2 + 3{,}950\, Z_3 + 2{,}253\, Z_4$$

$$F3 = -6{,}077 + 0{,}809\, Z_1 - 1{,}939\, Z_2 - 0{,}408\, Z_3 - 5{,}009\, Z_4$$

$$F4 = -3{,}085 - 1{,}923\, Z_1 + 1{,}607\, Z_2 - 1{,}261\, Z_3 - 1{,}312\, Z_4$$

Zur Durchführung der Klassifizierung eines Franchisenehmers wird für jedes Cluster i ein Funktionswert F_i berechnet. Ein Franchisenehmer ist demjenigen Cluster mit dem höchsten Funktionswert F_i zuzuordnen.[467] Indem untersucht wird, ob sich die Fran-

467 Vgl. BACKHAUS/PLINKE/WEIBER (2000), S. 181.

chisenehmer mit der geschätzten Klassifikationsfunktion den Clustern richtig zuordnen lassen oder von der ursprünglichen Clusterzugehörigkeit, die aufgrund der Ergebnisse der Clusteranalyse bekannt sind, deutlich abweichen, kann die Güte der Klassifikationsfunktionen untersucht werden. Im vorliegenden Beispiel werden 60 von 63 Franchisenehmern durch die Klassifikationsfunktion richtig klassifiziert. Mit 95,24% richtig klassifizierter Fälle ist die Güte der Klassifikationsfunktion sehr hoch.[468] Folglich hat die zuvor durchgeführte Clusteranalyse zu konsistenten Clustern geführt. Mit Hilfe der erhaltenen und überprüften Cluster lässt sich der Zustandsraum abschließend festlegen und näher charakterisieren (vgl. Kap. 4.3.3.5).

4.3.3.5 Festlegung und Charakterisierung des Zustandsraumes

Als Ausgangsbasis für die Festlegung des Zustandsraumes dienen die vier ermittelten Cluster.[469] Erste Anhaltspunkte zur Interpretation liefern die Mittelwerte und die t-Werte der zustandsbildenden Variablen (vgl. Tab. 12).

Tab. 12: Mittelwerte und t-Werte der zustandsbildenden Variablen

zustandsbildende Variablen	Kennzahl	Cluster 1 n = 27; 42,9%	Cluster 2 n = 12; 19%	Cluster 3 n= 10; 15,9%	Cluster 4 n = 14; 22,2%	Insgesamt n = 63
laufende Gebühr	Mittelwert	39.823,6311	39.462,5158	64.376,9250	19.068,3757	39.039,9165
	t-Wert	0,02796	0,015077	0,90397	-0,71254	---
laufende Auszahlungen	Mittelwert	32.877,4681	37.326,4833	32.575,8400	44.791,7800	36324,6470
	t-Wert	-0,36013	0,10466	-0,39164	0,88456	---
Umsatzpotentialausschöpfungsquote	Mittelwert	3,07	5,83	3,00	3,86	3,76
	t-Wert	-0,69	1,4375	-0,52778	0,06944	---
indirekter monetärer Wert	Mittelwert	4,0370	4,1111	1,5333	2,7381	3,3651
	t-Wert	0,56207	0,62406	-1,53237	-0,52451	---

Quelle: Eigene Berechnung.

468 Vgl. zu den Berechnungen Anhang II, S. 2.

469 Vgl. SACHENBACHER (1991), S. 104.

Bei den t-Werten handelt es sich um normierte Werte. Positive Werte zeigen an, dass eine Variable in einer Gruppe, verglichen mit der Erhebungsgesamtheit, überrepräsentiert ist; hingegen zeigen negative Werte an, dass eine Variable in einer Gruppe, verglichen mit der Erhebungsgesamtheit, unterrepräsentiert ist. Der t-Wert kann für jede Variable in einer Gruppe wie folgt ermittelt werden:[470]

$$t = \frac{\overline{X}(J,G) - \overline{X}(J)}{S(J)}$$

Symbole:

$\overline{X}(J,G)$ Mittelwert der Variablen J über die Objekte in Gruppe G

$\overline{X}(J)$ Gesamtmittelwert der Variablen J in der Erhebungsgesamtheit

S(j) Standardabweichung der Variablen J in der Erhebungsgesamtheit

Die in Tab. 13 abgebildeten Variablen wurden aufgrund ihrer hohen Korrelation mit den zustandsbildenden Variablen nicht in die Clusteranalyse einbezogen, um die Ergebnisse der Analyse nicht zu verzerren.[471] Die Mittelwerte dieser Variablen eignen sich jedoch gerade wegen dieser Korrelation gut zur weiteren Beschreibung der Cluster. Zusätzlich ist in der letzten Zeile der Tab. 13 der Zahlungsüberschuss der Cluster mit aufgenommen worden. Er ergibt sich als Differenz zwischen der laufenden Gebühr und den laufenden Auszahlungen.

---

470 Vgl. hierzu und im Folgenden BACKHAUS/PLINKE/WEIBER (2000), S. 379 f.

471 Vgl. Kap. 4.3.2.

Tab. 13: Mittelwerte der zustandsbeschreibenden Variablen

zustandsbeschreibende Variablen	Cluster 1 n = 27; 42,9%	Cluster 2 n = 12; 19%	Cluster 3 n= 10; 15,9%	Cluster 4 n = 14; 22,2%	Insgesamt n = 63
Verkaufsraum und -fläche	141,37	209,75	193,70	166,14	168,21
Systemzugehörigkeit	4,78	4,33	3,20	2,79	4,00
Außenbereich	2,59	2,67	2,00	2,50	2,49
Personal	2,11	2,58	1,70	2,21	2,16
Service	2,63	3,17	1,70	2,36	2,52
Sortiment	2,44	2,75	1,60	2,21	2,32
Qualifikation	2,48	2,67	1,40	2,00	2,24
Franchisenehmer-zufriedenheit	2,85	3,42	1,90	2,57	2,75
Zahlungsüberschuss*	6.936,14	2.136,03	31.801,09	-25.723,40	2.715,27

Quelle: Eigene Berechnung.

Mit durchschnittlich 31.801,09 DM weist das *Cluster 3* den höchsten Zahlungsüberschuss pro Franchisenehmer auf. Dem Cluster gehören 10 Franchisenehmer (15,9% des gesamten Franchisenehmerstammes) an. Die Franchisenehmer dieses Clusters zahlen die höchsten laufenden Gebühren (durchschnittlich 64.376,93 DM) an den Franchisegeber. Zugleich entstehen dem Franchisegeber die niedrigsten laufenden Auszahlungen (32.575,84 DM) für Schulungen und die laufende Betreuung. Die Umsatzpotentialausschöpfungsquote ist befriedigend und damit vergleichbar mit der des Clusters 1. Die Franchisenehmer des *Clusters 3* sind im Schnitt erst 3,2 Jahre und damit unterdurchschnittlich lang im Franchisesystem. Trotz der kurzen Systemzugehörigkeit verfügen diese Franchisenehmer bereits über einen exzellenten Marktauftritt: Der Außenbereich, das Personal, der Service und das Sortiment der Franchisenehmerbetriebe sowie die verkäuferische und fachliche Qualifikation der Franchisenehmer und ihres Personals sind überdurchschnittlich gut. Diese Faktoren dürften für den hohen Umsatz der Franchisenehmer verantwortlich sein. Zugleich ist der indirekte monetäre Wert der Franchisenehmer dieses Clusters sehr gut (1,533) und die Franchisenehmer sind mit dem Franchisesystem und den Leistungen des Franchisegebers überdurchschnittlich gut (1,9) zufrieden. Zusammenfassend lassen sich die Franchisenehmer aus Cluster 3 als *"die Wertvollen"* bezeichnen.

Den zweithöchsten Zahlungsüberschuss (6.936,14 DM) pro Franchisenehmer weist das *Cluster 1* auf. Es ist mit 27 (42,9%) Franchisenehmern das größte Cluster. Mit durchschnittlich 39.823,63 DM an laufenden Gebühren pro Franchisenehmer steht das Cluster hinsichtlich des Gebührenaufkommens, trotz der kleinsten durchschnittlichen Verkaufsfläche (141,37m^2), an zweiter Stelle. Zugleich weist es mit 32.877,47 DM die zweitniedrigsten laufenden Auszahlungen pro Franchisenehmer auf. Die Umsatzpotentialausschöpfungsquote ist befriedigend (3,07) und liegt damit über dem Durchschnitt aller Franchisenehmer. Allerdings ist auch in diesem Cluster das Umsatzpotential nicht ausgeschöpft, sodass die Franchisenehmer noch höhere Umsätze erzielen könnten, woraus für den Franchisegeber höhere Einzahlungen resultierten. Betrachtet man die zustandsbeschreibenden Variablen genauer, so stellt man fest, dass die Variablen Außenbereich, Personal, Service, Sortiment und Qualifikation des Franchisenehmers und seines Personal durchschnittliche Werte annehmen und damit einen geringen Beitrag zur Charakterisierung dieses Clusters leisten. Hingegen lässt sich mit der überdurchschnittlichen Systemzugehörigkeit (4,78 Jahre) der geringe Betreuungsaufwand erklären.[472] Jedoch sind die Franchisenehmer dieses Clusters eher weniger zufrieden (2,85) und weisen einen unterdurchschnittlichen indirekten monetären Wert (4,0370) auf. Sie können als *"die betreuungsarmen Passiven"* charakterisiert werden.

Den zweitniedrigsten Zahlungsüberschuss (2.136,03 DM) pro Franchisenehmer weist das *Cluster 2* auf. Es ist mit 12 (19%) Franchisenehmern ein sehr kleines Cluster. Die Franchisenehmer erbringen im Vergleich zu den betreuungsarmen Franchisenehmern des Clusters 1 fast genauso hohe laufende Gebühren (39.462,52 DM), sind aber wesentlich betreuungsintensiver; sie verursachen durchschnittlich 37.326,48 DM an laufenden Auszahlungen für den Franchisegeber. Darüber hinaus wird das Umsatzpotential von diesen Franchisenehmern nur schlecht (5,83) ausgeschöpft und ihr indirekter Wert ist unterdurchschnittlich (4,111). Der geringe Zahlungsüberschuss der Franchisenehmer dieses Clusters ist umso erstaunlicher, als dass die Franchisenehmerbetriebe die höchste durchschnittliche Verkaufsfläche (209,75 m^2) aufweisen. Ferner ist verwunderlich, dass die mit 4,33 Jahren zweitlängste Systemzugehörigkeit im Gegensatz zu Cluster 1 nicht zu einem geringeren, sondern zu einem höheren Betreuungsaufwand führt. Dieses Phänomen lässt

472 Vgl. Kap. 2.4.3.

sich mit Hilfe der verbleibenden zustandsbeschreibenden Variablen erklären: Die Variablen Außenbereich, Personal, Service, Sortiment und Qualifikation des Franchisenehmers und seines Personal sowie die Franchisenehmer-Zufriedenheit nehmen deutlich unterdurchschnittliche Werte an. Zusammen mit dem schlechten indirekten monetären Wert dieser Franchisenehmer stellen diese zustandsbeschreibenden Variablen (und Charakteristika der Franchisenehmerbetriebe) Ansatzpunkte für wertsteigernde Maßnahmen des Franchisegebers dar. Plakativ kann dieses Cluster von Franchisenehmern als *"die betreuungsintensiven Unmotivierten"* bezeichnet werden.

Cluster 4 weist mit -25.723,40 DM den mit Abstand geringsten Zahlungsüberschuss auf. Die laufenden Auszahlungen in Höhe von durchschnittlich 44.791,78 DM übersteigen bei weitem die laufenden Einzahlungen in Höhe von 19.068,38 DM. Dabei sind die laufenden Auszahlungen im Vergleich zu den anderen Clustern überdurchschnittlich hoch, während die laufenden Einzahlungen und die Ausschöpfung des Umsatzpotentials unterdurchschnittlich ausfallen. Die Franchisenehmer weisen einen befriedigenden bis guten indirekten monetären Wert, gute Werte für den Außenbereich, das Personal, den Service, das Sortiment und die Qualifikation der Franchisenehmer und ihres Personals auf. Darüber hinaus sind die Franchisenehmer mit den Leistungen des Franchisegebers zufrieden (2,57). Zusammenfassend lässt sich feststellen, dass *Cluster 4* betreuungsintensive Franchisenehmer, die dem System noch nicht lange angehören, enthält. Sie können als "die betreuungsintensiven Neuen" betitelt werden.

Die vier zuvor dargestellten Cluster sind um den sogenannten absorbierenden Zustand "Nicht-mehr-Franchisenehmer" zu ergänzen, um den Zustandsraum abschließend zu definieren. Formal ist ein absorbierender Zustand dadurch gekennzeichnet, dass ein Übergang in rentablere Zustände nicht mehr möglich ist.[473] Der absorbierende Zustand ist mit ehemaligen Franchisenehmern des betrachteten Franchisesystems besetzt, die mittlerweile aus dem Franchisesystem ausgeschieden sind (materielles Merkmal).

Zusammenfassend ergibt sich der folgende Zustandsraum, der einen absorbierenden Zustand (Cluster 5) aufweist:

---

473 Vgl. hierzu die Ausführungen in Kap. 4.3.1.

Zustandsraum = (Cluster 1; Cluster 2; Cluster 3; Cluster 4; Cluster 5)

Mit Hilfe der berechneten relativen Häufigkeiten der Franchisenehmer pro Zustand (Cluster)[474] kann der Zustandsvektor $\vec{p}_{-2}$ [475] ermittelt werden:

$\vec{p}_{-2}$ = (0,429; 0,19; 0,159; 0,222; 0)

Nachdem in diesem Kapitel der Zustandsraum abschließend definiert worden ist, sind für die spätere Prognose der Franchisenehmerstruktur-Dynamik die Übergangswahrscheinlichkeiten zu prognostizieren. Diesbezüglich wurde bereits in Kap. 4.3.1 herausgearbeitet, dass bessere Prognoseergebnisse erzielt werden können, wenn die Übergangswahrscheinlichkeiten p_{ij} nicht ausschließlich auf Basis des letzten Überganges, sondern als arithmetisches Mittel der Übergangswahrscheinlichkeiten zweier zurückliegender Übergänge ermittelt werden. Durch diese Vorgehensweise wird vermieden, dass einmalige Schwankungen in der Franchisenehmerstruktur in die Zukunft projiziert werden.

Daher werden in Kap. 4.3.4 zunächst die Übergänge zwischen den Clustern nach Ablauf der ersten und der zweiten Betrachtungsperiode separat festgestellt, um darauf aufbauend die Übergangswahrscheinlichkeiten auf Basis der beiden zurückliegenden Übergänge ermitteln zu können.

4.3.4 Prognose der Übergangswahrscheinlichkeiten

Um die Übergänge zwischen den Franchisenehmer-Clustern von t = -2 zu t = -1 zu messen, ist in einem ersten Schritt zu ermitteln, welchen Clustern die Franchisenehmer in t = -1 zuzuordnen sind.[476] Dabei wird zunächst von Neuzugängen abstrahiert. Für das zugrunde gelegte Demonstrationsbeispiel bedeutet das, dass vorerst nur die 63 Franchisenehmer aus dem Jahre 1998 berücksichtigt werden.

Die Zuordnung der Franchisenehmer zu den vier nicht-absorbierenden Zuständen kann mit Hilfe der zuvor ermittelten Klassifizierungsfunktionen vorgenommen werden, indem die Franchisenehmer jeweils demjenigen Cluster mit dem höchsten

---

474 Vgl. die Tabellen 12 und 13.

475 Als Stichtag gilt der 31.12.1998.

476 Als Stichtag für die Ermittlung des Zustandsvektors $\vec{p}_{-1}$ gilt der 31.12.1999.

Funktionswert F_i zugeordnet werden.[477] Der absorbierende Zustand "Nicht-mehr-Franchisenehmer" (Cluster 5) wird mit den Franchisenehmern besetzt, die das Franchisesystem zwischen t = -2 und t = -1 verlassen haben.

Als Ergebnis der Zuordnung[478] erhält man den vorläufigen Zustandsvektor $\vec{p}_{-1}*$ und die Übergangsmatrix der ersten Betrachtungsperiode (vgl. Tab. 14):[479]

$\vec{p}_{-1}* = (0{,}25;\ 0{,}37;\ 0{,}17;\ 0{,}13;\ 0{,}08)$

Tab. 14: Übergangsmatrix der ersten Betrachtungsperiode

Zustand	1	2	3	4	5	$\vec{p}_{-2}$
1	13 **0,48**	12 **0,44**	1 **0,04**	0 **0,00**	1 **0,04**	27 **0,43**
2	1 **0,08**	8 **0,67**	0 **0,00**	0 **0,00**	3 **0,25**	12 **0,19**
3	1 **0,1**	0 **0,00**	9 **0,90**	0 **0,00**	0 **0,00**	10 **0,16**
4	1 **0,07**	3 **0,21**	1 **0,07**	8 **0,58**	1 **0,07**	14 **0,22**
5	0 **0,00**	0 **0,00**	0 **0,00**	0 **0,00**	0 **1,0**	0 **0,00**
$\vec{p}_{-1}*$	16 **0,25**	23 **0,37**	11 **0,17**	8 **0,13**	5 **0,08**	Σ **63**

Quelle: Eigene Berechnung.

Neben den absoluten Häufigkeiten der Übertritte ist der Übergangsmatrix zu entnehmen, mit welcher Wahrscheinlichkeit ein Franchisenehmer, der sich in t = -2 in

---

477 Vgl. zur Vorgehensweise der Klassifikation die Ausführungen in Kap. 4.3.3.4. Zur Standardisierung der Variablenwerte in t = -1 werden die im Rahmen der Clusteranalyse des Vorjahres ermittelten Mittelwerte und Standardabweichungen der Variablen verwendet. Die F_i-Werte der vier Cluster werden berechnet, indem die standardisierten Variablenwerte je Franchisenehmer jeweils mit den entsprechenden Klassifikationskoeffizienten multipliziert werden.

478 Vgl. hierzu auch die Berechnungen in Anhang II.

479 Von einem vorläufigen Zustandsvektor wird gesprochen, da Neuzugänge noch nicht berücksichtigt sind. Zur besseren Unterscheidung ist der vorläufige Zustandsvektor, im Gegensatz zum endgültigen Zustandsvektor, mit einem * versehen.

Zustand i befindet, in t = -1 in Zustand j wechselt. Bei diesen sogen. Übergangswahrscheinlichkeiten handelt es sich damit um bedingte Wahrscheinlichkeiten.[480]

Um vollständige Aussagen über die Dynamik der Franchisenehmerstruktur treffen zu können, ist der Zustandsraum am Ende von t = -1 mit den Neuzugängen zwischen t = -2 und t = -1 aufzufüllen.[481] Mithin sind im Demonstrationsbeispiel Franchisenehmer, die zwischen dem 01.01.1999 und dem 31.12.1999 dem Franchisesystem beigetreten sind, den fünf Zuständen zuzuordnen.

Indem die standardisierten Variablenausprägungen der neuen Franchisenehmer mit den jeweiligen Koeffizienten der Klassifikationsfunktionen multipliziert werden, können die Neuzugänge nach der bereits erläuterten Zuordnungsregel den nicht-absorbierenden Zuständen zugeordnet werden.[482] Im Beispiel sind 1999 vier neue Franchisenehmer dem System beigetreten; einer ist Cluster 3, die anderen sind Cluster 2 zuzuordnen (vgl. Tab. 15):[483]

Tab. 15: Zustandsraum am 31.12.1999, inkl. der Neuzugänge

	1	2	3	4	5	Σ
absolute Häufigkeiten	16	26	12	8	5	67
relative Häufigkeiten	0,24	0,39	0,18	0,12	0,07	1,0

Quelle: Eigene Berechnung.

Unter Berücksichtigung der Neuzugänge kann der Zustandsvektor für t = -1 abschließend aufgestellt werden. Im Beispiel ergeben sich die folgenden Werte:

$$\vec{p}_{-1} = (0{,}24;\ 0{,}38;\ 0{,}18;\ 0{,}12;\ 0{,}08)$$

Der gleiche Ermittlungsvorgang ist für die nächste Betrachtungsperiode zu wiederholen. Wiederum sind zunächst die Übergänge zwischen den Franchisenehmer-Clustern zu messen. Zur Identifizierung der Übergänge von t = -1 zu t = 0 (1999 zu 2000), sind alle Franchisenehmer, die in der Zustandsmatrix $\vec{p}_{-1}$ erfasst sind, den

480 Vgl. auch Kap. 4.3.1.

481 Vgl. SACHENBACHER (1991), S. 124 f.

482 Vgl. Fn 477.

483 Vgl. Anhang II.

vier nicht-absorbierenden Zuständen mit Hilfe der Klassifizierungsfunktionen zuzuordnen. Der absorbierende Zustand "Nicht-mehr-Franchisenehmer" (Cluster 5) wird mit den Franchisenehmern besetzt, die das Franchisesystem zwischen t = -1 und t = 0 verlassen haben.

Diese Vorgehensweise[484] führt zum vorläufigen Zustandsvektor $\vec{p}_0$* und zu der Übergangsmatrix der zweiten Betrachtungsperiode (vgl. Tab. 16):

$\vec{p}_0$* = (0,19; 0,37; 0,15; 0,08; 0,21)

Tab. 16: Übergangsmatrix der zweiten Betrachtungsperiode

Zustand	1	2	3	4	5	$\vec{p}_{-1}$
1	8 **0,5**	6 0,38	1 **0,06**	0 0,00	1 **0,06**	16 1,0
2	2 **0,08**	17 0,65	0 **0,00**	0 0,00	7 **0,27**	26 1,0
3	2 **0,17**	1 0,08	9 **0,75**	0 0,00	0 **0,00**	12 1,0
4	1 **0,125**	1 0,125	0 **0,00**	5 0,625	1 **0,125**	8 1,0
5	0 **0,00**	0 0,00	0 **0,00**	0 0,00	5 **1,0**	5 1,0
$\vec{p}_0$*	13 **0,19**	25 0,37	10 **0,15**	5 0,08	14 **0,21**	Σ 67

Quelle: Eigene Berechnung.

Zur Ermittlung des endgültigen Zustandsvektors $\vec{p}_0$ sind nach der bekannten Zuordnungsregel die nicht-absorbierenden Zustände mit den Neuzugängen zwischen t = -1 und t = 0 aufzufüllen. Im Demonstrationsbeispiel sind zwischen dem 01.01.2000 und dem 31.12.2000 sieben neue Franchisenehmer dem Franchisesystem beigetreten; einer ist Cluster 1, ein weiterer Cluster 2 die anderen fünf sind Cluster 4 zuzuordnen (vgl. Tab. 17):[485]

[484] Vgl. zu den Berechnungen auch Anhang II.

[485] Vgl. Anhang II.

Tab. 17: Zustandsraum am 31.12.2000, inkl. der Neuzugänge

	1	2	3	4	5	Σ
absolute Häufigkeiten	14	26	10	10	14	74
relative Häufigkeiten	0,19	0,35	0,135	0,135	0,19	1,0

Quelle: Eigene Berechnung.

Unter Berücksichtigung der Neuzugänge kann der Zustandsvektor für t = 0 abschließend aufgestellt werden. Im Beispiel ergeben sich die folgenden Werte:

$$\vec{p}_0 = (0{,}19;\ 0{,}35;\ 0{,}135;\ 0{,}135;\ 0{,}19)$$

Die Übergangsmatrizen der beiden Betrachtungsperioden dienen als Ausgangsbasis für die Prognose der Übergangswahrscheinlichkeiten. Ziel ist es, die Übergangsmatrix P aufzustellen, um den gegebenen Zustandsvektor $\vec{p}_0$ in die Zukunft fortzuschreiben und darauf aufbauend die Partner Values und den SSV zu ermitteln.[486]

Vergleicht man die Übergangsmatrizen für die Zeiträume 1999 und 2000 stellt man fest, dass keine gravierenden Strukturverschiebungen vorliegen. Aufgrund dessen erscheint es zulässig wie anfangs vorgeschlagen, die Übergangswahrscheinlichkeiten als arithmetisches Mittel der Übergangswahrscheinlichkeiten der beiden zurückliegenden Übergänge zu ermitteln. Durch die Mittelwertbildung werden einmalige Abweichungen in der Franchisenehmerstruktur nivelliert, wodurch das Prognoseergebnis verbessert wird. Die aus der Mittelwertbildung resultierende Übergangsmatrix für den Projektionsprozess ist in Tab. 18 dargestellt.

486 Vgl. zu den theoretischen Grundlagen der Markov-Prozesse die Ausführungen in Kap. 4.3.1.

Tab. 18: Übergangsmatrix für den Projektionsprozess

Zustand	1	2	3	4	5	Σ
1	0,49	0,41	0,05	0,00	0,05	1,0
2	0,08	0,66	0,00	0,00	0,26	1,0
3	0,14	0,04	0,82	0,00	0,00	1,0
4	0,10	0,16	0,04	0,60	0,10	1,0
5	0,00	0,00	0,00	0,00	1,0	1,0

Quelle: Eigene Berechnung.

Der Übergangsmatrix ist zu entnehmen, mit welcher Wahrscheinlichkeit ein Franchisenehmer von einer Gruppe (Zustand) in der darauffolgenden Periode in eine andere Gruppe wechselt oder in der eigenen verbleibt. Die Wahrscheinlichkeit, dass Franchisenehmer in ihrem gegenwärtigen Zustand verweilen ist am höchsten. Dieses Ergebnis ist insofern nicht verwunderlich, als dass es sich in der langfristigen Franchisegeber-Franchisenehmer-Beziehung i.d.R. um langsame Entwicklungen und Lerneffekte handelt. Ebenso ist die Entwicklung der Franchisenehmer aus Cluster 4 nicht erstaunlich. Die Franchisenehmer gehören dem System i.d.R. noch nicht lange an und sind daher sehr betreuungsintensiv bei zugleich (noch) geringem Gebührenaufkommen. Ingesamt verbleiben 60% dieser Franchisenehmer zunächst in Cluster 4, 10% gelangen in das Cluster 1, 16% in das Cluster 2, 4% wechseln sogar in das Cluster 3, allerdings verlassen auch 10% das System.

Betrachtet man die weitere Entwicklung der Cluster 1, 2 und 3 lässt sich folgendes konstatieren: 41% der Franchisenehmer, die sich ursprünglich in Cluster 1 befinden, tendieren zu einem Wechsel in das aus Franchisegebersicht weniger lukrative Cluster 2. Aus dem Cluster 2 gelangen jedoch nur 8% der Franchisenehmer in das nächstbeste Cluster 1, 66% bleiben weiterhin in dem Cluster und 26% scheiden sogar ganz aus dem Franchisesystem aus. Positiver sieht hingegen die Entwicklung der Franchisenehmer aus dem Cluster 3 aus: 82% dieser Franchisenehmer bleiben in Cluster 3 und nur 14% wechseln zu Cluster 1 bzw. 4% zu Cluster 2.

In Kap. 4.3.5 wird erläutert, wie basierend auf den bisherigen Erkenntnissen die weitere Entwicklung des Franchisenehmerstammes prognostiziert werden kann, um darauf aufbauend die Partner Values der Franchisenehmer zu berechnen.

4.3.5 Prognose der Franchisenehmerstruktur-Dynamik

Zwischen dem 1.1.1999 und dem 31.12.2000 sind 14 Franchisenehmer aus dem Franchisesystem ausgeschieden. Damit befinden sich am 1.1.2001 noch 60 Franchisenehmer im Franchisesystem. Um die Interpretation der Ergebnisse zu erleichtern, wird der absorbierende Zustand im Zustandsvektor $\vec{p}_0$ von 14 auf Null und die Gesamtzahl der Franchisenehmer, die im Zustandsvektor $\vec{p}_0$ erfasst sind, von 74 auf 60 gesetzt. Zur Prognose der Franchisenehmerstruktur-Dynamik ist dieser modifizierte Zustandsvektor $\vec{p}_0{}^m$ (erste Zeile der folgenden Tabelle) wiederholt mit der Übergangsmatrix zu multiplizieren.[487] Ein Ausschnitt aus den fortgeschriebenen Zustandsvektoren für einen Zeitraum von 65 Jahren ist Tab. 19 zu entnehmen.

487 Vgl. hierzu die theoretischen Grundlagen in Kap. 4.3.1 sowie die dort angegebene Literatur.

Tab. 19: Ausschnitt aus den fortgeschriebenen Zustandsvektoren

Übergangs-Nummer	1	2	3	4	5
0	0,2300	0,4300	0,1700	0,1700	0,000
1	0,1879	0,4121	0,1577	0,1020	0,1403
2	0,1573	0,3717	0,1428	0,0612	0,2670
3	0,1329	0,3253	0,1274	0,0367	0,3777
4	0,1127	0,2802	0,1126	0,0220	0,4726
5	0,0956	0,2391	0,0988	0,0132	**0,5532**
6	0,0811	0,2031	0,0864	0,0079	0,6215
7	0,0689	0,1720	0,0752	0,0048	0,6792
8	0,0585	0,1455	0,0653	0,0029	0,7278
9	0,0497	0,1231	0,0566	0,0017	0,7689
10	0,0423	0,1042	0,0489	0,0010	**0,8035**
20	0,0087	0,0207	0,0110	0,0000	0,9596
30	0,0019	0,0044	0,0024	0,0000	0,9913
40	0,0005	0,0011	0,0006	0,0000	0,9978
50	0,0001	0,0002	0,0001	0,0000	0,9995
60	0,0000	0,0001	0,0000	0,0000	0,9999
65	0,0000	0,0000	0,0000	0,0000	1,0000

Quelle: Eigene Berechnung.

Es wird deutlich, dass *unter Beibehaltung der zugrunde gelegten Parameter* bereits nach fünf Übergängen, also am Ende des Jahres 2005, *mehr als 50% der Franchisenehmer das Franchisesystem verlassen haben und damit dem absorbierenden Zustand angehören*; nach 10 Übergängen sind es sogar schon 80%. Genauere Rückschlüsse über die Dynamik der Franchisenehmerstruktur sind möglich, wenn für jeden nicht-absorbierenden Zustand im Jahr 2001 separat untersucht wird, wie sich die Franchisenehmer in Abhängigkeit vom Ausgangszustand und damit die originären Zahlungen in den nächsten Jahren entwickeln werden.

Der Tabelle sind die absoluten Häufigkeiten[488] zu entnehmen, mit denen sich die Franchisenehmer in Abhängigkeit vom Anfangszustand auf die verschiedenen Zustände verteilen. Zur Ermittlung dieser Häufigkeiten wird die Anzahl an Franchisenehmern, die sich anfangs in einem bestimmten Zustand befinden, mit den entsprechenden Übergangswahrscheinlichkeiten multipliziert. Durch wiederholte Multiplikation des hieraus resultierenden Vektors mit der Übergangsmatrix erhält man die in Tab. 20 dargestellte Entwicklung der Franchisenehmer.

---

488 In der Tabelle sind bewusst absolute Häufigkeiten und nicht wie sonst üblich relative Häufigkeiten angegeben, um die darauf aufbauende Berechnung der Zahlungsüberschüsse besser nachvollziehbar zu gestalten. Aus demselben Grund wurden die Häufigkeiten mit zwei Nachkommastellen angegeben, wenngleich in der Realität nur eine ganzzahlige Häufigkeitsverteilung vorliegen wird.

Tab. 20: Entwicklung des Franchisenehmerstammes und der originären Zahlungen in Abhängigkeit vom Ausgangszustand

Jahr	1	2	3	4	5	Summe der originären Zahlungen der FN des ursprünglichen Clusters 1	originäre Zahlungen eines typischen Vertreters des ursprünglichen Clusters 1
2001	14,00	0,00	0,00	0,00	0,00	97.105,96 DM	6.936,14 DM
2002	6,86	5,74	0,70	0,00	0,70	82.103,50 DM	5.864,54 DM
2003	3,92	6,63	0,92	0,00	2,54	70.501,30 DM	5.035,81 DM
2004	2,58	6,02	0,95	0,00	4,45	60.885,90 DM	4.348,99 DM
2005	1,88	5,07	0,91	0,00	6,15	52.666,74 DM	3.761,91 DM

Jahr	1	2	3	4	5	Summe der originären Zahlungen der FN des ursprünglichen Clusters 2	originäre Zahlungen eines typischen Vertreters des ursprünglichen Clusters 2
2001	0,00	26,00	0,00	0,00	0,00	55.536,78 DM	2.136,03 DM
2002	2,08	17,16	0,00	0,00	6,76	51.081,45 DM	1.964,67 DM
2003	2,39	12,18	0,10	0,00	11,33	45.911,99 DM	1.765,85 DM
2004	2,16	9,02	0,20	0,00	14,61	40.776,39 DM	1.568,32 DM
2005	1,81	6,85	0,28	0,00	17,07	35.958,32 DM	1.383,01 DM

Jahr	1	2	3	4	5	Summe der originären Zahlungen der FN des ursprünglichen Clusters 3	originäre Zahlungen eines typischen Vertreters des ursprünglichen Clusters 3
2001	0,00	0,00	10,00	0,00	0,00	318.010,90 DM	31.801,09 DM
2002	1,40	0,40	8,20	0,00	0,00	271.333,95 DM	27.133,39 DM
2003	1,87	1,17	6,79	0,00	0,17	231.490,05 DM	23.149,01 DM
2004	1,96	1,81	5,66	0,00	0,57	197.578,31 DM	19.757,83 DM
2005	1,90	2,22	4,74	0,00	1,14	168.730,13 DM	16.873,01 DM

Jahr	1	2	3	4	5	Summe der originären Zahlungen der FN des ursprünglichen Clusters 4	originäre Zahlungen eines typischen Vertreters des ursprünglichen Clusters 4
2001	0,00	0,00	0,00	10,00	0,00	-257.234,00 DM	-25.723,40 DM
2002	1,00	1,60	0,04	6,00	1,00	-142.714,57 DM	-14.271,46 DM
2003	1,22	2,43	0,32	3,60	2,07	-68.666,36 DM	-6.866,64 DM
2004	1,20	2,69	0,47	2,16	3,12	-26.551,88 DM	-2.655,19 DM
2005	1,08	2,63	0,53	1,30	4,09	-3.282,32 DM	-328,23 DM

Quelle: Eigene Berechnung.

Multipliziert man für jedes Jahr die Anzahl an Franchisenehmern in den Clustern mit den entsprechenden Mittelwerten der clusterspezifischen Zahlungsüberschüsse, so lässt sich der jährliche Zahlungsüberschuss einer Franchisenehmergruppe in Abhängigkeit von der ursprünglichen Clusterzugehörigkeit berechnen.[489]

In Kap. 4.4 wird gezeigt, wie diese Zahlungsüberschüsse in den VOFI übernommen werden und unter Berücksichtung derivativer Finanzierungs- und Steuerzahlungen die Partner Values der Franchisenehmer berechnet werden können.

4.4 Berechnung der Partner Values

4.4.1 Prämissen der Berechnung

Bei der Aufstellung der VOFIs werden folgende Prämissen unterstellt.[490]

- Die in Kap. 4.3.5 ermittelten Zahlungsüberschüsse für die Jahre 2001 bis 2005 ergeben sich als Differenz aus den laufenden Ein- und Auszahlungen. Die Auszahlungen umfassen auch Investitionen und Rentenzahlungen. Bei letzteren handelt es sich um Rentenzahlungen für jene Mitarbeiter des Franchisegebers, welche die Franchisenehmer betreuen, und die den Franchisenehmern jeweils zugeordnet werden können. Daher können die Zahlungsüberschüsse direkt als Zahlungsfolge in den VOFI übernommen werden.
- Abschreibungen, Thesaurierungen und Zuführungen zu den Pensionsrückstellungen werden im neutralen Bereich erfasst und sind daher für die Ermittlung der Partner Values nicht zu berücksichtigen.

---

489 Die Vorgehensweise soll anhand des Clusters 1 nochmals verdeutlicht werden: In 2001 befinden sich 14 Franchisenehmer in Cluster 1. In 2002 bleiben davon 6,86 (14*0,49) in Cluster 1; 5,75 (14*0,41) wechseln zu Cluster 2; 0,70 (14*0,05) zu Cluster 3; 0 (14*0,00) zu Cluster 4 und 0,7 (14*0,05) zu Cluster 5. Multipliziert man den aus diesen Berechnungen resultierenden Zustandsvektor (vgl. hierzu für das Cluster 1 die Zeile des Jahres 2002 in der obigen Tabelle) wiederholt mit der Übergangsmatrix, erhält man die Zustandsvektoren der darauffolgenden Jahre (vgl. für das Cluster 1 die Zeilen der Jahre 2003 - 2005 in der obigen Tabelle).

So befinden sich z.B. im Jahr 2001 14 Franchisenehmer in Cluster 1: 14*6.936,14 DM = 97.105,96 DM. Im Jahr 2002 kann der Zahlungsüberschuss dieser 14 Franchisenehmer folgendermaßen berechnet werden: 6,86*6.936,14 DM + 5,74*2.136,03 DM + 0,70*31.801,09 DM + 0,00*(-25.723,40 DM) + 0,70*0,00 DM = 82.103,50 DM.

490 Auf eine ausführliche Erläuterung der allgemeinen Prämissen eines VOFIs wird verzichtet. Vgl. hierzu GROB (1989), S. 33 ff. sowie die Ausführungen in Kap. 4.1 dieser Arbeit.

- Die vom Franchisegeber geforderte Vorsteuer-Rendite für sein in das Franchisesystem investiertes Kapital beträgt 15%.
- Für den Franchisegeber beträgt der durchschnittliche Fremdkapital-Zinssatz 5,65% p.a.; Kredite sind die ersten fünf Jahre tilgungsfrei. Für die Berechnung der Gewerbesteuer sind sämtliche Verbindlichkeiten des Franchisegebers als Dauerschulden anzusehen.
- Der Marktwert des Eigenkapitals des Franchisesystems entspricht dem Marktwert der eigenen Mittel des Franchisegebers, da dieser seine Einlage nicht fremdfinanziert hat.
- Der Neutral Value des Franchisesystem beträgt 528.245 DM.
- Die Steuern werden jeweils in den Perioden ihrer Entstehung gezahlt. Es gelten folgende Steuersätze:

– Einkommensteuersatz (inkl. Solidaritätszuschlag und Kirchensteuer):	s_{ESt}	50,00%
– Steuermesszahl:	m	5,00%
– Hebesatz der Gewerbesteuer:	H	400,00%
– Körperschaftsteuersatz:	s_{KSt}	25,00%

Unter den genannten Prämissen werden in einem nächsten Schritt die Zahlungsüberschüsse aus Tab. 20 als Zahlungsfolge in die VOFIs übernommen und sukzessive die Finanzierungs- und Steuerzahlungen berechnet.

4.4.2 Ermittlung derivativer Zahlungen

Die monetären Konsequenzen finanzieller Dispositionen und die mit einer Investition verbundenen Steuerzahlungen werden als derivative Zahlungen bezeichnet.

Finanzierungszahlungen resultieren zum einen aus den jeweiligen Krediten, die zur Durchführung einer Investition ggf. aufgenommen werden müssen. Zum anderen sind die bei einer Investition erzielten Kapitalrückflüsse entweder am Kapitalmarkt anzulegen bzw. innerhalb der Unternehmung zu verwenden. Ein diesbezüglich wesentlicher Vorteil des VOFIs ist, dass unterschiedliche Konditionen für Mittelaufnahme bzw. -anlage sowie Zins- und Tilgungsmodalitäten explizit berücksichtigt werden können.[491] Mit Hilfe einer Sensitivitätsanalyse können verschiedene Investitionsmöglichkeiten dahingehend untersucht werden, ob und wie sich ihre Vorteilhaftigkeit bei verschiedenen Finanzierungs- und Anlagemöglichkeiten verändert. Dabei hängt es vom Kapitalmarktzugang und der individuellen Risikoneigung des Investors ab, welche Anlage- und Finanzierungsformen im konkreten Fall zu berücksichtigen sind.

Im Rahmen der VOFIs werden die Steuerzahlungen sukzessiv berechnet.[492] In dieser Arbeit wird angenommen, dass es sich bei dem betrachteten Franchisesystem um eine GmbH (Kapitalgesellschaft) handelt, sodass als Ertragsteuern Gewerbeertrag- und Körperschaftsteuer zu berücksichtigen sind.

Der in § 7 GewStG definierte Gewerbeertrag ist die Bemessungsgrundlage der Gewerbeertragsteuer. Er ergibt sich aus dem gewerblichen Gewinn vor Steuern zzgl. Hinzurechnungen und abzgl. Kürzungen. Insbesondere sind nach § 8 Abs. 1 GewStG die Hälfte der Dauerschuldzinsen hinzuzurechnen. Vor dem Hintergrund, dass Investitionsentscheidungen langfristiger Natur sind, werden hier alle Verbindlichkeiten als Dauerschulden betrachtet.[493] Speziell für Franchisesysteme war lange strittig, inwiefern Franchisegebühren zur Hälfte gem. § 8, Ziff. 7 GewStG als Miet- und Pachtzinsen zum Gewinn des Gewerbebetriebes hinzugerechnet werden müssen. Nach neuerer Rechtsprechung enthalten Verträge über die Überlassung von Schutzrechten, Know-how etc. wesentliche pachtfremde Elemente, sodass sie nicht als Pachtverträge im Sinne des GewStG angesehen werden können. Damit entfällt eine hälftige Hinzurechnung der Franchisegebühren.[494]

Der Gewerbesteuersatz ist definiert als das Produkt aus der bundeseinheitlichen Messzahl m (5%) und dem gemeindeabhängigen Hebesatz H (z.B. 400%). Die Gewerbesteuerlast ergibt sich als Produkt aus dem Gewerbesteuersatz und der Be-

---

491 Im Gegensatz dazu wird im Rahmen der Kapitalwertmethode unterstellt, dass freiwerdende Mittel zum *einheitlichen* Kalkulationszinssatz wieder angelegt werden. Vgl. Kap. 3.2.2.

492 Vgl. hierzu und im Folgenden GROB (1999a), S. 300 ff.

493 Vgl. GROB (1989), S. 31; GROB/LANGENKÄMPER/WIEDING (1999), S. 460.

494 Vgl. hierzu ausführlicher SKAUPY (1995), S. 196 f.

messungsgrundlage:[495] Dabei ist zu berücksichtigen, dass die Gewerbesteuer von der eigenen Bemessungsgrundlage abzugsfähig ist:

$S_{GE} = s_{GE} \cdot (G^{vSt} + 0{,}5 \cdot ZA)$ mit: $s_{GE} = \frac{m \cdot H}{1 + m \cdot H}$

Symbole:

S_{GE} Gewerbeertragsteuer

s_{GE} Gewerbeertragsteuersatz[496] (unter der Annahme, dass H = 400% und m = 5% ergibt sich $s_{GE} = 0{,}1667$)

G^{vSt} Gewinn aus Gewerbebetrieb vor Steuern

ZA Zinsaufwand

m Steuermesszahl

H Hebesatz

Darüber hinaus wird nach der jüngsten Steuerreform ab 2001 die persönliche Einkommensteuer eines Unternehmers durch eine pauschale Anrechnung der Gewerbesteuer verringert. Die Einkommensteuerermäßigung wird in Höhe des 1,8fachen des Gewerbesteuermessbetrages (fünf Prozent des Gewinns aus dem Gewerbebetrieb nach Gewerbesteuern) gewährt.[497] Unbeschadet dieser Regelung bleibt die Gewerbesteuer weiterhin als Betriebsausgabe abzugsfähig.

---

495 Vgl. zur Ermittlung der Gewerbeertragsteuer GROB/LANGENKÄMPER/WIEDING (1999), S. 460; PERRIDON/STEINER (1997), S. 412; BIEG (1988), S. 539.

496 Der Gewerbeertragsteuersatz s_{GE} berücksichtigt, dass die Gewerbesteuer von der eigenen Bemessungsgrundlage abzugsfähig ist. Der Gewerbeertragsteuersatz s_{GE} wird wie folgt berechnet:

$$S_{GE} = m \cdot H \cdot (G^{vSt} + 0{,}5 \cdot ZA - S_{GE})$$
$$\Leftrightarrow \quad S_{GE} + S_{GE} \cdot m \cdot H = m \cdot H \cdot (G^{vSt} + 0{,}5 \cdot ZA)$$
$$\Leftrightarrow \quad S_{GE} \cdot (1 + m \cdot H) = m \cdot H \cdot (G^{vSt} + 0{,}5 \cdot ZA)$$
$$\Leftrightarrow \quad S_{GE} = \frac{m \cdot H}{1 + m \cdot H} (G^{vSt} + 0{,}5 \cdot ZA)$$
$$\Leftrightarrow \quad S_{GE} = s_{GE} \cdot (G^{vSt} + 0{,}5 \cdot ZA)$$

497 Dieser Zusammenhang sei anhand des folgenden, bewusst einfach gehaltenen Beispiels verdeutlicht: Der Gewinn aus dem Gewerbebetrieb nach Gewerbeertragsteuer betrage 100.000 DM. Rechnet man bei der privaten Einkommensteuer mit einer Grenzsteuerbelastung von 48,5%, so müsste der Unternehmer Einkommensteuer in Höhe von 48.500 DM zahlen. Allerdings wird ab 2001 gemäß § 35 EStG eine Steuerermäßigung in Höhe des 1,8 fachen Gewerbesteuer-Messbetrages gewährt. Der Steuermessbetrag beläuft sich in diesem Beispiel auf 5000 DM (5% von 100.000 DM). Damit beträgt die Steuerermäßigung in diesem Beispiel 9.000

Bemessungsgrundlage der Körperschaftsteuer ist der Gewinn aus dem Gewerbebetrieb nach Abzug der Gewerbeertragsteuer. Der Körperschaftsteuersatz beträgt ab 2001 einheitlich und definitiv 25%.[498] Um eine Doppelbesteuerung der Anteilseigner zu vermeiden, wurde bislang die auf der Unternehmungsebene gezahlte Körperschaftsteuer auf der Anteilseignerebene angerechnet.[499] Ab 2001 entfällt dieses sogen. Vollanrechnungsverfahren und wird durch ein klassisches Körperschaftsteuersystem mit Teilentlastung ersetzt.[500] Als Konsequenz dieser Änderung darf der Anteilseigner bei der Besteuerung seiner Ausschüttungen die auf Unternehmungsebene gezahlte Körperschaftsteuer nicht mehr anrechnen. Stattdessen wird die Ausschüttung an den Anteilseigner nur noch ermäßigt besteuert, indem die Ausschüttungsbeträge im Rahmen der Einkommensteuerberechnung nur zur Hälfte angesetzt werden (Halbeinkünfteverfahren).

Ist die spezifische Bemessungsgrundlage einer Steuerart positiv, so sind hiervon die Steuerzahlungen zu berechen und in die entsprechende Rubrik des VOFIs einzutragen. Ist die Bemessungsgrundlage hingegen negativ, so fallen bei isolierter Betrachtung der Investition keine Steuerzahlungen an. Allerdings ist die Investition nicht isoliert, sondern im Kontext der Gesamtunternehmung zu betrachten. Ist die Bemessungsgrundlage für die Gesamtunternehmung positiv, führt die Berücksichtigung der betrachteten (Teil)Investition zu einer Minderung der gesamten Steuerschuld der

---

(Fortsetzung der Fußnote der vorherigen Seite)

DM (das 1,8fache von 5.000 DM). Tatsächlich zahlt der Unternehmer dann nur 39.500 DM an Einkommensteuer.

Durch diese Kompensation der Gewerbesteuer soll die Sonderbelastung der gewerblichen Wirtschaft mit Gewerbesteuer beseitigt werden. Bei einem Hebesatz von 350% wird der Unternehmer durch den Betriebsausgabenabzug und die pauschale Minderung der festzusetzenden Einkommensteuer wirtschaftlich in vollem Umfang von der Gewerbesteuer entlastet.

Vgl. zur Anrechnung der Gewerbesteuer auf die Einkommensteuer JACHMANN (2000), S. 1434 ff.; NEUFANG (2000), S. 1917 ff.; ROLAND (2000), S. 90 ff.

498 Vgl. HILD (2000), S. 1656; ROLAND (2000), S. 90.

499 Vgl. PERRIDON/STEINER (1997), S. 412; GROB/LANGENKÄMPER/WIEDING (1999), S. 460 ff.

500 Als Folge des Steuersenkungsgesetzes (StSenkG) wird es ab 2001 zu einer grundlegenden Veränderung der Unternehmensbesteuerung kommen. Hintergrund dieser Steuerreform ist die Erkenntnis, dass eine wettbewerbs- und europafähige sowie leistungsgerechte Unternehmensbesteuerung auf der Basis des bisherigen Körperschaftsteuersystems nicht möglich ist. Vgl. GRAF (2000), S. 301; HILD (2000), S. 1656 f.; o.V. (2000c), S. 1770 ff.

Durch die Änderung entspricht das Körperschaftsteuersystem internationalen Standards. Vgl. hierzu und im Folgenden FROTSCHER (2000), S. 2280 ff.; NEUFANG (2000), S. 1919 ff.

Unternehmung. Daher ist es sinnvoll, der Investition rechnerisch eine Steuererstattung zuzuordnen.[501]

4.4.3 Ableitung der Partner Values aus dem VOFI-Endwert der Cluster

Alle Finanzierungssalden in den Perioden t = 0 bis t = 4 müssen Null betragen. Am Ende des Planungshorizontes kann der Finanzierungssaldo auch ungleich Null sein; er wird als ewige Rente mit dem steuerbereinigten Kalkulationszinssatz[502] auf den Planungshorizont abgezinst und zum Bestandssaldo am Planungshorizont addiert. Der so berechnete VOFI-Endwert einer Gruppe von Franchisenehmern wird mit dem steuerbereinigten Kalkulationszinssatz auf t = 0 abgezinst. Das Resultat ist die Summe der Partner Values der betrachteten Cluster (vgl. die Tab. 21-24):

501 Vgl. GROB (1999a), S. 277.

502 Für die Cluster 1, 2 und 3 handelt es sich um den steuerkorrigierten Opportunitätskostensatz in Höhe von 0,075 [0,15*(1-0,5)]. Der Endwert des Clusters 4 wird hingegen mit dem steuerkorrigierten Sollzinssatz in Höhe von 0,02825 [0,0565*(1-0,5)] abgezinst.

Tab. 21: VOFI des Clusters 1: "Die betreuungsarmen Passiven"

	t = 2000	t = 2001	t = 2002	t = 2003	t = 2004	t ≥ 2005
Zahlungsüberschuss						
- Marktwert des Eigenkapitals	**424.953**					
+ Zahlungsüberschuss		97.106	82.104	70.501	60.886	52.667
Eigenkapital (Marktwert)	424.953					
Kredite						
+ Aufnahme						
- Tilgung						
- Sollzinsen (5,65%)						
Geldanlage						
- Anlage		52.799	44.989	38.974	34.002	
+ Auflösung						
+ Habenzinsen (15,00%)			7.920	14.668	20.514	25.615
Steuern						
- GewESt-Zahlung (16,67%)		16.188	15.007	14.198	13.569	13.050
+ GewESt-Erstattung						
- KSt-Zahlung		20.230	18.754	17.743	16.958	16.308
+ KSt-Erstattung						
- ESt-Zahlung		7.889	11.274	14.254	16.871	19.168
+ ESt-Erstattung						
Finanzierungssaldo	**0**	**0**	**0**	**0**	**0**	**29.756**
Bestandsgrößen						
Kredite						
Guthabenstand		52.799	97.788	136.762	170.764	
= Bestandssaldo	**0**	**52.799**	**97.788**	**136.762**	**170.764**	
= Gegenwartswert der ewigen Rente am Planungshorizont					**396.747**	←
= Endwert am Planungshorizont					**567.511**	

Nebenrechnung GewESt:	**t = 2000**	**t = 2001**	**t = 2002**	**t = 2003**	**t = 2004**	**t ≥ 2005**
Zahlungsüberschuss		97.106	82.104	70.501	60.886	52.667
- Zinsaufwand						
+ Zinsertrag			7.920	14.668	20.514	25.615
= Gewinn vor Steuern		97.106	90.024	85.169	81.400	78.282
+ Hinzurechnungen						
= Bemessungsgrundlage BGG		97.106	90.024	85.169	81.400	78.282
- GewESt-Zahlung (16,67%)		16.188	15.007	14.198	13.569	13.050
+ GewESt-Erstattung						

Nebenrechnung KSt:	**t = 2000**	**t = 2001**	**t = 2002**	**t = 2003**	**t = 2004**	**t ≥ 2005**
= Gewinn vor Steuern		97.106	90.024	85.169	81.400	78.282
- GewESt-Zahlung		16.188	15.007	14.198	13.569	13.050
= Bemessungsgrundlage BGK		80.918	75.017	70.971	67.831	65.232
- KSt-Zahlung (25% der BGK)		20.230	18.754	17.743	16.958	16.308
+ KSt-Erstattung (25% der BGK)						
= Ausschüttung		60.688	56.263	53.228	50.873	48.924

Nebenrechnung ESt:	**t = 2000**	**t = 2001**	**t = 2002**	**t = 2003**	**t = 2004**	**t ≥ 2005**
50% der Ausschüttung		30.344	28.132	26.614	25.437	24.462
+ Habenzinsen Standardanlage			7.920	14.668	20.514	25.615
= Bemessungsgrundlage BGE		30.344	36.052	41.282	45.951	50.077
- tarifliche Einkommensteuer		15.172	18.026	20.641	22.976	25.039
+ Steuerermäßigung (180% des Steuermessbetrages der GewESt)		7.283	6.752	6.387	6.105	5.871
= ESt-Zahlung		7.889	11.274	14.254	16.871	19.168
= ESt-Erstattung						

Quelle: Eigene Berechnung.

Tab. 22: VOFI des Clusters 2: "Die betreuungsintensiven Unmotivierten"

	t = 2000	t = 2001	t = 2002	t = 2003	t = 2004	t ≥ 2005
Zahlungsüberschuss						
- Marktwert des Eigenkapitals	**281.692**					
+ Zahlungsüberschuss		55.537	51.081	45.912	40.776	35.958
Eigenkapital (Marktwert)	281.692					
Kredite						
+ Aufnahme						
- Tilgung						
- Sollzinsen (5,65%)						
Geldanlage						
- Anlage		30.196	27.972	25.345	22.718	
+ Auflösung						
+ Habenzinsen (15,00%)			4.529	8.725	12.527	15.935
Steuern						
- GewESt-Zahlung (16,67%)		9.258	9.270	9.108	8.886	8.651
+ GewESt-Erstattung						
- KSt-Zahlung		11.570	11.585	11.382	11.104	10.811
+ KSt-Erstattung						
- ESt-Zahlung		4.513	6.783	8.802	10.595	12.184
+ ESt-Erstattung						
Finanzierungssaldo	**0**	**0**	**0**	**0**	**0**	**20.247**
Bestandsgrößen						
Kredite						
Guthabenstand		30.196	58.168	83.513	106.231	
= Bestandssaldo	**0**	**30.196**	**58.168**	**83.513**	**106.231**	
= Gegenwartswert der ewigen Rente am Planungshorizont					**269.960**	←
= Endwert am Planungshorizont					**<u>376.191</u>**	

Nebenrechnung GewESt:	**t = 2000**	**t = 2001**	**t = 2002**	**t = 2003**	**t = 2004**	**t ≥ 2005**
Zahlungsüberschuss		55.537	51.081	45.912	40.776	35.958
- Zinsaufwand						
+ Zinsertrag			4.529	8.725	12.527	15.935
= Gewinn vor Steuern		55.537	55.610	54.637	53.303	51.893
+ Hinzurechnungen						
= Bemessungsgrundlage BGG		55.537	55.610	54.637	53.303	51.893
- GewESt-Zahlung (16,67%)		9.258	9.270	9.108	8.886	8.651
+ GewESt-Erstattung						

Nebenrechnung KSt:	**t = 2000**	**t = 2001**	**t = 2002**	**t = 2003**	**t = 2004**	**t ≥ 2005**
= Gewinn vor Steuern		55.537	55.610	54.637	53.303	51.893
- GewESt-Zahlung		9.258	9.270	9.108	8.886	8.651
= Bemessungsgrundlage BGK		46.279	46.340	45.529	44.417	43.242
- KSt-Zahlung (25% der BGK)		11.570	11.585	11.382	11.104	10.811
+ KSt-Erstattung (25% der BGK)						
= Ausschüttung		34.709	34.755	34.147	33.313	32.431

Nebenrechnung ESt:	**t = 2000**	**t = 2001**	**t = 2002**	**t = 2003**	**t = 2004**	**t ≥ 2005**
50% der Ausschüttung		17.355	17.378	17.074	16.657	16.216
+ Habenzinsen Standardanlage			4.529	8.725	12.527	15.935
= Bemessungsgrundlage BGE		17.355	21.907	25.799	29.184	32.151
- tarifliche Einkommensteuer		8.678	10.954	12.900	14.592	16.076
+ Steuerermäßigung (180% des Steuermessbetrages der GewESt)		4.165	4.171	4.098	3.998	3.892
= ESt-Zahlung		4.513	6.783	8.802	10.595	12.184
= ESt-Erstattung						

Quelle: Eigene Berechnung.

Tab. 23: VOFI des Clusters 3: "Die Wertvollen"

	t = 2000	t = 2001	t = 2002	t = 2003	t = 2004	t ≥ 2005
Zahlungsüberschuss						
- Marktwert des Eigenkapitals	**1.371.911**					
+ Zahlungsüberschuss		318.011	271.334	231.490	197.578	168.730
Eigenkapital (Marktwert)	1.371.911					
Kredite						
+ Aufnahme						
- Tilgung						
- Sollzinsen (5,65%)						
Geldanlage						
- Anlage		172.913	148.665	127.977	110.377	
+ Auflösung						
+ Habenzinsen (15,00%)			25.937	48.237	67.433	83.990
Steuern						
- GewESt-Zahlung (16,67%)		53.012	49.555	46630	44.177	42.128
+ GewESt-Erstattung						
- KSt-Zahlung		66.250	61.929	58.274	55.209	52.648
+ KSt-Erstattung						
- ESt-Zahlung		25.836	37.122	46.846	55.248	62.528
+ ESt-Erstattung						
Finanzierungssaldo	**0**	**0**	**0**	**0**	**0**	**95.416**
Bestandsgrößen						
Kredite						
Guthabenstand		172.913	321.578	449.555	559.932	
= Bestandssaldo	**0**	**172.913**	**321.578**	**449.955**	**559.932**	
= Gegenwartswert der ewigen Rente am Planungshorizont					**1.272.213** ←	
= Endwert am Planungshorizont					**1.832.145**	

Nebenrechnung GewESt:	t = 2000	t = 2001	t = 2002	t = 2003	t = 2004	t ≥ 2005
Zahlungsüberschuss		318.011	271.334	231.490	197.578	168.730
- Zinsaufwand						
+ Zinsertrag			25.937	48.237	67.433	83.990
= Gewinn vor Steuern		318.011	297.271	279.727	265.011	252.720
+ Hinzurechnungen						
= Bemessungsgrundlage BGG		318.011	297.271	279.727	265.011	252.720
- GewESt-Zahlung (16,67%)		53.012	49.555	46.630	44.177	42.128
+ GewESt-Erstattung						

Nebenrechnung KSt:	t = 2000	t = 2001	t = 2002	t = 2003	t = 2004	t ≥ 2005
= Gewinn vor Steuern		318.011	297.271	279.727	265.011	252.720
- GewESt-Zahlung		53.012	49.555	46.630	44.177	42.128
= Bemessungsgrundlage BGK		264.499	247.716	233.097	220.834	210.592
- KSt-Zahlung (25% der BGK)		66.250	61.929	58.274	55.209	52.648
+ KSt-Erstattung (25% der BGK)						
= Ausschüttung		198.749	185.787	174.823	165.625	157.944

Nebenrechnung ESt:	t = 2000	t = 2001	t = 2002	t = 2003	t = 2004	t ≥ 2005
50% der Ausschüttung		99.375	92.894	87.412	82.813	78.972
+ Habenzinsen Standardanlage			25.937	48.237	67.433	83.990
= Bemessungsgrundlage BGE		99.375	118.831	135.649	150.246	162.962
- tarifliche Einkommensteuer		49.688	59.416	67.825	75.123	81.481
+ Steuerermäßigung (180% des Steuermessbetrages der GewESt)		23.850	22.294	20.979	19.875	18.953
= ESt-Zahlung		25.836	37.122	46.846	55.248	62.528
= ESt-Erstattung						

Quelle: Eigene Berechnung.

Tab. 24: VOFI des Clusters 4: "Die betreuungsintensiven Neuen"

	t = 2000	t = 2001	t = 2002	t = 2003	t = 2004	t ≥ 2005
Zahlungsüberschuss						
- Marktwert des Eigenkapitals	**-627.275**					
+ Zahlungsüberschuss		-257.234	-142.715	-68.666	-26.552	-3.282
Eigenkapital (Marktwert)	-627.275					
Kredite						
+ Aufnahme		139.865	82.324	44.843	23.460	
- Tilgung						
- Sollzinsen (5,65%)			7.902	12.554	15.087	16.413
Geldanlage						
- Anlage						
+ Auflösung						
+ Habenzinsen (15,00%)						
Steuern						
- GewESt-Zahlung (16,67%)						
+ GewESt-Erstattung		42.881	24.449	12.493	5.684	1.915
- KSt-Zahlung						
+ KSt-Erstattung		53.588	31.542	17.182	8.989	4.444
- ESt-Zahlung						
+ ESt-Erstattung		20.900	12302	6.702	3.506	1.733
Finanzierungssaldo	**0**	**0**	**0**	**0**	**0**	**-11.603**
Bestandsgrößen						
Kredite		139.865	222.189	267.032	290.492	
Guthabenstand						
= Bestandssaldo	**0**	**-139.865**	**-222.189**	**-267.032**	**-290.492**	
= Gegenwartswert der ewigen Rente am Planungshorizont					**-410.726**	←
= Endwert am Planungshorizont					**-701.218**	

Nebenrechnung GewESt:	**t = 2000**	**t = 2001**	**t = 2002**	**t = 2003**	**t = 2004**	**t ≥ 2005**
Zahlungsüberschuss		-257.234	-142.715	-68.666	-26.552	-3.282
- Zinsaufwand			7.902	12.554	15.087	16.408
+ Zinsertrag						
= Gewinn vor Steuern		-257.234	-150.617	-81.220	-41.639	-19.690
+ Hinzurechnungen			3.951	6.277	7.544	8.204
= Bemessungsgrundlage BGG		-257.234	-146.666	-74.943	-34905	-11.486
- GewESt-Zahlung (16,67%)						
+ GewESt-Erstattung		42.881	24.449	12.493	5.684	1.915

Nebenrechnung KSt:	**t = 2000**	**t = 2001**	**t = 2002**	**t = 2003**	**t = 2004**	**t ≥ 2005**
= Gewinn vor Steuern		-257.234	-150.617	-81.220	-41.639	-19.690
- GewESt-Zahlung		-42.881	-24.449	-12.493	-5.684	-1.915
= Bemessungsgrundlage BGK		-214.353	-126.168	-68.727	-35.955	-17.775
- KSt-Zahlung (25% der BGK)						
+ KSt-Erstattung (25% der BGK)		53.588	31.542	17.182	8.989	4.444
= Ausschüttung		-160.765	-94.626	-51.545	-26.966	-13.331

Nebenrechnung ESt:	**t = 2000**	**t = 2001**	**t = 2002**	**t = 2003**	**t = 2004**	**t ≥ 2005**
50% der Ausschüttung		-80.383	-47.313	-25.773	-13.483	-6.666
+ Habenzinsen Standardanlage						
= Bemessungsgrundlage BGE		-80.383	-47.313	-25.773	-13.483	-6.666
- tarifliche Einkommensteuer		-40.192	-23.657	-12.887	-6.742	-3.333
+ Steuerermäßigung (180% des Steuermessbetrages der GewESt)		-19.292	-11.355	-6.185	-3.236	-1.600
= ESt-Zahlung						
= ESt-Erstattung		20.900	12.302	6.702	3.506	1.733

Quelle: Eigene Berechnung.

Für die 14 Franchisenehmer, die sich ursprünglich in *Cluster 1* befinden, beträgt die *Summe der Partner Values 424.953 DM.* Dieses Ergebnis ist dadurch begründet, dass diese Franchisenehmer im Laufe der Zeit über das weniger lukrative Cluster 2 in den absorbierenden Zustand wechseln. Bereits in 2005 wird ceteris paribus fast die Hälfte (6,15) dieser Franchisenehmer aus dem Franchisesystem ausgeschieden sein, so dass die Zahlungsüberschüsse von 97.105,96 DM im Jahr 2001 auf 52.666,74 DM im Jahr 2005 sinken.

Ausgehend von *Cluster 2* gelangen nur sehr wenige der 26 Franchisenehmer in das nächst bessere Cluster 1. Ein Aufstieg in Cluster 3 ist so gut wie nicht möglich. Die meisten Franchisenehmer des ursprünglichen Clusters 2 wechseln in den nächsten Jahren in den absorbierenden Zustand. Im Jahre 2005 werden 66% (17,07) der Franchisenehmer, die sich ursprünglich in Cluster 2 befinden, das Franchisesystem verlassen haben. Als Konsequenz dieses Prozesses sinkt der Zahlungsüberschuss dieser Franchisenehmergruppe von 55.536,78 DM in 2001 auf 35.958,32 DM in 2005. *Die Summe der Partner Values beträgt 281.692 DM.*

Für die 10 Franchisenehmer, die sich anfangs in *Cluster 3* befinden, beträgt die *Summe der Partner Values 1.371.911 DM.* Jedoch sind auch in diesem Cluster in den Jahren 2002-2005 sinkende Zahlungsüberschüsse zu verzeichnen. Ursache hierfür sind Übergänge der Franchisenehmer in weniger lukrative Cluster. In 2005 sind noch ca. 47% (4,74) in Cluster 3; die anderen 53% verteilen sich in den Jahren nahezu gleichmäßig auf die Zustände 1, 2 und 5.

Das *Cluster 4* enthält vornehmlich neue Franchisenehmer. Daher ist es nicht verwunderlich, dass von diesem Cluster Wechsel in alle nicht-absorbierenden Zustände sowie in den absorbierenden Zustand 5 stattfinden. In 2005 werden bereits mehr als 40% der Franchisenehmer (4,09) wieder aus dem Franchisesystem ausgeschieden sein, falls der Franchisegeber keine gegensteuernden Maßnahmen ergreift. Damit liegt eine sehr hohe Fluktuationsquote bei den Neuzugängen vor. Die Entwicklung der Zahlungsüberschüsse von -257.234,00 DM im Jahr 2001 zu -3.282,32 DM im Jahr 2005 ist auf die Übergänge von Cluster 4 zu den nicht-absorbierenden Zuständen 1, 2 und 3 zurückzuführen. Negative Konsequenz dieser Entwicklung ist die *Summe der Partner Values dieses Cluster in Höhe von -627.275 DM.*

Die Gesamtsumme aller Partner Values in diesem Demonstrationsbeispiel beträgt 1.451.281 DM. Addiert man hierzu den Wert des neutralen Bereiches, den Neutral Value in Höhe von 528.245 DM,[503] ergibt sich ein SSV in Höhe von 1.979.526 DM. Die mit Hilfe des in Kap. 4 vorgestellten Konzeptes ermittelten Partner Values liefern dem Franchisegeber entscheidungsrelevante Informationen für wertsteigernde, franchisenehmerbezogene Maßnahmen. In Kap. 4.5 werden die wesentlichen Implikationen für die Auswahl dieser Maßnahmen erläutert.

4.5 Implikationen für die Auswahl wertsteigernder Maßnahmen

4.5.1 Wertsteigernde Maßnahmen für die Cluster 1 - 4

Den Franchisenehmern des Clusters 1, den *"betreuungsarmen Passiven"*, sollte der Franchisegeber im Rahmen von Besprechungen und ggf. von Betriebsvergleichen innerhalb dieser Gruppe verdeutlichen, dass sie durch eine bessere Kooperation und Mitarbeit in Gremien und Beiräten sowie durch mehr Eigeninitiative ihr Umsatzpotential besser ausschöpfen und folglich ihren eigenen Gewinn steigern können. Gelingt es, die Qualität der Franchisegeber-Franchisenehmer-Beziehung zu verbessern und durch eine bessere Kooperation und vermehrte Eigeninitiative der Franchisenehmer deren Gewinn zu erhöhen, wird sich die Franchisenehmer-Zufriedenheit voraussichtlich verbessern.[504] Eine verbesserte Franchisenehmer-Zufriedenheit wirkt sich wiederum positiv auf die Motivation, Eigeninitiative und die Umsatzpotentialausschöpfung der Franchisenehmer, damit auf die laufenden Einzahlungen an den Franchisegeber und letztlich positiv auf deren Partner Value aus. So könnten aus den ehemals passiven Franchisenehmern aktive, eigenverantwortliche "Unternehmertypen" werden.

Im Hinblick auf eine Erhöhung der Partner Values der *"betreuungsintensiven Unmotivierten"* (Cluster 2), sind diese Franchisenehmer zu motivieren, das Umsatzpotential besser auszuschöpfen und dadurch ihren Gewinn sowie ihren Partner Value zu

---

503 Vgl. nochmals die am Anfang dieses Kapitels gesetzten Prämissen.

504 Vgl. SCHLÜTER (2001) zu den Zusammenhängen zwischen der Beziehungsqualität und der Franchisenehmer-Zufriedenheit sowie zwischen dem wirtschaftlichen Erfolg der Franchisenehmer und ihrer Zufriedenheit mit dem Franchisegeber und dem Franchisesystem. Vgl. auch WOODRUFF (1997), S. 142 f.

erhöhen. Der Franchisegeber sollte ihnen diesbezüglich geeignete Möglichkeiten aufzeigen. Eine Möglichkeit wäre das systeminterne Benchmarking[505], indem die Franchisenehmer des Clusters 2 von den erfolgreichen Franchisenehmern des Clusters 3 lernen. Hierzu könnte der Franchisegeber Workshops mit den Franchisenehmern der beiden Cluster veranstalten. Ergeben sich innerhalb eines relativ kurzen Zeitraumes keine deutlichen Verbesserungen bei den Franchisenehmern des Clusters 2, sollte der Franchisegeber darüber nachdenken, sich von den bisherigen Franchisenehmern zu trennen und die Standorte neu zu besetzen.

Hinsichtlich der Franchisenehmer des *Clusters 3 "die Wertvollen"* ist dem Franchisegeber zu empfehlen, die weiteren Entwicklungen dieser Franchisenehmer sorgfältig zu beobachten und die Franchisenehmer an das System zu binden. Unter der Prämisse, dass die Franchisenehmer auch weiterhin als selbständige Unternehmer in der angestammten Branche bleiben möchten, müssen die Anreize, die mit einem Verbleib in dem System verbunden sind, höher sein als die von den Franchisenehmern zu leistenden Beiträge. Aufgrund der Tatsache, dass die erfahrenen Franchisenehmer kaum bis gar nicht auf die Unterstützung des Franchisegebers angewiesen sind, können diese Anreize nur im Marktauftritt des Systems also z.B. in der Marke, einer überregionalen Werbung mit hohen Reichweiten, einem aus Verbrauchersicht unverwechselbaren Angebotskonzept etc. begründet sein. Ferner kann es sinnvoll sein, mit den Franchisenehmern ab einer bestimmten Umsatzschwelle einen geringeren Prozentsatz für die laufende Gebühr zu vereinbaren, um einen speziellen Anreiz für die weitere Ausschöpfung des Umsatzpotentials zu schaffen.[506] Darüber hinaus sind, sofern keine gravierenden Änderungen eintreten, keine konkreten wertsteigernden Maßnahmen erforderlich, da die Franchisenehmer dieses Clusters quasi dem Idealbild eines Franchisenehmers entsprechen.

Bezüglich der *"betreuungsintensiven Neuen" (Cluster 4)* sollte es das Ziel des Franchisegebers sein, die gute Beziehungsqualität auszunutzen, um die Einzahlungen zu erhöhen und die Auszahlungen zu senken. Die Franchisenehmer müssen noch selbständiger werden und die Betreuung durch die Franchisegeberzentrale und den Außendienst weniger in Anspruch nehmen. Anhand der guten Werte für die zustands-

---

505 Zum Benchmarking vgl. ausführlicher AHLERT (2000), S. 15-24; AHLERT/SCHRÖDER (1998).

506 Vgl. auch Kap. 2.4.2.1.

beschreibenden Variablen[507] kann ihnen verdeutlicht werden, dass sie sich diese Selbständigkeit auch zutrauen können. Darüber hinaus muss die Bekanntheit der Franchisenehmer verbessert und ein fester Kundenstamm aufgebaut werden, um einen höheren Umsatz und damit höhere Einzahlungen für den Franchisegeber zu generieren. Der Franchisegeber sollte die Franchisenehmer, insbesondere bei der Kommunikationspolitik, besonderen Aktionen und beim Aufbau eines Kundenbindungsmanagements unterstützen.

Unabhängig von dem gewählten Demonstrationsbeispiel kann mit Hilfe des vorgestellten Konzeptes die zukünftige Entwicklung der Franchisenehmer in Abhängigkeit von ihrem Ausgangszustand prognostiziert und bewertet werden. Das Konzept liefert entscheidungsrelevante Informationen, auf deren Basis der Franchisegeber geeignete Maßnahmen zur Erhöhung der Partner Values und des SSV auswählen kann.

Bevor prinzipiell für geeignet erachtete Maßnahmen umgesetzt werden, sollte ihr Wertbeitrag mit Hilfe des VOFIs exakt ermittelt werden. Hierzu ist zunächst zu prognostizieren, wie sich die Maßnahmen auf die franchisenehmerbezogenen Ein- und Auszahlungen auswirken. Die neuen periodenindividuellen Zahlungsüberschüsse sind in den VOFI zu übernehmen. Anschließend sind die Partner Values auf der Basis dieser modifizierten Daten erneut (analog zur zuvor dargestellten Vorgehensweise) zu berechnen.

Grundsätzlich gilt diejenige Maßnahme mit dem höchsten positiven Partner Value als optimal, weil sie bezüglich der obersten Zielsetzung des Franchisegebers die höchste Steigerung des SSV erwarten lässt. Ergeben sich bei allen Maßnahmen negative Partner Values, weil die Durchführung aller Maßnahmen zu einem teilweisen oder vollständigen Verlust des Eigenkapitals bzw. zu einer höheren Verschuldung des Franchisegebers führt, ist im Sinne einer Verlustminimierung die Maßnahme mit dem kleinsten negativen Partner Value auszuwählen.

Im Hinblick auf eine erfolgreiche Umsetzung der wertsteigernden Maßnahmen ist es wichtig, die Franchisenehmer von der Notwendigkeit und dem Nutzen dieser Maßnahmen zu überzeugen. Diesbezüglich ist dem Franchisegeber zu empfehlen, die Balanced Scorecard als strategisches Informations- und Kommunikationsinstrument einzusetzen.

---

507 Vgl. Kap. 4.3.3.5.

KAPLAN und NORTON entwickelten mit der Balanced Scorecard (BSC) ein Measurementsystem, das als "ausgewogener Berichtsbogen" ein Gleichgewicht zwischen vergangenheits- und zukunftsorientierten, externen und internen, objektiven und subjektiven sowie zwischen monetären und nicht-monetären Größen herstellen soll. Ausgehend von der Strategie werden strategische Ziele abgeleitet und den unterschiedlichen Perspektiven der Balanced Scorecard zugeordnet. KAPLAN und NORTON unterscheiden die Finanz-, Kunden- und Geschäftsprozess- sowie die Lern- und Entwicklungsperspektive.[508] AHLERT weist darauf hin, dass aufgrund der Spezifika in Franchisesystemen die Balanced Scorecard um die Partner-Perspektive zu ergänzen, und der SSV als die zentrale Steuerungsgröße in die Finanzperspektive zu integrieren ist.[509]

Mit Hilfe der Balanced Scorecard kann der Franchisegeber den Franchisenehmern die Ursache-Wirkungszusammenhänge zwischen den wertsteigernden Maßnahmen und den Zielen der verschiedenen Perspektiven verdeutlichen und sie somit vom Handlungsbedarf überzeugen.[510] Wird zudem eine Soll-BSC für die nächste Periode t_1 und nach Ablauf der Periode t_1 eine Ist-BSC aufgestellt, so kann die Zielerreichung in den verschiedenen Perspektiven kontrolliert und ein kollektiver, strategischer Lernprozess innerhalb des Franchisesystems initiiert werden.[511] KAPLAN und NORTON bezeichnen den Lernprozess "als den innovativsten und wichtigsten Aspekt des gesamten Scorecard Managements."[512] Im Rahmen dieses Lernprozesses kann die Zielerreichung der umgesetzten Strategien und Maßnahmen überprüft und so das optimale Maßnahmenbündel zur Steigerung des SSV zusammengestellt werden.

4.5.2 Wertsteigernde Maßnahmen für das Cluster 5

Wie die Ausführungen in Kap. 4.3.5 gezeigt haben, kann mit Hilfe des Markov-Prozesses prognostiziert werden, *welche* Franchisenehmer *wann* aus dem System ausscheiden. Basierend auf diesen Informationen lassen sich die frei werdenden

508 Vgl. KAPLAN/NORTON (1997), S. 9.

509 Vgl. AHLERT (2001).

510 Vgl. KAPLAN/NORTON (1997), S. 13.

511 Vgl. nochmals AHLERT (2001).

512 KAPLAN/NORTON (1997), S. 15.

Standorte gezielt neu besetzen. Diesbezüglich existieren grundsätzlich drei Möglichkeiten.

Die erste Möglichkeit ist die Besetzung der Standorte mit neuen Franchisenehmern, die bislang dem System noch nicht angehört haben. Die Akquisition und Selektion neuer Franchisenehmer ist allerdings zunächst mit hohen Auszahlungen verbunden, die durch die einmalige Eintrittsgebühr nicht vollständig gedeckt sind. Daher sollte der Franchisegeber darauf achten, möglichst adäquate Franchisenehmer auszuwählen, die schon in einem frühen Stadium der Geschäftsbeziehung positive Zahlungsüberschüsse erwirtschaften und folglich einen hohen Partner Value versprechen. Allerdings gelingt es derzeit vielen Franchisesystemen nicht, geeignete Franchisenehmer zu gewinnen. Der gegenwärtig nahezu "leer gefegte" Markt für "Unternehmer im Netzwerk", also für hoch qualifizierte Personen, welche die Fähigkeit und die Bereitschaft aufweisen, unternehmerisch aktiv zu werden, bildet in Franchisesystemen derzeit die größte Expansionsbarriere.[513]

Insbesondere an attraktiven Standorten könnte der Franchisegeber sich daher auch dazu entschließen, den Franchisebetrieb in einen Regiebetrieb umzuwandeln, um so das Umsatzpotential des Standortes besser auszuschöpfen.

Fehlt dem Franchisegeber das hierzu erforderliche Kapital und/oder würde die Errichtung von eigenen Filialen die Systemstabilität des Franchisesystems gefährden, hat der Franchisegeber noch eine dritte Möglichkeit, den Standort wieder zu besetzen. Er kann einen internen Markt errichten, auf dem die aktuellen und potentiellen Franchisenehmer als Nachfrager nach Franchisen auftreten. Der Preis für eine Franchise sollte sich nach dem Umsatzpotential des Standortes richten. Die Franchise wird an den Meistbietenden vergeben.[514]

Analog zu der in Kap. 4.3.4 erläuterten Einordnung von Neuzugängen werden die neu besetzten Standorte in den Markov-Prozess integriert. Auf diese Weise lassen sich deren Partner Values sowie die Auswirkungen auf den SSV berechnen. Dabei kann der Franchisegeber in Rahmen von Simulationsrechnungen ermitteln, welche der zuvor genannten Alternativen der Neubesetzung eines Standortes die optimale ist.

---

513 Vgl. AHLERT/GUST (2001).

514 Vgl. zum internen Markt von Franchisen ausführlicher AHLERT (2001).

5. Zusammenfassung und Ausblick

Die Zielsetzung der vorliegenden Arbeit bestand darin, das Customer Value Management auf Franchisesysteme zu übertragen und ein Bewertungskonzept zu entwickeln, anhand dessen der Franchisegeber

- den Handlungsbedarf bzgl. der Franchisenehmer-Betreuung und ggf. -Selektion rechtzeitig erkennen,
- potentielle wertsteigernde Maßnahmen ableiten und
- die im Sinne seiner obersten finanziellen Zielsetzung optimalen Maßnahmen auswählen

kann.

Es wurde gezeigt, dass der Erfolg des Franchisegebers über die Franchisegebühr bzw. die Handelsspanne an den Erfolg des Franchisenehmers gekoppelt ist. Aus dieser Tatsache resultiert letztlich die Notwendigkeit eines Customer Value Managements in Franchisesystemen. Wesentliches *Charakteristikum des CVM in Franchisesystemen* ist die investitionstheoretische Sichtweise der Franchisegeber-Franchisenehmer-Beziehung. Unter der Prämisse, dass der Franchisegeber primär an einer angemessenen Verzinsung seines in das Franchisesystem investierten Kapitals interessiert ist, sind alle Maßnahmen des Franchisegebers zur Gestaltung der Franchisegeber-Franchisenehmer-Beziehung an diesem Ziel auszurichten.

Folglich ist jede einzelne Franchisegeber-Franchisenehmer-Beziehung als (Teil-) Investition zu begreifen, deren Erfolg sich am Partner Value (PV) bemisst. *Der Partner Value ist definiert als VOFI-Anfangswert aller zukünftigen Zahlungsüberschüsse, die im Rahmen der Geschäftsbeziehung mit einem bestimmten Franchisenehmer, ab dem Betrachtungszeitpunkt t_0 bis zu seinem Ausscheiden aus dem System, erzielt werden.*

Darauf aufbauend wurde der Strategic System Value (SSV), unter Vernachlässigung von Verbundeffekten zwischen Zentrale und Franchisenehmern einerseits und innerhalb der Franchisenehmerschaft andererseits, folgendermaßen konkretisiert: *Der Stategic System Value ist die Summe aller Partner Values zzgl. des Anfangswertes des neutralen Bereiches.*

Die Untersuchung "klassischer" Verfahren zur Bewertung von Kunden- bzw. Geschäftsbeziehungen ergab, dass keines dieser Verfahren den Wertbeitrag eines Franchisenehmers im Hinblick auf die oberste finanzielle Zielsetzung des Franchisegebers adäquat beurteilen kann. Darüber hinaus liefern diese Verfahren keine ausreichende Informationsbasis, um einen Handlungsbedarf hinsichtlich franchisenehmerbezogener Maßnahmen rechtzeitig erkennen zu können.

Aufgrund dieser Kritik wurde ein neues Konzept zur Bewertung von Franchisenehmern erarbeitet, das den speziellen Charakteristika der Franchisegeber-Franchisenehmer-Beziehung Rechnung trägt und die Mängel bisheriger Verfahren beseitigt. Mit Hilfe von Markov-Prozessen wird die Franchisenehmerstruktur-Dynamik realitätsnah erfasst. Basierend auf den Ergebnissen der Markov-Prozesse werden die originären franchisenehmerbezogenen Zahlungen ermittelt und anschließend in einen VOFI übernommen.

Im Vergleich zu den klassischen Verfahren der Investitionsrechnung weist der VOFI eine größere Abbildungsgenauigkeit und Transparenz auf. Aufgrund seiner hohen Anpassungsfähigkeit stellt er ein flexibles Instrument zur Bewertung von Franchisenehmern dar. Insbesondere ist von Vorteil, dass die individuelle Vermögenssituation des Franchisegebers, differenzierte Konditionen beliebiger Finanzierungs- und Kapitalanlageformen und variierende steuerliche Bedingungen im Rahmen des VOFIs berücksichtigt werden können.

Mit Hilfe des erarbeiteten Bewertungs-Konzeptes ist es möglich, frühzeitig zu erkennen, ob sich die Franchisenehmer hinsichtlich der obersten Zielsetzung des Franchisegebers optimal entwickeln werden und welche Ansatzpunkte für wertsteigernde Maßnahmen existieren.

Damit kommt das vorgestellte Konzept zur Bewertung von Franchisenehmern den Forderungen der Praxis nach einem Frühwarnsystem nach. Ein solches Frühwarnsystem ist insbesondere ab einer gewissen Größe eines Franchisesystems erforderlich, wenn die Franchisenehmer nicht mehr durch ein oder zwei Mitarbeiter der Zentrale, wie dies in kleineren Systemen oft noch der Fall ist, betreut werden. Ferner steigt mit zunehmender Systemgröße die Heterogenität der Franchisenehmer. Um dennoch seiner vertraglichen *Verpflichtung zur Sicherung eines systemkonformen Verhaltens* nachzukommen, benötigt der Franchisegeber ein Informationssystem, das eine *systematische* und *frühzeitige* Beurteilung der Franchisenehmer ermöglicht.

Hierzu sind für alle Franchisenehmer die Informationen aus den verschiedenen Teilinformationssystemen und der Franchisenehmerbetreuung zu einer zentralen Steuerungsgröße, dem Partner Value, zu aggregieren. Anhand des Partner Value kann der Franchisegeber rechtzeitig erkennen, welche Franchisenehmer zum Erfolg des Systems beitragen und welche der Systemstabilität schaden.

Bezüglich der Implementierung des vorgeschlagenen Bewertungskonzeptes ist zu beachten, dass das Konzept von den Franchisenehmern nicht als Ausdruck eines Misstrauens des Franchisegebers empfunden werden darf, da sich ansonsten z.T. dysfunktionale Wirkungen auf das Verhalten der Franchisenehmer ergeben. Diese können sich in einer verschlechternden Kooperation z.B. in Form einer mangelhaften Informationsweitergabe ausdrücken. Als möglicher weiterer Effekt kommt die Demotivation der Franchisenehmer in Betracht. Da aber die laufenden Einzahlungen des Franchisegebers vor allem durch die umsatzbezogene Franchisegebühr determiniert sind, würde sich eine Demotivation des Franchisenehmers auch negativ auf seinen Wert, den Partner Value, auswirken. Aufgabe des Franchisegebers ist es daher zu verdeutlichen, dass das Customer Value Management ein Indiz für die praktizierte Mitverantwortung des Franchisegebers am unternehmerischen Erfolg des Franchisenehmers ist.

Darüber hinaus führt die derzeitige Gebührenpolitik in Franchisesystemen, insbesondere die umsatzabhängige Gebühr, zu einem Zielkonflikt zwischen Franchisegeber und Franchisenehmer. Um seinen eigenen SSV zu maximieren, ist der Franchisegeber an der Maximierung der umsatzabhängigen Franchisegebühren und damit an der Maximierung des Franchisenehmerumsatzes interessiert. Hingegen sind die Franchisenehmer ihrerseits wiederum an der Maximierung ihres Unternehmungsgewinnes bzw. Eigenkapitals und nicht an der Maximierung ihres Umsatzes interessiert. Dabei fällt die aus Sicht der Franchisenehmer optimale Absatzmenge niedriger aus als die für den Franchisegeber optimale Absatzmenge.[515] Zur Vermeidung dieses Zielkonfliktes gehen bereits einige Franchisesysteme dazu über, die umsatzabhängige Franchisegebühr nach Sortimentsbereichen zu staffeln. Hiermit wird dem Gedanken Rechnung getragen, dass die verschiedenen Sortimentsbereiche unterschiedlich hohe Margen und damit einen unterschiedlich hohen Anteil am Gewinn des Franchisenehmers aufweisen.

---

515 Vgl. AHLERT (2001); MEFFERT (2000), S. 512 ff.; AHLERT (1998c), S. 35 ff.

Ferner werden für spezielle Leistungen des Franchisegebers wie Schulungen, Werbung oder EDV-Unterstützung gesonderte Gebühren erhoben.[516] Insgesamt sollen durch diese differenziertere Gebührenpolitik die Mängel der umsatzabhängigen Franchisegebühr reduziert werden. Bislang ist es jedoch noch nicht gelungen, ein Gebührensystem zu entwickeln, von dem für die Franchisenehmer der Anreiz ausgeht, das Absatzpotential des Franchisesystems auszuschöpfen und damit den SSV zu optimieren.

Vor dem Hintergrund der geschilderten Mängel bisheriger Gebührensysteme hat AHLERT daher ein neues Gebührensystem konzipiert.[517] Er differenziert zwischen

- einem innovationsorientierten Konzept von Zwangsbeiträgen zur Realisation von Gemeinschaftsaufgaben,
- einer prozessoptimierenden Leistungsverrechnung und
- einer strukturoptimierenden Gebührenordnung.

Das Abrechnungssystem für Gemeinschaftsaufgaben legt fest, welche Investitionen in die Infrastruktur des Franchisesystems, die durch die übliche Franchisegebühr nicht gedeckt sind, Franchisegeber und Franchisenehmer zu tätigen haben. Die monetären und nicht-monetären Beiträge der Einzelnen werden vom Franchisesystem als Ganzes in Anreize überführt, die dann wiederum den Einzelnen als Anreize zugute kommen. Die Anreize und Beiträge sind jedoch nicht direkt zurechenbar.[518] Bei der Franchisenehmer-Bewertung sollten daher die mit Gemeinschaftsaufgaben verbundenen Ein- und Auszahlungen im neutralen Bereich erfasst werden.

---

516 Gerade in standardisierten Sortimentsbereichen, die durch Markenartikel geprägt sind, sind die Artikel durch die Hersteller-Werbung in hohem Maße vorverkauft. Damit sind diese Sortimentsbereiche für den Endkunden quasi austauschbar. Eine Profilierung gegenüber anderen Einkaufsstätten erfolgt somit hauptsächlich über den Preis, wodurch die Margen geringer sind als für weniger standardisierte Produkte. Vgl. OEHME (1993a), S. 348; OEHME (1993b), S. 34.

Stellt der Franchisegeber seinen Franchisenehmern neben einem standardisierten Angebot auch innovative und ständig verbesserte Produkte/Leistungen zur Verfügung, können sich die Franchisenehmer gegenüber ihren Mitbewerbern abheben, der preispolitische Spielraum ist größer und es können höhere Margen erwirtschaftet werden. Der Vertrieb von Ölen und Essigen in losen Gebinden des Franchisesystems "Vom Fass" ist ein Beispiel für ein solches innovatives Angebot.

517 Vgl. hierzu und im Folgenden AHLERT (2001).

518 Vgl. AHLERT (2001).

Im Rahmen der prozessoptimierenden Leistungsverrechnung zahlt jeder Franchisenehmer adäquate Verrechnungssätze für individuelle, vom Franchisegeber erhaltene Leistungen (z.B. für die Buchführung, EDV-Unterstützung etc.). Hierdurch sollen Quersubventionen zwischen leistungsstarken und -schwachen Franchisenehmern und damit verbundene Effizienz- und Attraktivitätsverluste verhindert werden.

Für die strukturoptimierende Gebührenordnung schlägt AHLERT vor, die bewährte Aufteilung in eine einmalige Eintrittsgebühr und eine laufende Franchisegebühr beizubehalten.[519] In diesem Zusammenhang zahlt der Franchisenehmer die einmalige Gebühr für die Übernahme einer "schlüsselfertigen Existenz". Im Hinblick auf eine exakte Abgrenzung zur prozessoptimierenden Leistungsverrechnung sollten individualisierbare Bestandteile nicht mit der einmaligen Gebühr abgegolten werden. Die laufende Gebühr zahlt ein Franchisenehmer für das Recht ein bereits aufgebautes Umsatzpotential auszuschöpfen. Daher sollte die laufende Gebühr an das Umsatzpotential und nicht an die tatsächliche Ausschöpfung des Umsatzes gekoppelt werden.

Indem der Franchisegeber die für ihn aus der individuellen Leistungserbringung resultierenden Ein- und Auszahlungen anstelle der ursprünglichen Variablen "laufende Einzahlungen" und "laufende Auszahlungen"[520] in die Clusteranalyse und den daran anknüpfenden Markov-Prozess integriert, kann die prozessoptimierende Leistungsverrechnung in dem zuvor dargestellten Konzept zur Franchisenehmer-Bewertung berücksichtigt werden. Wegen der potentialabhängigen laufenden Gebühr ist die "Umsatzpotentialausschöpfungsquote" nicht separat als Zustandsvariable in der Clusteranalyse zu berücksichtigen. Sie ist durch die Variable "potentialabhängige Gebühr" zu ersetzen. Nachdem die Zustandsvariablen neu definiert worden sind, sind die anderen Schritte des Bewertungskonzeptes - wie in Kap. 4 geschildert - durchzuführen.

Die in dieser Arbeit vorgenommene Konzentration auf eine bestimmte vertikale Netzwerkkonstellation erfolgte lediglich, um das Demonstrationsbeispiel in Kap. 4 möglichst anschaulich und präzise zu gestalten. Zugrunde gelegt wurde ein zweigliedriges System, in dem ein Hersteller oder Großhändler als Franchisegeber seine

---

519 Vgl. hierzu und im Folgenden nochmals AHLERT (2001).

520 Zu den zustandsbildenden Variablen vgl. nochmals Kap. 4.3.2.

Produkte über Franchisenehmer an die Endverbraucher verkauft (Typ I und IV).[521] Nichtsdestotrotz ist das Bewertungs-Konzept auch in anderen Netzwerkkonstellationen (Typ II und III) anwendbar.

Das vorgestellte Konzept zur Franchisenehmer-Bewertung ist schwerpunktmäßig im Bereich des operativen Netzwerkmanagements angesiedelt. Weiterer Forschungsbedarf besteht insbesondere im Bereich des strategischen Netzwerkmanagements bzgl. der optimalen Konfiguration des Franchisesystems. Mit der potentialorientierten Gebührenordnung wurde bereits ein wesentlicher Bestandteil der Netzwerkkonfiguration angesprochen. Darüber hinaus sind weiterführende Untersuchungen hinsichtlich einer geeigneten Verkaufsbezirkseinteilung im Rahmen der neuen Gebührenordnung, der Umwandlung von Franchisebetrieben in Regiebetriebe et vice versa sowie der Restrukturierung der Arbeitsteilung in Franchisesystemen erforderlich.

---

521 Vgl. Kap. 2.2.2.

Literaturverzeichnis

ADAM, D. (1996), Planung und Entscheidung: Modelle - Ziele - Methoden; mit Fallstudien und Lösungen, 4. Aufl., Wiesbaden 1996.

ADAM, D. (1997), Investitionscontrolling, 2. Aufl., München u.a. 1997.

AHLERT, D. (1981), Absatzkanalstrategien des Konsumgüterherstellers auf der Grundlage Vertraglicher Vertriebssysteme mit dem Handel, in: AHLERT, D. (Hrsg.), Vertragliche Vertriebssysteme zwischen Industrie und Handel: Grundzüge einer betriebswirtschaftlichen, rechtlichen und volkswirtschaftlichen Beurteilung, Wiesbaden 1981, S. 43-98.

AHLERT, D. (1996), Distributionspolitik: Das Management des Absatzkanals, 3. Aufl., Stuttgart u.a. 1996.

AHLERT, D. (1997a), Vertikales Marketing im Wandel: Zur Frage des Restrukturierungsbedarfs vertikaler Marketingkonzeptionen in Theorie und Praxis, in: BRUHN, M./ STEFFENHAGEN, H. (Hrsg.), Marktorientierte Unternehmensführung: Reflexionen - Denkanstöße - Perspektiven; Festschrift für Heribert Meffert zum 60. Geburtstag, Wiesbaden 1997, S. 143-157.

AHLERT, D. (1997b), Warenwirtschaftsmanagement und Controlling in der Konsumgüterdistribution: Betriebswirtschaftliche Grundlegung und praktische Herausforderungen aus der Perspektive von Handel und Industrie, in: AHLERT, D./ OLBRICH, R. (Hrsg.), Integrierte Warenwirtschaftssysteme und Handelscontrolling: Konzeptionelle Grundlagen und Umsetzung in der Handelspraxis, 3. Aufl., Stuttgart 1997, S. 3-112.

AHLERT, D. (1998a), Strategisches Marketingmanagement in Industrie und Handel, Schriften zur Distributions- und Handelsforschung, Bd. 2, 4. Aufl., Münster 1998.

AHLERT, D. (1998b), Standortpolitik des Handels und City-Management, Schriften zur Distributions- und Handelsforschung, Bd. 5; 2. Aufl., Münster 1998.

AHLERT, D. (1998c), Absatz - Grundzüge des Marketing, Teil II, Arbeitsunterlage des Lehrstuhls für Betriebswirtschaftslehre, insbes. Distribution und Handel der Westfälischen Wilhelms-Universität Münster, Münster 1998.

AHLERT, D. (1999), Kosten & Leistungen, H. 1: Theorie - Rechnung - Management, Arbeitsunterlage des Lehrstuhls für Betriebswirtschaftslehre, insbes. Distribution und Handel der Westfälischen Wilhelms-Universität Münster, Münster 1999.

AHLERT, D. (2000), Excellence in den Distributionssystemen der Konsumgüterwirtschaft - Vorbilder für das stufenübergreifende Management des Wertschöpfungsprozesses, in: MEFFERT, H. (Hrsg.), Excellence im Marketing - Erfolgsfaktoren im Wandel, Dokumentation des 5. Münsteraner Marketing-Symposiums aus Anlass des 30-jährigen Bestehens des Instituts für Marketing an der Westfälischen Wilhelms-Universität Münster am 16. Oktober 1999, Münster 1999.

AHLERT, D. (2001), Wertorientiertes Management von F&C-Netzwerken - Ein neues Paradigma für das Netzwerkmanagement in Unternehmenskooperationen?, in: AHLERT, D. (Hrsg.), Handbuch Franchising und Kooperation, Neuwied 2001, S. 13-64.

AHLERT, D./ FRANZ, K.-P. (1992), Industrielle Kostenrechnung, 5. Aufl., Düsseldorf 1992.

AHLERT, D./ GUST, E.-M. (1999), CVM-Studie, Münster 1999.

AHLERT, D./ GUST, E.-M. (2000), Den Wert des Kunden messen, in: Bank Magazin, o.Jg. (2000), H. 9, S. 56-58.

AHLERT, D./ GUST, E.-M. (2001), Customer Value Management in Franchisesystemen, in: GÜNTHER, B./ HELM, S. (Hrsg.), Handbuch Kundenwert, Wiesbaden, S. 587-613.

AHLERT, D./ KENNING, P./ SCHNEIDER, D. (2000), Markenmanagement im Handel: Von der Handelsmarkenführung zum integrierten Markenmanagement in Distributionsnetzen; Strategien - Konzepte - Praxisbeispiele, Wiesbaden 2000.

AHLERT, D./ KOLLENBACH, S./ KORTE, C. (1996), Strategisches Handelsmanagement: Erfolgskonzepte und Profilierungsstrategien am Beispiel des Automobilhandels, Stuttgart 1996.

AHLERT, D./ OLBRICH, R. (1999) Institutionelle Handelsbetriebslehre, Münsteraner Schriften zur Distributions- und Handelsforschung, Bd. 6, 2. Aufl., Münster 1999.

AHLERT, D./ SCHRÖDER, H. (1998), Strategische Erfolgsforschung und Benchmarking in Handel und Distribution, Münsteraner Schriften zur Distributions- und Handelsforschung, Bd. 3, 2. Aufl., Münster 1998.

ALBACH, H. (1959), Wirtschaftlichkeitsrechnung bei unsicheren Erwartungen, Köln u.a. 1959.

ALBACH, H. (1980), Vertrauen in der ökonomischen Theorie, in: ZgSt, 136. Jg. (1980), Nr. 1, S. 2-11.

ALTER, C./ HAGE, J. (1993), Organizations working together, London 1993.

ALTMANN, F.W. (1996), Stabilität vertraglicher Kooperationsverhältnisse im Franchising: Eine institutionenökonomische Analyse, in: Europäische Hochschulschriften: Reihe 5, Volks- und Betriebswirtschaftslehre, Bd. 2060, Frankfurt a.M. u.a. 1996.

ANDERBERG, M.R. (1973), Cluster Analysis for Applications, New York u.a. 1973.

ANDERSON, T.W./ GOODMAN, L.A. (1957), Statistical Inference About Markov Chains, in: Annals of Mathematical Statistics, Vol. 28 (1957), S. 89-110.

ANDRITZKY, K. (1976), Der Einsatz von Scoring-Modellen für die Produktbewertung, in: Die Unternehmung, 30. Jg. (1976), S. 21-37.

ARBEITSKREIS "FINANZIERUNG" DER SCHMALENBACH-GESELLSCHAFT - DEUTSCHE GESELLSCHAFT FÜR BETRIEBSWIRTSCHAFT E.V. (1996), Wertorientierte Unternehmenssteuerung mit differenzierten Kapitalkosten, in: ZfbF, 48. Jg. (1996), H. 6, S. 543-578.

AUSSCHUß FÜR BEGRIFFSDEFINITIONEN AUS DER HANDELS- UND ABSATZWIRTSCHAFT (1995), Katalog E: Begriffsdefinitionen aus der Handels- und Absatzwirtschaft, 4. Aufl., Köln 1995.

BAAN, W. (1999), Terminal Value, in: BÜHNER, R./ SULZBACH, K. (Hrsg.), Wertorientierte Steuerungs- und Führungssysteme, Stuttgart 1999, S. 253-267.

BACHER, J. (1994), Clusteranalyse: Anwendungsorientierte Einführung, München u.a. 1994.

BACKHAUS, K. (1999), Industriegütermarketing, 6. Aufl., München u.a. 1999.

BACKHAUS, K./ PLINKE, W./ WEIBER, R. (2000), Multivariate Analysemethoden: Eine anwendungsorientierte Einführung, 9. Aufl., Berlin u.a. 2000.

BAETGE, J./ KRAUSE, C. (1994), Die Berücksichtigung des Risikos bei der Unternehmensbewertung: Eine empirisch gestützte Betrachtung des Kalkulationszinses, in: BfuP, 46. Jg. (1994), S. 433-457.

BAETGE, J./ KRUMBHOLZ, M. (1991), Überblick über Akquisition und Unternehmensbewertung, in: BAETGE, J. (Hrsg.), Akquisition und Unternehmensbewertung, Schriften des Instituts für Revisionswesen der Westfälischen Wilhelms-Universität Münster, Düsseldorf 1991, S. 1-30.

BALLWIESER, W. (1993), Methoden der Unternehmensbewertung, in: GEBHARDT, G./ GERKE, W./ STEINER, M. (Hrsg.), Handbuch des Finanzmanagements: Instrumente und Märkte der Unternehmensfinanzierung, München 1993, S. 151-176.

BANDYOPADHYAY, S./ ROBICHEAUX, R.A. (1997), Dealer Satisfaction Through Relationship Marketing Across Cultures, in: Journal of Marketing Channels, Vol. 6 (1997), No. 2, S. 35-55.

BARNARD, C.I. (1984), The Functions of the Executive, 30. Aufl., Cambridge (Mass.) 1984 (1. Aufl. 1938).

BARTH, K. (1999), Betriebswirtschaftslehre des Handels, 4. Aufl., Wiesbaden 1999.

BARTH, K./ MARZIAN, S.H./ WILLE, K. (2000), Customer Equity: Die Rechnung mit dem Kunden, in: asw, Sondernummer Oktober 2000, S. 170-181.

BATTENFELD, D. (1997), Kostenmanagement und prozessorientierte Kostenrechung im Handel: Konzeptionelle Grundlagen einer internen Marktorientierung durch Verrechnungspreise, in: Schriften zu Distribution und Handel, Bd. 24, Frankfurt a.M. u.a. 1997.

BAUDER, W. (1988), Der Franchise-Vertrag: Eine systematische Darstellung von Rechtstatsachen, Diss., Tübingen 1988.

BAUER, G. (1996), Prozeßkostenrechnung und ergebnisorientiertes Vertriebscontrolling, in: krp, 40. Jg. (1996), H. 5, S. 279-286.

BAUER, H.H./ HUBER, F./ JUNG, S. (1997), Kundenwertanalyse im Textileinzelhandel: Eine empirische Studie für drei verschiedene Betriebsformen, Arbeitspapier Nr. 119 des Instituts für Marketing der Universität Mannheim, Mannheim 1997.

BERENS, W. (1992), Beurteilung von Heuristiken: Neuorientierung und Vertiefung am Beispiel logistischer Probleme, Wiesbaden 1992.

BERGS, S. (1981), Optimalität bei Cluster-Analysen, Diss., Münster 1981.

BERRY, L.L. (1983), Relationship Marketing, in: BERRY, L.L./ SHOSTACK, G.L./ UPAH, G.D. (Hrsg.), Emerging Perspectives on Service Marketing, Chicago 1983, S. 25-28.

BEYER, W.E. (1988), Franchising als Instrument zur 'Festigung der Marktstellung': Möglichkeiten und Grenzen einer Unternehmung als Franchise-Geber in der Bundesrepublik Deutschland unter besonderer Berücksichtigung von Zielkonzeptionen der Franchise-Nehmer, Bochumer wirtschaftswissenschaftliche Studien, Nr. 122, Bochum 1988.

BHATTACHARYYA, S./ LAFONTAINE, F. (1995), Double-sided Moral Hazard and the Nature of Share Contracts, in: RAND Journal of Economics, Vol. 26 (1995), No. 4, S. 761-781.

BIEG, H. (1988), Finanzierung und Besteuerung, in: WISU, 9. Jg. (1980), H. 10, S. 538-543.

BIEHL, B. (1999), Werte für den Kunden: 4. ECR-Konferenz in Paris diskutiert das Consumer Value Management, in: LZ Nr. 17 vom 30. April 1999, S. 36.

BLATTBERG, R.C./ THOMAS, J.S. (1998), The Fundamentals of Customer Equity Management, in: BRUHN, M./ HOMBURG, C. (Hrsg.), Handbuch Kundenbindungsmanagement: Grundlagen - Konzepte - Erfahrungen, Wiesbaden 1998, S. 359-386.

BLEYMÜLLER, J. (1989), Multivariate Analyse für Wirtschaftswissenschaftler, Münster 1989.

BLOHM, H./ LÜDER, K. (1995), Investition: Schwachstellen des Investitionsbereichs und der Investitionsrechnung, 8. Aufl., München 1995.

BOEHM, H. (1992), Die Betreuung von Franchise-Nehmern, in: DEUTSCHER FRANCHISE-VERBAND E.V. (Hrsg.), Jahrbuch Franchising 1992, Frankfurt a.M. 1992, S. 205-213.

BOEHM, H. (1997), Partnerschafts-Bilanz als strategisches Controlling in Franchise-Systemen, in: DEUTSCHER FRANCHISE-VERBAND E.V. (Hrsg.), Jahrbuch Franchising 1996/1997, Frankfurt a.M. 1997, S. 88-102.

BOEHM, H. (1999), Neue Aufgaben für die Systemzentrale, in: DEUTSCHER FRANCHISE-VERBAND E.V. (HRSG.): Jahrbuch Franchising 1999/2000, Frankfurt a.M. 1999, S. 143-153.

BONUS, H. (1995), Bestandsaufnahme und Entwicklungsperspektiven des Franchising, in: MEFFERT, H./ WAGNER, H./ BACKHAUS, K. (Hrsg.), Führung von Franchise-Systemen: Dokumentation des Workshops vom 17. November 1994, Dokumentationspapier Nr. 94 der Wissenschaftlichen Gesellschaft für Marketing und Unternehmensführung e.V., Münster 1995, S. 5-15.

BONUS, H./ WESSELS, A.M. (1994a), Der Franchise-Nehmer - Ein moderner Sklave?, DEUTSCHER FRANCHISE-VERBAND E.V. (Hrsg.), Jahrbuch Franchising 1994, Frankfurt a.M. 1994, S. 109-117.

BONUS, H./ WESSELS, A.M. (1994b), Der Franchise-Nehmer - Ein moderner Sklave?, in: Volkswirtschaftliche Diskussionsbeiträge der Westfälischen Wilhelms-Universität Münster, Nr. 198, Münster 1994.

Borchert, S. (2001), Führung von Distributionsnetzwerken: Eine Konzeption der Systemführung von Unternehmungsnetzwerken zur erfolgreichen Realisation von Efficient Consumer Response-Kooperationen, Schriften zu Unternehmenskooperation und Netzwerkmanagement, Wiesbaden 2001.

BRÄNDLI, A. (1994), Was ist ein Kunde wert? Die Bedeutung und Differenzierung des Kundenwertes im Dialogmarketing, in: Direkt Marketing, 30. Jg. (1994), H. 6, S. 26-27.

BRÄNDLI, A. (1997), Jeder redet drüber, doch kaum einer weiß Bescheid, in: Direkt Marketing, 33. Jg. (1997), H. 3, S. 22-25.

BROSIUS, G./ BROSIUS, F. (1995), SPSS: Base System und Professional Statistics, Bonn u.a. 1995.

BRUHN, M. (2000), Wertorientiertes Relationship Marketing: Vom Kundenwert zum Customer Lifetime Value, in: Die Unternehmung, 54. Jg. (2000), H. 3, S. 167-187.

BRUHN, M./ GEORGI, D. (1998), Wirtschaftlichkeit des Kundenbindungsmanagements, in: BRUHN, M./ HOMBURG, C. (Hrsg.), Handbuch Kundenbindungsmanagement: Grundlagen - Konzepte - Erfahrungen, Wiesbaden 1998, S. 411 - 440.

BRÜNE, G. (1989), Meinungsführerschaft im Konsumgütermarketing, Heidelberg 1989.

BÜHL, A./ ZÖFEL, P. (2000), SPSS Version 9: Einführung in die moderne Datenanalyse unter Windows, 6. Aufl., München u.a. 2000.

BÜHNER, R. (1993), Shareholder Value: Eine Analyse von 50 großen Aktiengesellschaften in der Bundesrepublik Deutschland, in: DBW, 53. Jg. (1993), S. 749-769.

BÜHNER, R./ TUSCHKE, A. (1999), Wertmanagement: Rechnen wie ein Unternehmer, in: BÜHNER, R./ SULZBACH, K. (Hrsg.), Wertorientierte Steuerungs- und Führungssysteme, Stuttgart 1999, S. 3-42.

BUSSE VON COLBE, W. (1957), Der Zukunftserfolg: Die Ermittlung des zukünftigen Unternehmungserfolges und seine Bedeutung für die Bewertung von Industrieunternehmen, Wiesbaden 1957.

BUSSE VON COLBE, W./ LAßMANN, G. (1990), Betriebswirtschaftstheorie, Bd. 3: Investitionstheorie, 3. Aufl., Berlin 1990.

CANNING, J.B. (1929), The Economics of Accountancy: A Critical Analysis of Accounting Theory, New York 1929.

CHUNG, K.L. (1967), Markov Chains: With Stationary Transition Probabilities, 2. Aufl., Berlin u.a. 1967.

CLARK, J.M. (1923), Studies in the Economics of Overhead Costs, Chicago 1923.

CLEMENS, R. (1988), Die Bedeutung des Franchising in der BRD: Eine empirische Untersuchung von Franchisenehmern und -systemen, Stuttgart 1988.

COENENBERG, A.G. (1997), Kostenrechnung und Kostenanalyse, 3. Aufl., Landsberg am Lech 1997.

COENENBERG, A.G./ FISCHER, T. (1991), Prozeßkostenrechnung: Strategische Neuorientierung in der Kostenrechnung, in: DBW, 51. Jg. (1991), S. 21-38.

COOPER, R./ KAPLAN, R.S. (1988a), Measure Costs Right: Make the Right Decisions, in: HBR, Vol. 66 (September-October 1988), S. 96-103.

COOPER, R./ KAPLAN, R.S. (1988b), How Cost accounting Distort Product Costs, in: Management Accounting, Vol. 69 (April 1988), S. 20-27.

COPELAND, T./ KOLLER, T./ MURRIN, J. (1991), Valuation, Measuring and Managing the Value of Companies, New York u.a. 1991.

COPELAND, T./ KOLLER, T./ MURRIN, J. (1998), Unternehmenswert: Methoden und Strategien für eine wertorientierte Unternehmensführung, 2. Aufl., Frankfurt a.M. u.a. 1998.

COPELAND, T.E./ WESTON, J.F. (1992), Financial Theory and Corporate Policy, 3. Aufl., Reading (Mass.) u.a. 1992.

CORNELSEN, J. (1996), Kundenwert: Begriff und Bestimmungsfaktoren, Arbeitspapier Nr. 43 des Lehrstuhls für Marketing der Universität Erlangen-Nürnberg, Nürnberg 1996.

CORNELSEN, J. (1998), Kundenbewertung mit Referenzwerten: Theorie und Ergebnisse des Kooperationsprojektes 'Kundenwert' in Zusammenarbeit mit der GfK AG, Arbeitspapier Nr. 64 des Lehrstuhls für Marketing der Universität Erlangen-Nürnberg, Nürnberg 1998.

CORNELSEN, J. (2000), Kundenwertanalysen im Beziehungsmarketing: Theoretische Grundlegung und Ergebnisse einer empirischen Studie im Automobilbereich, Schriften zum innovativen Marketing, Bd. 3, Nürnberg 2000.

COURTHEOUX, R.J. (1986), Estimating and Applying Customer Values, in: DIRECT MARKETING ASSOCIATION (Hrsg.), Manual Release No. 620.4, New York 1986.

CURRY, J.A.H. ET AL. (1966), Partners for Profit: A Study of Franchising, New York 1966.

CYERT, R.M./ MARCH, J.G. (1963), A Behavioral Theory of the Firm, New Jersey 1963.

DEUTSCHER FRANCHISEVERBAND E.V. (1998), Alles über Franchising: Eine Basisinformation des deutschen Franchise-Verbandes e.V., München 1998.

DILLER, H./ CORNELSEN, J./ AMBROSIUS, T. (1997), Kundenerfolgsrechnungen in der Konsumgüterindustrie, Arbeitspapier Nr. 62 des Lehrstuhls für Marketing der Universität Erlangen-Nürnberg, Nürnberg 1997.

DILLER, H./ KUSTERER, M. (1988), Beziehungsmanagement: Theoretische Grundlagen und explorative Befunde, in: Marketing ZFP, 10. Jg. (1988), H. 3, S. 211-220.

DNES, A.W. (1991), The Economic Analysis of Franchising and its Regulation, in: JOERGES, C. (Hrsg.), Franchising and the Law, Baden-Baden 1991, S. 133-142.

DRAPER, J.E./ NOLIN, L.H. (1964), A Markov Chain Analysis of Brand Preferences, in: Journal of Advertising Research, Vol. 4 (September 1964), S. 33 f.

DREYER, A. (1974), Scoring-Modelle bei Mehrfachzielsetzungen: Eine Analyse des Entwicklungsstandes von Scoring-Modellen, in: ZfB, 44. Jg. (1974), S. 255-274.

DUBOFF, R. (1992), Marketing to Maximize Profitability, in: Journal of Business Strategy, Vol. 13 (1992), No. 6., S. 10-13.

DÜNISCH, R. (1999), Aktuelle Rechtsentwicklungen im Franchising, in: DEUTSCHER FRANCHISE-VERBAND E.V. (Hrsg.), Jahrbuch Franchising 1999/2000, Frankfurt a.M. 1999, S. 30-36.

DWYER, F.R. (1989), Customer Lifetime Valuation to Support Marketing Decision Making, in: Journal of Direct Marketing, Vol. 3 (1989), No. 4, S. 8-15.

DYNKIN, E.B. (1961), Die Grundlagen der Theorie der Markoffschen Prozesse, Die Grundlehren der mathematischen Wissenschaften, Bd. 108, Berlin u.a. 1961.

FERSCHL, F. (1970), Markovketten, Berlin u.a. 1970.

FICKERT, R. (1992), Shareholder Value: Ansatz zur Bewertung von Strategien, in: WEILENMANN, P./ FICKERT, R. (Hrsg.), Strategiecontrolling in Theorie und Praxis, Bern 1992, S. 47-92.

FISCHER, E.O. (1999), Die relevanten Kalkulationszinsfüße in der Investitionsplanung, in: ZfB, 69. Jg. (1999), H. 7, S. 777-801.

FISHER, I. (1930), The Theory of Interest, New York 1930 (Reprint 1965).

FLECK, A. (1995), Hybride Wettbewerbsstrategien: Zur Synthese von Kosten- und Differenzierungsvorteilen, Wiesbaden 1995.

FLOHR, E. (1999), Art und Umfang der Informationspflichten eines Franchise-Gebers vor Abschluß eines Franchisevertrages, in: DEUTSCHER FRANCHISE-VERBAND E.V. (Hrsg.), Jahrbuch Franchising 1999/2000, Frankfurt a.M. 1999, S. 13-21.

FLOHR, E. (2000), Manuskript des Vortrags „Franchise-Recht - Die konkreten Auswirkungen der neuen europäischen Verordnung auf Vertragsgestaltung und Vertragspraxis beim Franchising", gehalten auf der Tagung „Franchising goes University II: Realität und Vision im neuen Jahrtausend" des Internationalen Centrums für Franchising und Cooperation am 5. Juni 2000 in Münster.

FRAENKLER, H. (1994), Fallbeispiele Kundenbewertung, in: Direkt Marketing, 30. Jg. (1994), H. 6, S. 9-11.

FRANZ, K.-P. (1990), Die Prozeßkostenrechnung: Darstellung und Vergleich mit der Plankosten- und Deckungsbeitragsrechung, in: AHLERT, D./ FRANZ, K.-P./ GÖPPL, H. (Hrsg.), Finanz- und Rechnungswesen als Führungsinstrument, Wiesbaden 1990, S. 109-136.

FRAUENHUBER, W. (1996), Franchising: Von der Idee bis zur Umsetzung, in: DEUTSCHER FRANCHISE-VERBAND E.V. (Hrsg.), Jahrbuch Franchising 1996, Frankfurt a.M. 1996, S. 49-59.

FRÖHLING, O. (1992), Thesen zur Prozeßkostenrechnung, in: ZfB, 62. Jg. (1992), H. 7, S. 723-741.

FROTSCHER, G. (2000), Die körperschaftsteuerliche Übergangsregelung nach dem Steuersenkungsgesetz, in: Betriebs-Berater, 55. Jg. (2000), H. 45, S. 2280-2291.

FRUHAN, W.E. (1979), Financial Strategy: Studies in the creation, transfer and destruction of shareholder value, Homewood 1979.

GALE, B.T. (1994), Managing Customer Value: Creating quality and service that customers can see, New York u.a. 1994.

GIERL, H./ KURBEL, T.M. (1997), Möglichkeiten zur Ermittlung des Kundenwertes, in: LINK, J. ET AL. (Hrsg.): Handbuch Database Marketing, 2. Aufl., Ettlingen 1997, S. 175-189.

GLASER, H. (1992), Prozeßkostenmanagement: Darstellung und Kritik, in: ZfbF, 44. Jg. (1992), S. 275-288.

GOMEZ, P. (1993), Wertmanagement: Vernetzte Strategien für Unternehmen im Wandel, Düsseldorf u.a. 1993.

GOMEZ, P./ WEBER, B. (1990), Akquisitionsstrategien zur Steigerung des Unternehmenswertes, in: H. SIEGWART ET AL. (Hrsg.), Meilensteine im Management, Bd. 1: Mergers and Acquisitions, Stuttgart u.a. 1990, S. 181-203.

GÖPPL, H. (1980), Unternehmensbewertung und Capital-Asset-Pricing-Theorie, in: WPg, 33. Jg. (1980), H. 9, S. 237-245.

GORDON, P. (1965), Théorie des chaines markov finies et ses applications, Paris 1965.

GÖTZ, P./ DILLER, H. (1991), Die Kundenportfolio-Analyse: Ein Instrument zur Steuerung von Kundenbeziehungen, Arbeitspapier Nr. 1 des Lehrstuhls für Marketing der Universität Erlangen-Nürnberg, Nürnberg 1991.

GRAF, G. (2000), Das Steuersenkungsgesetz, in: WiSt, 29. Jg. (2000), H. 6, S. 301.

GROB, H.L. (1989), Investitionsrechnung mit vollständigen Finanzplänen, München 1989.

GROB, H.L. (1990), Das System der VOFI-Rentabilitätskennzahlen bei Investitionsentscheidungen, in: ZfB, 60. Jg. (1990), H. 2, S. 179-192.

GROB, H.L. (1999a), Einführung in die Investitionsrechnung: Eine Fallstudiengeschichte, 3. Aufl., München 1999.

GROB, H.L. (1999b), Leistungs- und Kostenrechnung, 3. Aufl., Münster 1999.

GROB, H.L./ LANGENKÄMPER, CH./ WIEDING, A. (1999), Unternehmensbewertung mit VOFI, in: ZfbF, 51. Jg. (1999), H. 5, S. 454-479.

GRÖNROOS, C. (1990), Relationship Approach to Marketing in Service Contexts: The Marketing and Organizational Behaviour Interface, in: Journal of Business Research, Vol. 23 (1990), No. 2, S. 3-11.

GROßE-OETRINGHAUS, W.F. (1994), Value Marketing: Steigerung des Geschäftserfolgs durch Erhöhung von Kundenwerten, in: TOMCZAK, T./ BELZ, C. (Hrsg.), Kundennähe realisieren, St. Gallen 1994, S. 55-79.

GÜNTHER, T. (1994), Zur Notwendigkeit des Wertsteigerungs-Managements, in: HÖFNER, K./ POHL, A. (Hrsg.), Wertsteigerungs-Management: Das Shareholder Value-Konzept: Methoden und erfolgreiche Beispiele, Frankfurt a.M. 1994, S. 13-58.

GÜNTHER, T. (1997), Unternehmenswertorientiertes Controlling, München 1997.

GUST, E.-M. (1996), Möglichkeiten und Grenzen der Betriebstypenprofilierung durch ein dezentralistisch organisiertes Geschäftsstättenmanagement in Filialsystemen des Handels, unveröffentlichte Diplomarbeit am Lehrstuhl für Betriebswirtschaftslehre, insbes. Distribution und Handel der Westfälischen Wilhelms-Universität Münster, Münster 1996.

GUTENBERG, E. (1984), Grundlagen der Betriebswirtschaftslehre, Bd. 2: Der Absatz, 17. Aufl., Berlin u.a. 1984.

HACHMEISTER, D. (1996), Die Abbildung der Finanzierung im Rahmen verschiedener Discounted Cash Flow-Verfahren, in: ZfbF, 48. Jg. (1996), H. 3, S. 251-277.

HANRIEDER, M. (1990), Franchising, in: POTH, L.G. (Hrsg.), Marketing, Loseblattsammlung, Bd. 2, 2. Aufl., Neuwied 1990.

HARTMANN, N. (1996), Franchisenehmerbeiräte: Ökonomische und wettbewerbsrechtliche Beurteilung von Franchisenehmerbeiräten in Franchisesystemen des Handels, Göttingen 1996.

HEINEMANN, M. (1976), Einkaufsstättenwahl und Firmentreue des Konsumenten, Schriftenreihe Unternehmensführung und Marketing, Bd. 6, Wiesbaden 1976.

HEISTER, M. (1962), Rentabilitätsanalyse von Investitionen: Ein Beitrag zur Wirtschaftlichkeitsrechnung, Beiträge zur betriebswirtschaftlichen Forschung, Bd. 17, Köln u.a.1962.

HELLING, N.U. (1994), Strategieorientierte Unternehmensbewertung: Instrumente und Techniken, Wiesbaden 1994.

HENSELMANN, K./ KNIEST, W. (1999), Unternehmensbewertung: Praxisfälle mit Lösungen, Herne u.a.1999.

HERNÁNDEZ-LERMA, O./ LASSERRE, J.B. (1991a), Markov Decision Processes, Part I, in: Annals of Operations Research, Vol. 28 (1991), No. 1-4.

HERNÁNDEZ-LERMA, O./ LASSERRE, J.B. (1991b), Markov Decision Processes, Part II, in: Annals of Operations Research, Vol. 29 (1991), No. 1-4.

HERRFELD, P. (1998), Die Abhängigkeit des Franchisenehmers: Rechtliche und ökonomische Aspekte, Wiesbaden 1998.

HERRMANN, A./ FÜRDERER, R. (1997), The Value of Passenger Car Customers, in: JOHNSON, M.D. (Hrsg.): Customer Retention in the automotive industry: Quality, satisfaction and loyalty, Wiesbaden 1997, S. 349-372.

HERTER, R.N. (1994), Unternehmenswertorientiertes Management: Strategische Erfolgsbeurteilung von dezentralen Organisationseinheiten auf Basis der Wertsteigerungsanalyse, München 1994.

HEß, A. (1994), Verhaltensaspekte in vertikalen Absatzkooperationen: Die Zufriedenheit des Automobilhändlers, in: MEINIG, W. (Hrsg.): Wertschöpfungskette Automobilwirtschaft: Zulieferer, Hersteller, Handel, internationaler Wettbewerb und globale Herausforderungen, Wiesbaden 1994, S. 259-276.

HEYER, H. (1979), Einführung in die Theorie Markoffscher Prozesse, Mannheim u.a. 1979.

HILD, D. (2000), Report zum Steuersenkungsgesetz, in: Betriebs-Berater, 55. Jg. (2000), H. 33, S. 1656-1657.

HILLENHINRICHS, T. (1999), Controlling-Konzeption für Franchisesysteme, in: NEBEL, J. ET AL. (Hrsg.), Das Franchise-System: Handbuch für Franchisegeber und Franchisenehmer, Neuwied u.a., S. 103-118.

HOFMANN, M./ BAUMANN, O. (2000), Kein Shareholder Value ohne Customer Value, in: HOFMANN, M./ MERTIENS, M. (Hrsg.), Customer-Lifetime-Value-Management, Kundenwert schaffen und erhöhen: Konzepte, Strategien, Praxisbeispiele, Wiesbaden 2000, S. 31-42.

HÖFNER, K./ POHL, A. (1993), Wer sind die Werterzeuger, wer die Wertvernichter im Portfolio?, in: Harvard Business Manager, 15. Jg. (1993), Nr. 1, S. 51-58.

HÖFNER, K./ POHL, A. (1994), Wertsteigerungstechniken für das Geschäftsfeld- und Beteiligungsportfolio, in: HÖFNER, K./ POHL, A. (Hrsg.), Wertsteigerungs-Management: Das Shareholder Value-Konzept; Methoden und erfolgreiche Beispiele, Frankfurt a.M. u.a., 1994, S. 59-84.

HOLLAND, H. (1992), Direktmarketing, München 1992.

HOMBURG, C./ DAUM, D. (1997), Marktorientiertes Kostenmanagement, Kosteneffizienz und Kundennähe verbinden, Frankfurt a.M. 1997.

HOMBURG, C./ GIERING, A./ HENTSCHEL, F. (1999), Der Zusammenhang zwischen Kundenzufriedenheit und Kundenbindung, in: DBW, 59. Jg. (1999), H. 2, S. 173-195.

HOMBURG, C./ SCHNURR, P. (1998), Kundenwert als Instrument der Wertorientierten Unternehmensführung, in: BRUHN, M. ET AL. (Hrsg.): Wertorientierte Unternehmensführung: Perspektiven und Handlungsfelder für die Wertsteigerung von Unternehmen, Wiesbaden 1998, S. 169-189.

HORVÁTH, P. ET AL. (1993), Prozeßkostenrechung - oder wie die Praxis die Theorie überholt: Kritik und Gegenkritik, in: DBW, 53. Jg. (1993), H. 5, S. 609-628.

HORVÁTH, P./ MAYER, R. (1989), Prozeßkostenrechung: Der neue Weg zu mehr Kostentransparenz und wirkungsvolleren Unternehmensstrategien, in: Controlling, 1. Jg. (1989), H. 4, S. 214-219.

HORVÁTH, P./ MAYER, R. (1993), Prozeßkostenrechnung: Konzeption und Entwicklungen, in: krp, 37. Jg. (1993), Sonderheft 2, S. 15-28.

HOWARD, R.A. (1965), Dynamische Programmierung und Markov-Prozesse, Zürich 1965.

HUMMEL, S./ MÄNNEL, W. (1983), Kostenrechnung, Bd. 2: Moderne Verfahren und Systeme, 3. Aufl., Wiesbaden 1983.

HUMMEL, S./ MÄNNEL, W. (1986), Kostenrechnung, Bd. 1: Grundlagen, Aufbau und Anwendung, 4. Aufl., Wiesbaden 1986.

HUNT, S.D./ NEVIN, J.R. (1974), Power in a Channel of Distribution: Sources and Consequences, in: JoMR, Vol. 11 (May 1974), S. 186-193.

JACHMANN, M. (2000), Ansätze zu einer gleichheitsgerechten Ersetzung der Gewerbesteuer, in: Betriebs-Berater, 55. Jg. (2000), H. 28/29, S. 1432-1441.

JACKSON, B.B. (1985), Building customer relationships that last, in: HBR, 63. Jg. (November-December 1985), S. 120-128.

JÄGER, B. (2001), Desinvestitionsentscheidungen auf der Basis Vollständiger Finanzpläne: Ein Modell für mittelständische Unternehmungen - dargestellt am Beispiel der Textil- und Bekleidungsindustrie, Schriften zu Distribution und Handel, Bd. 35, Frankfurt a.M. 2001.

JAMBULINGHAM, T./ NEVIN, J.R. (1999), Influence of franchisee selection criteria on outcomes desired by the Franchisor, in: Journal of Business Venturing, Vol. 14 (July 1999), S. 363-395.

JAVANOVSKI, M. (1994), Ergebnisse einer empirischen Erfolgsfaktorenstudie über das vertikal-kooperative Absatzsystem Franchising, in: DEUTSCHER FRANCHISE-VERBAND E.V. (Hrsg.), Jahrbuch Franchising 1994, Frankfurt a.M. 1994, S. 24-51.

JEFFREY, J.R./ FRANCO, J.J. (1996), Identifying a Company's Most Profitable Customers: The First Step in Intelligent Customer Retention, in: Information Strategy, Vol. 12 (1996), No. 4, S. 15-21.

JOHNSON, H.T./ KAPLAN, R.S. (1987a), Relevance Lost: The Rise and Fall of Management Accounting, Boston (Mass.) 1987.

JOHNSON, H.T./ KAPLAN, R.S. (1987b), The Importance of Long-Term Product Costs, in: The McKinsey Quarterly, Autumn, S. 36-48.

JUSCHKEWITSCH, A.A. (1953), Über die Differenzierbarkeit von Übergangswahrscheinlichkeiten eines homogenen Markoffschen Prozesses mit abzählbar vielen Zuständen, Diplomarbeit, Universität Moskau, 1953.

JUSCHKEWITSCH, A.A. (1957), Über streng Markoffsche Prozesse, in: Teor. wer. i jeje prim., Nr. 2 (1957), S. 187-213.

KADEN, J. ET AL. (1997), Kritische Überlegungen zur Discounted Cash Flow-Methode: Methodenharmonisierung von Ertragswert und Discounted Cash Flow, in: ZfB, 67. Jg. (1997), S. 499-508.

KAPLAN, R.S./ NORTON, D.P. (1997), Balanced Scorecard: Strategien erfolgreich umsetzen, Stuttgart 1997.

KAUB, E. (1980), Franchise-Systeme in der Gastronomie, Diss., Saarbrücken 1980.

KEHL, R.E. (1995), Erfolgsmessung im Direktmarketing: Die Entwicklung eines Konzeptes zur Effizienzmessung von Direktmarketing-Aktivitäten, Ettlingen 1995.

KEILSON, J. (1979), Markov Chain Models: Rarity and Exponentiality, in: Applied Mathematical Sciences, Vol. 28, New York u.a. 1979.

KEMENY, J.G./ SNELL, L.J. (1983), Finite Markov Chains, New York u.a. 1983.

KENNING, P. (2001), Customer Trust Management: Ein Beitrag zum Vertrauensmanagement im Lebensmitteleinzelhandel, Schriften zu Unternehmenskooperation und Netzwerkmanagement, Wiesbaden 2001.

KLEINALTENKAMP, M./ RIEKER, S. (1997), Kundenorientierte Organisation, in: KLEINALTENKAMP, M./ PLINKE, W. (Hrsg.), Geschäftsbeziehungsmanagement, Berlin u.a. 1997, S. 161-218.

KLOOCK, J. (1991), Prozeßkostenrechnung als Rückschritt und Fortschritt der Kostenrechnung, Diskussionsbeiträge zum Rechnungswesen, Universität zu Köln, Wirtschafts- und Sozialwissenschaftliche Fakultät, Beitrag Nr. 3, November 1991.

KLOYER, M. (1995), Management von Franchisesystemen: Eine Ressource-Dependence-Perspektive, Wiesbaden 1995.

KNIGGE, R. (1975), Von der Cost-Benefit-Analyse zur Nutzwert-Analyse, in: WISU, 4. Jg. (1975), H. 3, S. 15-21.

KNÖBEL, U. (1997), Kundenwertmanagement im Retail Banking: Kundenprofitabilitätsanalyse und Customer-Life-Cycle Costing am Beispiel einer Universalbank, St. Gallen 1997.

KNÖBEL, U. (1998), Aspekte des Customer Costing, in: FICKERT, R. (Hrsg.), Customer Costing, Schriftenreihe des Instituts für Rechnungslegung und Controlling, Bd. 6, Bern u.a. 1998, S. 237-272.

KNORREN, N. (1998), Wertorientierte Gestaltung der Unternehmensführung, Wiesbaden 1998.

KÖHLER, R. (1998), Kundenorientiertes Rechnungswesen als Voraussetzung des Kundenbindungsmanagements, in: BRUHN, M./ HOMBURG, C. (Hrsg.), Handbuch Kundenbindungsmanagement: Grundlagen - Konzepte - Erfahrungen, Wiesbaden 1998, S. 329 – 358.

KOLMOGOROFF, A.N. (1931), Über die analytischen Methoden in der Wahrscheinlichkeitstheorie, in: Mathematical Annual, Nr. 104 (1931), S. 415-458.

KOPPELMANN, U. (1997), Produktmarketing: Entscheidungsgrundlagen für Produktmanager, 5. Aufl., Berlin u.a. 1997.

KORTE, C. (1995), Customer Satisfaction Measurement: Kundenzufriedenheitsmessung als Informationsgrundlage des Hersteller- und Handelsmarketing am Beispiel der Automobilwirtschaft, Schriften zu Distribution und Handel, Bd. 15, Frankfurt a.M. u.a. 1995.

KOTLER, P. (1999), Marketing Management: Analyse, Planung, Umsetzung und Steuerung, 9. Aufl., Stuttgart 1999.

KRAFFT, M./ ALBERS, S. (2000), Ansätze zur Segmentierung von Kunden - Wie geeignet sind herkömmliche Konzepte?, in: ZfbF, 52. Jg. (2000), H. 9, S. 515-536.

KRAFFT, M./ MARZIAN, S. (1997), Dem Kundenwert auf der Spur, in: asw, 40. Jg. (1997), Nr. 6, S. 104-107.

KREILKAMP, E. (1987), Strategisches Management und Marketing: Markt- und Wettbewerbsanalyse, Strategische Frühaufklärung, Portfolio-Management, Berlin u.a. 1987.

KRESS, F.-F/ MARTINEAU, O./ v. LÜTZOW, Y. (1994), Wirksames Kostenmanagement und Effizienzsteigerung einer Systemzentrale durch Prozeßorientierung, in: DEUTSCHER FRANCHISE-VERBAND E.V. (Hrsg.), Jahrbuch Franchising 1994, Frankfurt a.M. 1994, S. 117-134.

KRÜGER, S.M. (1997), Profitabilitätsorientierte Kundenbindung durch Zufriedenheitsmanagement: Kundenwert als Steuerungsgröße für die Kundenbindung in marktorientierten Dienstleistungsunternehmen, Schriftenreihe Schwerpunkt Marketing, Bd. 47, München 1997.

KRUSCHWITZ, L. (1995), Investitionsrechnung, 6. Aufl., Berlin u.a. 1995.

KUNKEL, M. (1994), Franchising und asymmetrische Informationen: Eine institutionenökonomische Untersuchung, Wiesbaden 1994.

LANGNER, H. (1993), Kennen Sie die Zufriedenheit Ihrer Kunden wirklich?, in: Marketing Journal, 26. Jg. (1999), H. 1, S. 46-49.

LAWLER, G.F. (1995), Introduction to stochastic processes, New York 1995.

LEWIS, T.G. (1995), Steigerung des Unternehmenswertes: Total Value Management, 2. Aufl., Landsberg am Lech 1995.

LINK, J./ HILDEBRAND, V.G. (1993), Database Marketing und Computer Aided Selling: Strategische Wettbewerbsvorteile durch neue informationstechnologische Systemkonzeptionen, München 1993.

LINK, J./ HILDEBRAND, V.G. (1997), Ausgewählte Konzepte der Kundenbewertung im Rahmen des Database Marketing, in: LINK, J. ET AL. (Hrsg.): Handbuch Database Marketing, 2. Aufl., Ettlingen 1997, S. 159-173.

LINTNER, J. (1965), The Valuation of Risk Assets and the Selection of Risky Investments in Stock Portfolios and Capital Budgets, in: Review of Economics and Statistics, 47. Jg. (1965), S. 13-37.

LORSON, P. (1999), Shareholder Value-Ansätze: Zweck, Konzepte und Entwicklungstendenzen, in: Der Betrieb, 52. Jg. (1999), H. 26/27, S. 1329-1339.

MAAS, P. (1990), Franchising in wirtschaftspsychologischer Perspektive: Handlungsspielraum und Handlungskompetenz in Franchisesystemen/eine empirische Studie bei Franchise-Nehmern, Kölner Arbeiten zur Wirtschaftspsychologie, Bd. 4, Frankfurt a.M. u.a. 1990.

MARCH, J.G./ SIMON, H.A. (1993), Organizations, 2. Aufl., Cambridge (Mass.) u.a. 1993.

MARKOFF, A.A. (1906), Die Erweiterung des Gesetzes großer Zahlen auf Größen, die voneinander abhängig sind, in: Isw. Fis-Matem. obschtsch. pri Kasansk. uniw., Teil 2, Nr. 15 (1906), S. 135-156 (russisch).

MARKOWITZ, H.M. (1959), Portfolio Selection: Efficient Diversification of Investment, New York u.a. 1959.

MARTINEK, M. (1987), Franchising: Grundlagen der zivil- und wettbewerbsrechtlichen Behandlung der vertikalen Gruppenkooperation beim Absatz von Waren und Dienstleistungen, Heidelberg 1987.

MARTINEK, M. (1992), Moderne Vertragstypen, Bd. 2: Franchising, Know-how-Verträge, Management- und Consultingverträge, Schriftenreihe der Juristischen Schulung, H. 110, München 1992.

MARTINEK, M. (2001), Franchising 2000: Standortbestimmung und Zukunftsperspektiven des Franchisevertriebs, in: AHLERT, D. (Hrsg.), Handbuch Systemkooperation und Franchising, Neuwied u.a. 2001, S. 327-338.

MASSY, W.F./ MONTGOMERY, D.B./ MORISSON, D.G. (1970), Stochastic Models of Buying Behaviour, Cambridge (Mass.) 1970.

MATTMÜLLER, R. (1990), Marketing-Prognosen für den Handel, Augsburg 1990.

MATZLER, K./ STAHL, H.K. (2000), Kundenzufriedenheit und Unternehmenswertsteigerung, in: DBW, 60. Jg. (2000), S. 626-641.

MAYER, E./ WEBER, J. (1990), Handbuch Controlling, Stuttgart 1990.

MAYER, R. (1998), Prozeßkostenrechnung: State of the Art, in: HORVÁTH & PARTNER GMBH (Hrsg.), Prozeßkostenmanagement: Methodik und Anwendungsfelder, 2. Aufl., München 1998, S. 3-27.

MEFFERT, H. (1994), Kundenbindungsmanagement: Ziele, Strategien und Instrumente, in: MEFFERT, H./ BACKHAUS, K. (Hrsg.), Kundenbindung und Kundenmanagement: Instrumente zur Sicherung der Wettbewerbsposition, Münster 1994.

MEFFERT, H. (1998), Kundenbindung als Element moderner Wettbewerbsstrategien, in: BRUHN, M./ HOMBURG, C. (Hrsg.), Handbuch Kundenbindungsmanagement: Grundlagen - Konzepte - Erfahrungen, Wiesbaden 1998, S. 117-133.

MEFFERT, H. (2000), Marketing: Grundlagen marktorientierter Unternehmensführung; Konzepte, Instrumente, Praxisbeispiele, 9. Aufl., Wiesbaden 2000.

MEFFERT, H./ BACKHAUS, K. (1994), Kundenbindung und Kundenbindungsmanagement, Instrumente zur Sicherung der Wettbewerbsposition, Münster 1994.

MEFFERT, H./ MEURER, J. (1995), Marktorientierte Führung von Franchisesystemen: Theoretische Grundlagen und empirische Befunde, Arbeitspapier Nr. 98 der Wissenschaftlichen Gesellschaft für Marketing und Unternehmensführung e.V., Münster 1995.

MEFFERT, H./ MEURER, J. (1996), Marktorientierte Führung von Franchise-Systemen: Theoretische Grundlagen und empirische Befunde, in: DEUTSCHER FRANCHISE-VERBAND E.V. (Hrsg.), Jahrbuch Franchising 1996, Frankfurt a.M. 1996, S. 210-236.

MEFFERT, H./ MEURER, J. (1999), Der Franchisegeber als Steuermann, in: NEBEL, J. ET AL. (Hrsg.), Das Franchisesystem, Handbuch für Franchisegeber und Franchisenehmer, Neuwied u.a. 1999, S. 423-439.

MEFFERT, H./ STEFFENHAGEN, H. (1977), Marketing-Prognose-Modelle: Quantitative Grundlagen des Marketing, Stuttgart 1977.

MEFFERT, H./ WÖLLENSTEIN, S./ BURMANN, C. (1996), Erfolgswirkungen des Konflikt- und Kooperationsverhaltens in vertraglichen Vertriebssystemen des Automobilhandel, in: Marketing-ZFP, 18. Jg. (1996), H. 4, S. 279-290.

MEIER, H.-J. (1999), Finanzierung des Franchisebetriebes, in: NEBEL, J. ET AL. (Hrsg.), Das Franchise-System: Handbuch für Franchisegeber und Franchisenehmer, Neuwied u.a. 1999, S. 206-224.

MEURER, J. (1997), Führung von Franchisesystemen; Führungstypen, Einflußfaktoren, Verhaltens- und Erfolgswirkungen, Schriftenreihe Unternehmensführung und Marketing, Bd. 30, Wiesbaden 1997.

MEYER ZU SELHAUSEN, H. (1976), Quantitative Marketing-Modelle in der Kreditbank: Oberzielorientierte Bewertung globaler Entscheidungsalternativen, in: Schriften zum Bank- und Börsenwesen, Bd. 3, Berlin 1976.

MEYER ZU SELHAUSEN, H. (1989), Prospektive Lebensdauerkalkulation von Kundenverbindungen: Ansatzpunkte für Akquisition, Kundenbetreuung und Geschäftsfeldstrategie, in: Zeitschrift für Bankrecht und Bankwirtschaft, 1. Jg., (1989), Nr. 2, S. 77-84.

MINE, H./ OSAKI, S. (1970), Markovian Decision Processes, New York 1970.

MOOR, D./ WINTERMANTEL, F. (1998), Kundenstrukturen und Prozesse optimieren: Das Beispiel des Handelshauses ABB Normelec, in: HORVÁTH & PARTNER GMBH (Hrsg.): Prozeßkostenmanagement: Methodik und Anwendungsfelder, 2. Aufl., München 1998, S. 337-353.

MOSSIN, J. (1966), Equilibrium in a Capital Asset Market, in: Econometrica, 34. Jg. (1966), S. 768-783.

MÜLHAUS, K. (1996), Franchising: Die andere Art der Selbständigkeit; Vor- und Nachteile der Partnerschaft in Franchising-Systemen, München 1996.

MÜLLER-HAGEDORN, L. (1993), Handelsforschung: Erfolgsfaktoren im Einzelhandel, in: asw, 36. Jg. (1993), Nr. 11, S. 90-101.

MÜNGER, M. (2000), Customer Value Management: Kundenorientierung in der Praxis, in: io management, Sonderausgabe Juni 2000, S. 56-59.

MUNKELT, I. (1995), Wenn der Kunde es wert ist..., in: asw, 38. Jg. (1995), H. 10, S. 102-108.

MÜNSTERMANN, H. (1966), Die Bedeutung des ökonomischen Gewinns für den externen Jahresabschluß der Aktiengesellschaft, in: Die Wirtschaftsprüfung, 19. Jg. (1966), H. 20/21, S. 579-586.

NAUMANN, E. (1995), Creating Customer Value, Cincinnati 1995.

NEBEL, J. (1999a), Franchisenehmer auswählen und gewinnen, in: NEBEL, J. ET AL. (Hrsg.), Das Franchise-System: Handbuch für Franchisegeber und Franchisenehmer, Neuwied u.a. 1999, S. 189-205.

NEBEL, J. (1999b), Franchisegebühren, in: NEBEL, J. ET AL. (Hrsg.), Das Franchise-System: Handbuch für Franchisegeber und Franchisenehmer, Neuwied u.a. 1999, S. 225-231.

NEUFANG, B. (2000), Steuersenkungsgesetz aus Sicht der Praxis, in: Betriebs-Berater, 55. Jg. (2000), H. 38, S. 1913-1923.

NORRIS, J.R. (1997), Markov chains, in: Cambridge series on statistical and probabilistic mathematics, No. 2, Cambridge 1997.

O.V. (1997), Jeder redet darüber, doch kaum einer weiß Bescheid, in: Direkt Marketing, H. 3, 1997, S. 22-24.

O.V. (2000a), Umfangreiche Datenbestände können in Echtzeit analysiert werden, in: FAZ v. 25. April 2000, S. 25.

O.V. (2000b), Zinskurven von Staatsanleihen, in: FAZ v. 20. Juni 2000, S. 39.

O.V. (2000c), Überblick zum Steuersenkungsgesetz, in: Betriebsberater, 55. Jg. (2000), H. 25, S. 1770-1773.

O.V. (2000D), Wie Marketing den Unternehmenswert steigern kann ... Ein Konzept gegen die Allmacht finanzieller Benchmarks, in: asw, Sondernummer Oktober 2000, S. 126-137.

OEHME, W. (1993a), Handelsmanagement: Eine Konzeption für die Führung des Operatingbereiches von Handelsunternehmen, München 1993.

OEHME, W. (1993b), Profilierung durch Sortimentskompetenz, in: Thexis, o.Jg. (1993), H. 4, S. 32-37.

OFFENBÄCHER, V./ SCHMITT, G. (1999), Spezialprobleme und Lösungsansätze im Zusammenhang mit der Ermittlung der Eigenkapitalkosten, in: BÜHNER, R./ SULZBACH, K. (Hrsg.), Wertorientierte Steuerungs- und Führungssysteme, Stuttgart 1999, S. 237-252.

ORTHMANN, C. (1990), Umfang, Struktur und Ausprägung des Franchisings in der Bundesrepublik Deutschland: Studie des Deutschen Franchise Instituts, München 1990.

PAPE, U. (1999), Wertorientierte Unternehmensführung und Controlling, Schriftenreihe Controlling, Bd. 6, 2. Aufl., Sternenfels u.a. 1996.

PAYNE, A./ RAPP R. (1999), Relationship Marketing: Ein ganzheitliches Verständnis von Marketing, in: PAYNE, A./ RAPP, R. (Hrsg.): Handbuch Relationship Marketing: Konzeption und erfolgreiche Umsetzung, München 1999, S. 3-16.

PERRIDON, L./ STEINER, M. (1997), Finanzwirtschaft der Unternehmung, 9. Aufl., München 1997.

PETERS, T.J./ WATERMANN, R.H. (1982), In Search of Excellence, New York 1982.

PICOT, A./ WOLFF, B. (1995), Franchising als effiziente Vertriebsform, in: KAAS, K.P. (Hrsg.), Kontrakte, Geschäftsbeziehungen, Netzwerke: Marketing und Neue Institutionenökonomik, ZfbF-Sonderheft, Nr. 35, Düsseldorf u.a. 1995, S. 223-243.

PLINKE, W. (1995), Kundenanalyse, in: TIETZ, B./ KÖHLER, R./ ZENTES, J. (Hrsg.): Handwörterbuch des Marketing, 2. Aufl., Stuttgart 1995, S. 1328-1340.

PLINKE, W. (1997a), Grundlagen des Geschäftsbeziehungsmanagements, in: KLEINALTENKAMP, M./ PLINKE, W. (Hrsg.): Geschäftsbeziehungsmanagement, Berlin u.a. 1997, S. 1-62.

PLINKE, W. (1997b), Bedeutende Kunden, in: KLEINALTENKAMP, M./ PLINKE, W. (Hrsg.): Geschäftsbeziehungsmanagement, Berlin u.a. 1997, S. 113-160.

POSSELT, T. (1999), Das Design vertraglicher Vertriebsbeziehungen am Beispiel Franchising, in: ZfB, 69. Jg. (1999), Nr. 3, S. 347-375.

PRICEWATERHAUSECOOPERS/ ROLAND BERGER & PARTNERS (1999), Consumer Value Measurement, o.O. 1999.

RAPPAPORT, A. (1979), Strategic Analysis for More Profitable Acquisitions, in: HBR, Vol. 54 (July-August 1979), S. 99-110.

RAPPAPORT, A. (1986), Creating Shareholder Value, New York 1986.

RAPPAPORT, A. (1987), Discounted Cash Flow Valuation, in: ROCK, M.L. (Hrsg.), M&A Handbook, New York 1987, S. 163-181.

RAU, H. (1994), Key Account Management: Konzepte für wirksames Beziehungsmanagement, Wiesbaden 1994.

REICHHELD, F.F. (1993a), Treue Kunden müssen auch rentabel sein, in: Harvard Business Manager, 15. Jg. (1993), H. 3, S. 106-114.

REICHHELD, F.F. (1993b), Loyalty-Based Management, in: Harvard Business Review, Vol. 71 (March-April 1993), S. 64-73.

REICHHELD, F.F./ SASSER, W.E. (1991), Zero-Migration: Dienstleister im Sog der Qualitätsrevolution, in: Harvard Manager, 13. Jg. (1991), Nr. 4, S. 108-116.

REUSS, H. (1993), Konfliktmanagement in Franchisevertriebssystemen der Automobilindustrie, Frankfurt a.M. u.a. 1993.

RIEKER, S.A. (1995), Bedeutende Kunden: Analyse und Gestaltung von langfristigen Anbieter-Nachfrager-Beziehungen auf industriellen Märkten, Wiesbaden 1995.

ROLAND, F. (2000), Gewerbesteuer: Ein Problem bei der Reform der Unternehmensbesteuerung, in: Wirtschaftsdienst - Zeitschrift für Wirtschaftspolitik, 80. Jg. (2000), H. 2, S. 90-97.

RUBIN, P.H. (1978), The Theory of the Firm and the Structure of the Franchise Contract, in: Journal of Law and Economics, No. 21, 1978, S. 223-233.

SACHENBACHER, H.-U. (1991), Prospektive Lebensdauerkalkulation von Kundenverbindungen in Kreditinstituten: Ein anwendungsorientiertes, empirisch fundiertes Konzept für das Privatkundengeschäft unter Berücksichtigung der Konsequenzen im Marketing und Controlling, München 1991.

SACHS, L. (1999), Angewandte Statistik: Anwendung statistischer Methoden, 9. Aufl., Berlin u.a. 1999.

SCHÄL, M. (1990), Markoffsche Entscheidungsprozesse, Stuttgart 1990.

SCHANK, C. (2000), Kundengewinnung als Startpunkt des CLV-M, in: HOFMANN, M./ MERTIENS, M. (Hrsg.), Customer-Lifetime-Value-Management: Kundenwert schaffen und erhöhen; Konzepte, Strategien, Praxisbeispiele, Wiesbaden 2000, S. 43-69.

SCHEITER, S./ BINDER, C. (1992), Kennen Sie Ihre rentablen Kunden?, in: Harvard Manager, 14. Jg. (1992), H. 2, S. 17-22.

SCHELLHAAS, K.-U./ BEINHAUER, M. (1992), Entscheidungsrelevanz in der Prozeßkostenrechnung, in: krp, 42. Jg. (1992), H. 6, S. 301-309.

SCHEMUTH, J. (1996), Möglichkeiten und Grenzen der Bestimmung des Wertes eines Kunden für ein Unternehmen der Automobilindustrie: Darstellung am Beispiel eines Käufers der C-Klasse von Mercedes-Benz, Arbeitspapier Nr. 74 des Lehrstuhls für Marketing, Ludwig-Maximilians-Universität München, München 1996.

SCHLEUNING, C. (1997), Die Analyse und Bewertung der einzelnen Interessenten und Kunden als Grundlage für die Ausgestaltung des Database Marketing, in: LINK, J. ET AL. (Hrsg.), 2. Aufl. Ettlingen 1997, S. 143-158.

SCHLÜTER, H. (2001), Franchisenehmer-Zufriedenheit: Theoretische Fundierung und empirische Analyse, Schriften zu Unternehmenskooperation und Netzwerkmanagement, Wiesbaden 2001.

SCHMIDT, R. (1993), Das Shareholder Value-Konzept, in: FRITSCH, U./ LIENER, G./ SCHMIDT, R. (Hrsg.), Die deutsche Aktie, Stuttgart 1993, S. 277-296.

SCHMIDT, R. H./ TERBERGER, E. (1997), Grundzüge der Investitions- und Finanzierungstheorie, 4. Aufl., Wiesbaden 1997.

SCHNEEWEIß, C. (1990), Kostenwirksamkeitsanalyse, Nutzwertanalyse und Multi-Attributive Nutzentheorie, in: WiSt, 19. Jg. (1990), H. 1, S. 13-18.

SCHNEIDER, D. (1963), Bilanzgewinn und ökonomische Theorie, in: Zeitschrift für handelswirtschaftliche Forschung, 15. Jg. (1963), H. 10, S. 457-474.

SCHNEIDER, D. (1968), Ausschüttungsfähiger Gewinn und das Minimum an Selbstfinanzierung, in: ZfbF, 20. Jg. (1968), H. 1, S. 1-29.

SCHNEIDER, D. (1992), Investition, Finanzierung und Besteuerung: Lehrbuch der Investitions-, Finanzierungs- und Ungewißheitstheorie, 7. Aufl., Wiesbaden 1992.

SCHULZ, B. (1995), Kundenpotentialanalyse im Kundenstamm von Unternehmen, in: Europäische Hochschulschriften, Reihe 5, Volks- und Betriebswirtschaft, Bd. 1787, Frankfurt a.M. u.a. 1995.

SCHWEITZER, M./ KÜPPER, H.-U. (1998), Systeme der Kosten- und Erlösrechnung, 7. Aufl., München 1998.

SCHWETZLER, B./ DARIJTSCHUK, N. (1999), Unternehmensbewertung mit Hilfe der DCF-Methode: Eine Anmerkung zum „Zirkularitätsproblem", in: ZfB, 69. Jg. (1999), H. 3, S. 295-318.

SEBASTIAN, K.H./ LAUSZUS, D. (1994), Höherer Kundenwert und höhere Gewinne, in: Gablers Magazin, 2/1994, S. 27-30.

SEIDEL, M. (1997), Erfolgsfaktoren von Franchise-Nehmern unter besonderer Berücksichtigung der Kundenzufriedenheit: Eine empirische Analyse am Beispiel eines Franchisesystems, Europäische Hochschulschriften: Reihe 5, Volks- und Betriebswirtschaftslehre, Bd. 2109, Frankfurt a.M. u.a. 1997.

SHARPE, W.F. (1964), Capital Asset Prices: A Theory of Market Equilibrium under Conditions of Risk, in: Journal of Finance, 19. Jg. (1964), S. 425-442.

SHARPE, W.F. (1991), Capital Asset Prices with and without Negative Holdings, in: Journal of Finance, 46. Jg. (1991), S.489-509.

SIDOW, H.D. (1997), Key-Account-Management: Wettbewerbsvorteile durch kundenbezogene Strategien, 3. Aufl., Landsberg am Lech 1997.

SIEBEN, G./ ZAPF, B. (1981), Unternehmensbewertung als Grundlage unternehmerischer Entscheidungen: Bericht des Arbeitskreises „Unternehmensbewertung im Rahmen der unternehmerischen Zielsetzung" der Schmalenbach-Gesellschaft – Deutsche Gesellschaft für Betriebswirtschaft e.V., Stuttgart 1981.

SIEFKE, A. (1998), Zufriedenheit mit Dienstleistungen: Ein phasenorientierter Ansatz zur Operationalisierung und Erklärung der Kundenzufriedenheit im Verkehrsbereich auf empirischer Basis, Schriften zu Marketing und Management, Bd. 35, Frankfurt a.M. 1998.

SIEGERT, T. (1994), Strategische Führung: Die finanzielle Dimension, in: SIEGWART, H./ MAHARI, J./ ABRESCH, M. (Hrsg.), Meilensteine im Management: Finanzielle Führung, Finanzinnovationen & Financial Engineering, Teilband 1: Finanzielle Führung, Stuttgart u.a., 1994, S. 63-79.

SKAUPY, W. (1995), Franchising: Handbuch für die Betriebs- und Rechtspraxis, 2. Aufl., München 1995.

SNOW, CH.C./ MILES, R.E./ COLEMAN, H. (1992), Managing the 21st Century Network Organizations, in: Organizational Dynamics, Vol. 20 (Winter 1992), S. 5-20.

SONDERMANN, P.-A. (1996), Daten und Fakten zur Entwicklung des Franchisings in Deutschland, in: DEUTSCHER FRANCHISE-VERBAND E.V. (Hrsg.), Jahrbuch Franchising 1996, Frankfurt a.M. 1996, S. 10-15.

SPAHLINGER, L.I./ HERRMANN, A./ HUBER, F. (2000), Vom Kundschafts- zum Kundenwertmanagement, in: asw, Sondernummer Oktober 2000, S. 182-188.

STAEHLE, W.H. (1969), Die Unternehmung als Koalition und die Notwendigkeit der Werbung um Koalitionsteilnehmer, in: ZfB, 39. Jg. (1969), S. 377-390.

STAEHLE, W.H. (1999), Management: Eine verhaltenswissenschaftliche Perspektive, 8. Aufl., München 1999.

STEFFEN, M. (2001), Strategische Netzwerke für komplexe Konsumgüter - am Beispiel der Industriellen Maßkonfektion, Schriften zu Distribution und Handel, Bd. 34, Frankfurt a.M. 2001.

STEHLE, R./ HARTMOND, A. (1991), Durchschnittsrenditen deutscher Aktien 1954-1988, in: Kredit und Kapital, 24. Jg. (1991), S. 371-409.

STEIN, G. (1996), Franchisingnetzwerke im Dienstleistungsbereich: Management und Erfolgsfaktoren, Wiesbaden 1996.

STERN, P. (1994), Unterstützung von britischen Geschäftsbanken für das Franchising, in: DEUTSCHER FRANCHISE-VERBAND E.V. (Hrsg.), Jahrbuch Franchising 1994, Frankfurt a.M. 1994, S. 194-198.

STREBEL, H. (1978), Scoring-Modelle im Lichte neuer Gesichtspunkte zur Konstruktion praxisorientierter Entscheidungsmodelle, in: Der Betrieb, 31. Jg. (1978), H. 46, S. 2181-2186.

STUDER, T. (1998), Die Eigenkapitalkosten: Schwachstelle aller Führungsinstrumente der Wertorientierten Unternehmensführung, in: BRUHN, M. ET AL. (Hrsg.), Wertorientierte Unternehmensführung: Perspektiven und Handlungsfelder für die Wertsteigerung von Unternehmen, Stuttgart 1998, S. 365-390.

SULZBACH, K. (1999), Behandlung von Schulden und Rückstellungen im DCF-Verfahren, in: BÜHNER, R./ SULZBACH, K. (Hrsg.), Wertorientierte Steuerungs- und Führungssysteme, Stuttgart 1999, S. 211-236.

SYDOW, J. (1995), Franchisesysteme als strategische Netzwerke: Über das Warum des Franchising hinaus, in: MEFFERT, H./ WAGNER, H./ BACKHAUS, K. (Hrsg.): Führung von Franchisesystemen: Dokumentation des Workshops vom 17. November 1994, Dokumentationspapier Nr. 94 der Wissenschaftlichen Gesellschaft für Marketing und Unternehmensführung e.V., Münster 1995, S. 16-44.

SYDOW, J./ KLOYER, M. (1995), Managementpraktiken in Franchisingnetzwerken: Erkenntnisse aus sechs Fallstudien, Arbeitspapier Nr. 171 des Fachbereichs Wirtschaftswissenschaft der Bergischen Universität Gesamthochschule Wuppertal, Wuppertal 1995.

SYDOW, J./ WINDELER, A. (1994), Über Netzwerke, virtuelle Integration und Interorganisationsbeziehungen, in: SYDOW, J./ WINDELER, A. (Hrsg.), Management interorganisationaler Beziehungen, Opladen 1994, S. 1-21.

TÄGER, U.C. (1994), Kooperationsgruppen des Handels und Franchisesysteme in Europa, in: BEUTHIEN, V./ SCHWARZ, G.C./ TÄGER, U.C., Handelskooperationen und Franchisesysteme im Distributionswettbewerb in Europa: Eine handelspolitische und wettbewerbsrechtliche Darstellung, ifo Studien zu Handels- und Dienstleistungsfragen, Bd. 44, München 1994, S. 1-169.

TIETZ, B. (1991), Handbuch Franchising: Zukunftsstrategien für die Marktbearbeitung, 2. Auflage, Landsberg am Lech 1991.

TOBIN, J. (1957), Liquidity Preference as Behaviour Towards Risk, in: Review of Economic Studies, Vol. 25 (1957), S. 65-86.

VNR VERLAG FÜR DIE DEUTSCHE WIRTSCHAFT AG (1999), Franchise-Chancen für Deutschland 1999/2000, Selbständigmachen als Partner erfolgreicher Unternehmen, Bonn u.a. 1999.

VNR VERLAG FÜR DIE DEUTSCHE WIRTSCHAFT AG (2000), Franchise-Chancen für Deutschland 2000/2001: Selbständigmachen als Partner erfolgreicher Unternehmen Bonn u.a. 2000.

VOGEL, F. (1975), Probleme und Verfahren der numerischen Klassifikation, Göttingen 1975.

VOGEL, S. (2001), Projektcontrolling für innovative Angebotskonzepte: Das Beispiel Shop-Konzepte im Handel, Schriften zu Unternehmenskooperation und Netzwerkmanagement, Wiesbaden 2001.

WALTER, G. (1996), Beurteilung der Kundenattraktivität durch Kreditinstitute: Anforderungen an die Database und Umsetzungsmöglichkeiten für ein Gesamtkonzept, Arbeitspapier zur Schriftenreihe Schwerpunkt Marketing, Bd. 71, München 1996.

WEBER, B. (1991), Beurteilung von Akquisitionen auf der Grundlage des Shareholder Value, in: BfuP, 43. Jg. (1991), S. 221-232.

WESSELS, A.M. (1999a), Der Franchisevertrag, in: NEBEL, J. ET AL. (Hrsg.), Das Franchise-System: Handbuch für Franchisegeber und Franchisenehmer, Neuwied u.a. 1999, S. 159-188.

WESSELS, A.M. (1999b), Standort und Vertragsgebiet, in: NEBEL, J. ET AL. (Hrsg.), Das Franchise-System: Handbuch für Franchisegeber und Franchisenehmer, Neuwied u.a. 1999, S. 63-67.

WESTON, J.F./ COPELAND, T.E. (1992), Managerial Finance, 9. Aufl., Fort Worth u.a. 1992.

WIEDING, A. (2000), Leistungsrechnung: Ein prozessorientierter Ansatz, Wiesbaden 2000.

WOODRUFF, R.B. (1997), Customer Value: The Next Source for Competitive Advantage, in: Journal of the Academy of Marketing Science, Vol. 25, No. 2, S. 139-153.

WOODSIDE, A.G./ SONI, P.K. (1991), Customer Portfolio Analysis for Strategy Development in Direct Marketing, in: Journal of Direct Marketing, Vol. 5, Number 2, Spring 1991, S. 6-19.

ZANGENMEISTER, C. (1971), Nutzwertanalyse von Projektalternativen, in: Industrielle Organisation, 40. Jg. (1971), Nr. 4, S. 159-168.

ZENS, N.H./ REHNEN, A. (1994), Die Bewertung von Unternehmen und strategischen Geschäftseinheiten mit Hilfe des Shareholder-Value-Konzeptes, in: HÖFNER, K./ POHL, A. (Hrsg.), Wertsteigerungs-Management: Das Shareholder Value-Konzept; Methoden und erfolgreiche Beispiele, Frankfurt a.M. u.a. 1994, S. 85-115.

ZEZELJ, G. (2000), Das CVL-Management-Konzept, in: HOFMANN, M./ MERTIENS, M. (Hrsg.), Customer-Lifetime-Value-Management: Kundenwert schaffen und erhöhen; Konzepte, Strategien, Praxisbeispiele, Wiesbaden 2000, S. 9-29.

ZIPSER, A. (2000), Kundenorientierte Prozess-Steuerung mit Hilfe moderner Informationssysteme, in: HOFMANN, M./ MERTIENS, M. (Hrsg.), Customer-Lifetime-Value-Management: Kundenwert schaffen und erhöhen; Konzepte, Strategien, Praxisbeispiele, Wiesbaden 2000, S. 189-197.

Anhang I:

Fragenkatalog der explorativen Befragung in Franchisesystemen

Firma:	**Gesprächspartner:**
Position:	**Ort:**
Datum:	**Uhrzeit:**

A. Allgemeine Angaben zum befragten Franchisesystem

1. Bitte beschreiben Sie kurz Ihr Franchisesystem oder legen Sie eine Firmen-Broschüre bei (z.B. Entstehungsgeschichte, Konzept, jährliches Umsatzvolumen, Art und Anzahl der Franchisebetriebe und Filialen (BRD, weltweit), Anzahl der Mitarbeiter usw.).
2. Wie hoch ist der Anteil der Ware, der über den Franchisegeber zu beziehen ist?
3. Welche Anforderungen werden hinsichtlich Qualifikation, Finanzkraft etc. an die Franchisenehmer gestellt? Ergeben sich Probleme, geeignete Franchisenehmer zu akquirieren?
4. Auf welche Höhe beläuft sich die Investitionssumme (ohne Eintrittsgebühr) des Franchisenehmers?
5. Erhält der Franchisenehmer finanzielle Unterstützung durch den Franchisegeber in Form
   a) eines Kredits vom Franchisegeber selbst,
   b) einer individuellen Kreditvermittlung durch den Franchisegeber,
   c) eines Kredit-Rahmenvertrages des Franchisesystems mit einem Kreditinstitut oder
   d) sonstiger Unterstützung?

6. Welche Gebühren erhalten Sie von den Franchisenehmern?
   a) Eintrittsgebühr [_______ DM]
   b) laufende Gebühr [___ % vom Umsatz]
      (ggf. nach Warengruppen differenziert?)
   c) Werbegebühr [___ % vom Umsatz]
   d) Servicegebühren für
      __________________ [___ % vom Umsatz]
      __________________ [___ % vom Umsatz]
      __________________ [___ % vom Umsatz]
   e) sonstige:
   f) Sind die Gebühren verhandelbar (Erstvertrag, Vertragsverlängerung etc.)?
7. Welche Möglichkeiten bietet die aktuelle Gebührenpolitik, um die Franchisenehmer dahin gehend zu beeinflussen, dass sie das Absatzpotential Ihres Franchisesystems maximal ausschöpfen (umsatzbezogene Vereinbarungen, Gebührenstruktur (fix, variabel, gestaffelt), andere Steuerungsformen?
8. Welche Leistungen erhält der Franchisenehmer vom Franchisegeber?
9. Wie lang ist die Laufzeit des Franchise-Vertrages?
10. Wie hoch war die Fluktuationsrate (Fluktuation = Ausscheiden eines Franchisenehmers aus dem System) in den Jahren 1996, 1997, 1998, 1999?
11. Was waren die Gründe für das Ausscheiden der Franchisenehmer?
12. Welche Maßnahmen leiten Sie ein, um die Fluktuationsrate zu senken und woran messen Sie den Erfolg dieser Maßnahmen?

B. Customer Value Management in Franchisesystemen

1. Bewerten Sie Ihre Franchisenehmer?
2. Mit welchen Verfahren bewerten Sie derzeit Ihre Franchisenehmer?
   - Umsatzanalyse/ABC-Analyse (auf der Basis von Ist-Werten oder prognostizierter Werte) ☐
   - Deckungsbeitragsanalyse (auf der Basis von Ist-Werten oder prognostizierter Werte) ☐
   - Prozessbezogene Franchisenehmererfolgsrechnung ☐
   - Portfolio-Analyse ☐
   - Scoring-Modelle ☐
   - Kapitalwert/VOFI-Endwert des Franchisenehmers ☐
   - Sonstige ☐
3. Welche Anforderungen stellen Sie an ein Konzept zur Bewertung von Franchisenehmern?
4. Welche franchisenehmerbezogenen Ein- und Auszahlungen sind für Ihr Franchisesystem zu berücksichtigen, um den Wert eines Franchisenehmers (PV) zu ermitteln?
5. Welche Eigenschaften eines Franchisenehmers/Variablen haben wesentlichen Einfluss auf den Wert eines Franchisenehmers (PV)?
6. Welche Ursache-Wirkungszusammenhänge bestehen zwischen franchisenehmerbezogenen Ein- und Auszahlungen und den Eigenschaften eines Franchisenehmers?
7. Für welche franchisenehmerbezogenen Maßnahmen des Franchisegebers sollte untersucht werden, wie sie sich auf den Wert eines Franchisenehmers (PV) auswirken? D.h. welche Maßnahmen des Franchisegebers haben einen hohen Einfluss auf den Wert eines Franchisenehmers?
8. Das Konzept der Franchisenehmerbewertung mit VOFI wird kurz vorgestellt. Bitte nehmen Sie kritisch Stellung zu diesem Konzept!

Vielen Dank für Ihre Bemühungen!

Die folgende Liste gibt die Namen der Gesprächspartner an, die anhand des Fragenkataloges zum Thema Customer Value Management in Franchisesystemen befragt wurden.

Franchisesystem	Gesprächspartner	Datum	Ort
allkauf Franchise	Frau Peter, Herr Christian	06.06.2000	Castrop-Rauxel
Obi	Herr Wolff-Peterseim	17.07.2000	Wermelskirchen
Vom Fass	Herr Ritz	21.07.2000	Ravensburg
Com	Herr Hollweg	25.07.2000	München
Der Teeladen	Frau Gajewski	26.07.2000	Meckenheim
allkauf Franchise	Frau Peter	02.08.2000	Castrop-Rauxel

Anhang II:

Ergänzende Berechnungen

Tab. 1: Clusterzuordnung 1998

Fall	Cluster 1	Cluster 2	Cluster 3	Cluster 4	Clusterzugehörigkeit nach der Klassifikationsfunktion	Clusterzugehörigkeit nach der Custeranalyse
1	0,755330197	-5,911652658	-9,680862713	-5,0146021	1	1
2	-0,748864846	-5,602579165	-7,762116317	-3,747948305	1	1
3	-1,421475565	2,259282774	-13,92688953	-4,783567664	2	2
4	-2,970793819	-11,80806755	7,589913116	-5,111365415	3	3
5	-0,977877029	-2,343788591	-9,493516336	-4,862086897	1	1
6	-1,047860013	-4,051426926	-8,918989155	-3,673608862	1	1
7	-0,153677041	-5,216148478	-12,16156037	-2,084396566	1	1
8	-2,306509778	4,93339104	-9,14109942	-8,787774582	2	2
9	-1,173410719	-6,655698975	-6,580781865	-2,870161731	1	1
10	-0,303567516	-10,43159004	-3,443270109	-3,554235906	1	1
11	-2,952101738	-5,325631166	-5,309580253	-1,486727823	4	4
12	-0,974216929	-2,830581901	-9,740268083	-4,27555586	1	1
13	1,840263093	-7,974518813	-10,77350179	-4,559223532	1	1
14	-2,159203697	-6,763066636	-8,028333232	0,158380255	4	4
15	-1,305906907	-5,216097809	-10,67449216	-0,923334664	4	4
16	-3,237769404	-11,78522241	6,436352761	-3,791914095	3	3
17	-3,212621257	-12,00980166	-2,159210212	2,494469655	4	4
18	-0,659961888	-6,411297247	-9,612165016	-1,904500656	1	1
19	-1,317044935	-3,734740042	-9,923603414	-2,708203703	1	1
20	-2,63342951	1,913432384	-10,39691759	-4,671121427	2	2
21	-2,212201736	3,405796709	-11,3555409	-6,07816213	2	2
22	-3,119410354	-5,104335753	-2,317175755	-3,491430975	3*	1
23	-2,02567921	-8,337368979	-4,002963431	-1,626133059	4*	1
24	-2,269361728	-3,127423812	-4,745338345	-5,091192882	1	1
25	-4,323005451	-6,561912963	0,649270492	-2,039479303	3	3
26	-0,961928685	-4,464918266	-10,56870049	-2,306364864	1	1
27	-0,975404995	-2,6725691	-9,660172621	-4,465943464	1	1
28	-1,318802669	-3,500961384	-9,805102828	-2,98988062	1	1
29	-0,831260266	-5,65936353	-6,350784085	-4,548563117	1	1
30	-0,827747015	-6,126625889	-6,587635744	-3,985564674	1	1
31	-1,619367438	-4,861176429	-3,955999627	-5,423463032	1	1
32	-2,367634284	2,047575096	-9,163781315	-6,179725405	2	2
33	-2,947246294	-5,971405284	-5,636918135	-0,708642843	4	4
34	-2,079509396	-6,347033477	-9,257565042	0,526140788	4	4
35	0,042426973	-0,978028326	-15,11176004	-3,987398799	1	1
36	0,60623589	-8,112860322	-7,916406204	-4,100462257	1	1
37	-2,167726948	-5,629474261	-7,453724064	-1,207470709	4	4
38	-1,697724416	3,51340946	-14,45626132	-4,947685765	2	2
39	-4,693194162	-0,709035854	-4,590640155	-2,597815493	2	2
40	-4,062704175	3,271408167	-9,386545052	-3,799257053	2	2
41	-2,176867565	-4,41377217	-6,83749412	-2,672254619	1	1
42	-2,403110107	-1,52128114	-8,754630041	-3,345029548	2	2
43	-2,812892014	-7,658132776	-1,668474258	-2,357710558	3	3
44	-2,399108452	-2,053501279	-9,024408295	-2,703764304	2	2
45	2,868789181	-5,263513975	-10,22436374	-9,259481267	1	1
46	-2,59653187	2,173062755	-4,001764252	-9,534364421	2	2
47	-4,493899894	-5,863702459	3,883419543	-4,61881135	3	3
48	-1,653838693	-14,41199901	1,124603892	-0,800623629	3	3
49	-4,274757604	-7,811860022	6,279230763	-5,083851747	3	3
50	-3,142805244	-10,27995612	-2,722480734	1,279234443	4	4
51	-5,249846072	-9,34086483	4,111001061	-0,342383309	3	3
52	-2,944791385	-6,297908131	-5,802419892	-0,315243736	4	4
53	-1,09181594	-6,492429356	-7,938137549	-2,19784964	1	1
54	-1,740116644	-8,10404796	-1,941493452	-3,850575547	1	1
55	-5,334410879	-3,262824717	0,928425158	-3,115332498	3	3
56	-0,237883282	6,377234109	-15,5448128	-9,440970114	2	2
57	0,027048494	-4,781049396	-9,335817368	-4,824638569	1	1
58	-4,419346386	-1,643819524	-3,899395864	-2,81846971	2*	4
59	-2,477567744	-14,04105568	-2,960788429	3,38968871	4	4
60	-2,511302726	-6,43417886	-7,586647168	0,240051148	4	4
61	-4,898298049	-9,596468832	3,706461973	-0,512352885	3	3
62	-3,784203929	-9,689418996	-4,091306506	2,988950333	4	4
63	-3,015562989	-7,900660132	-5,174726643	0,746858095	4	4

Güte der Klassifikationsfunktion: 95,24%

Quelle: Eigene Berechnung.

Tab. 2: Clusterzuordnung 1999

Fall	Cluster 1	Cluster 2	Cluster 3	Cluster 4	Clusterzugehörigkeit nach der Klassifikationsfunktion
1	0,084679475	-2,903581691	-9,622969019	-6,340177444	1
2	1,213727739	-0,573856271	-18,98969541	-3,823771566	1
3	-2,099306891	5,085705996	-13,98352255	-5,85774212	2
4	-2,975794926	-11,68375264	7,81593085	-5,369760289	3
5	1,235394405	0,860143729	-18,82702874	-5,2111049	1
6	0,950269829	-3,948234493	-15,01350125	-3,264443066	1
7	-1,390189775	-3,867543847	-16,01866706	-6,371095235	1
8	-2,981243544	7,345078784	-9,407876327	-9,362258329	2
9	-2,503033675	-1,295035708	-7,009561763	-4,592877896	2
10	-2,287673367	-2,457057677	-4,209620936	-6,013264018	1
11	-0,48124533	-2,354679847	-17,07447261	-8,037539679	1
12	-1,645721931	-0,2792957	-9,925078751	-5,034503233	2
13	-0,145744228	0,261871756	-11,407386	-7,333700301	2
14	-3,495396178	-1,197667477	-8,308807603	-1,833122658	2
15	-1,980172311	-2,684239847	-10,81896041	-1,689121928	4
16	-3,254076833	-10,92684736	7,134738086	-4,995242688	3
17	-4,546677246	-6,453689404	-2,438501987	0,505959216	4
18	-2,641086452	0,217340982	-11,02193851	-2,755821449	2
19	-1,992969603	-0,982199991	-9,956209632	-3,739887995	2
20	-3,31481073	4,822669914	-10,36129994	-5,875345281	2
21	-2,891685017	6,066051066	-11,44623355	-6,982365931	2
22	-3,792586533	-2,341808644	-2,394581273	-4,504974788	2
23	-1,005827817	-4,813022937	0,435674635	-1,685549344	3
24	-2,943294513	-0,259445224	-4,76943514	-6,23176104	2
25	-4,997997161	-3,947241755	0,547190705	-2,905140926	3
26	-1,635364092	-1,656888301	-10,62336974	-3,374659517	1
27	-1,648729943	0,120769933	-9,72228859	-5,516537201	2
28	-2,647589349	1,082226178	-10,58353493	-3,797910566	2
29	-2,159175053	-0,141387805	-6,749952447	-6,43058835	2
30	-1,491212147	-3,980454305	-7,022178547	-4,234324327	1
31	-2,950319731	0,674908661	-4,295818415	-7,357552094	2
32	-1,058584473	-4,000833903	-8,747702659	-3,818655803	1
33	-3,626698701	-3,140377603	-5,579425693	-1,865172758	4
34	-2,752731353	-4,339832986	-9,617808014	0,362262518	4
35	-2,020526154	5,240124276	-15,29527713	-5,204990482	2
36	-0,056571876	-5,381664659	-8,099034002	-5,031983449	1
37	-0,699036574	1,429355286	7,983746383	-5,019544512	3
38	-2,383645581	6,648163371	-14,25638721	-6,453823949	2
39	-5,377608069	2,21146726	-4,498957025	-3,845899368	2
40					5
41					5
42	-3,081201726	1,233571339	-8,791625389	-4,371377824	2
43	-0,800036574	-1,928374657	-12,61461179	-6,626544512	1
44	-3,076920406	0,664155844	-9,08025768	-3,685296372	2
45	2,870252342	-5,205137897	-10,13276759	-9,377789173	1
46					5
47	-6,481125358	2,044295816	3,016776804	-6,943128194	3
48	-1,659119366	-14,24429918	1,372428143	-1,111250268	3
49	-5,602614347	-2,316769638	5,868914227	-6,938405846	3
50	-4,478857771	-4,841423395	-3,011284883	-0,597831241	4
51	-5,923349991	-6,545773688	4,050430774	-1,395238079	3
52	-3,62397755	-3,502290689	-5,762876625	-1,429108306	4
53	-0,44790424	-8,994994247	-7,281338285	-1,764622422	1
54	-1,090283423	-11,11586592	-1,537043218	-2,811929604	1
55	-5,356502606	-3,152862308	1,275021318	-3,414583726	3
56					5
57	-0,640652429	-2,066694814	-9,482496435	-5,757961862	1
58	-1,141942853	-14,87741805	-2,053716756	0,881508224	4
59	-1,838018518	-16,07304398	-2,009438567	3,217492314	4
60	-3,201115138	-2,223890484	-6,830059346	-2,578322965	2
61	-2,931908404	-17,52066005	4,857247831	1,663054848	3
62					5
63	-5,019656627	1,490770178	-5,18943862	-3,425235508	2
64	-2,367634284	2,047575096	-9,163781315	-6,179725405	3
65	-2,63342951	1,913432384	-10,39691759	-4,671121427	2
66	-2,212201736	3,405796709	-11,3555409	-6,07816213	2
67	-2,367634284	2,047575096	-9,163781315	-6,179725405	2

Quelle: Eigene Berechnung.

Tab. 3a: Clusterzuordnung 2000

Fall	Cluster 1	Cluster 2	Cluster 3	Cluster 4	Clusterzugehörigkeit nach der Klassifikationsfunktion
1	-1,854284938	5,351736865	-11,16216882	-8,574875883	2
2	-3,355865726	5,02377964	-9,57178697	-6,532573097	2
3					5
4	-3,15448363	-7,839404738	12,38904295	-11,57340869	3
5	0,217340982	-2,641086452	-11,02193851	-2,755821449	1
6	-2,912893173	3,627531062	-11,99472838	-4,459137624	2
7	-2,931144203	6,054917999	-10,7643048	-7,383865118	2
8					5
9	0,084679475	-2,903581691	-9,622969019	-6,340177444	1
10	-3,567811048	3,174305408	-5,405116501	-7,515770182	2
11	1,213727739	-0,573856271	-18,98969541	-3,823771566	1
12	-2,922811556	4,94667601	-11,32606405	-6,04855851	2
13	3,356005517	2,696727063	-22,78916763	-6,973882677	1
14	-4,289567085	2,192339174	-6,010992429	-4,848015478	2
15	-3,35249852	4,575941186	-9,798792803	-5,992978268	2
16	-3,597891148	-6,385305823	14,82130825	-13,7165473	3
17	3,577841282	-13,53656783	2,290387639	1,328001379	1
18	-3,343017486	3,31496374	-10,43797247	-4,47364266	2
19	-3,353656788	4,729990854	-9,720706223	-6,178590744	2
20					5
21					5
22	-5,166089812	3,731659876	-1,800335019	-7,484950132	2
23	-1,018306695	-1,257778347	-9,031035993	-4,694350248	1
24	-4,221672606	5,137892647	-6,083556267	-7,452293216	2
25	-6,546886215	2,844759307	4,461325541	-8,534457188	3
26	0,755330197	-5,911652658	-9,680862713	-5,0146021	1
27	-2,927959958	5,631413517	-10,97897593	-6,87358998	2
28	-3,35262225	4,592397294	-9,79045133	-6,012806022	2
29	-2,695931146	2,252480507	-9,302770087	-5,622848326	2
30	-0,748864846	-5,602579165	-7,762116317	-3,747948305	1
31	-4,2297413	6,211029033	-5,539591771	-8,74530153	2
32	1,700449181	-14,94700197	-9,693646685	0,915432883	1
33	-0,907955688	8,561042651	-15,97745494	9,710598861	4
34					5
35	-1,978788171	6,405287035	-15,58273517	-6,079011483	2
36	-0,321902667	-4,504066759	-15,94174936	0,331063646	4
37	-3,639628299	0,75048059	-5,068092461	-5,540116633	2
38					5
39	-5,691286258	4,088167005	1,661211536	-9,250396414	2
40					5
41					5
42					5
43	-5,691095234	4,062760824	1,648333341	-9,219784832	2
44	-3,453346362	6,013185041	-7,504623051	-8,669477011	2
45	-0,503033675	-1,295035708	-7,009561763	-4,592877896	1
46					5
47	-6,451815735	2,17590465	2,556646303	-6,783780769	3
48	-3,135187942	-7,848428262	3,871353675	-5,530439873	3
49	-5,672490482	-0,968974292	7,590901228	-9,189207994	3
50	-1,141942853	-14,87741805	-2,053716756	0,881508224	4
51	-6,822376529	-2,528750127	8,407331955	-6,216371295	3
52	-1,838018518	-16,07304398	-2,009438567	3,217492314	4
53	-0,286998957	-0,320443553	-5,823789915	-2,833497117	1
54	-3,116540047	-1,88293974	-1,190673303	-7,063343226	3
55	-6,975656583	2,352117182	5,926802928	-8,331992395	3
56					5
57	0,170116628	-1,928374657	-15,34855652	-4,299993789	1
58	-3,201115138	-2,223890484	-6,830059346	-2,078322965	4
59					5
60					5
61	-2,995270198	-17,03927195	6,140059732	0,456175713	3
62					5
63	-5,154759925	2,224784903	-2,564158235	-5,669335738	2

Quelle: Eigene Berechnung.

Tab. 3b: Clusterzuordnung 2000

Fall	Cluster 1	Cluster 2	Cluster 3	Cluster 4	Clusterzugehörigkeit nach der Klassifikationsfunktion
64	-1,197667477	-3,495396178	-8,308807603	-1,833122658	1
65	-1,992969603	-0,982199991	-9,956209632	-3,739887995	2
66	-3,31481073	4,822669914	-10,36129994	-5,875345281	2
67	-2,891685017	6,066051066	-11,44623355	-6,982365931	2
68	-1,080172311	-2,684239847	-10,81896041	-1,689121928	1
69	-3,792586533	-2,341808644	-2,394581273	-4,504974788	2
70	-2,931908404	-17,52066005	1,857247831	3,663054848	4
71	-4,482367374	-4,374646181	-2,77467914	-1,160245139	4
72	-1,840263093	-7,974518813	-10,77350179	1,559223532	4
73	-2,159203697	-6,763066636	-8,028333232	0,158380255	4
74	-3,212621257	-12,00980166	-2,159210212	2,494469655	4

Quelle: Eigene Berechnung.

Tab. 4a: Clusterzuordnungen von 1998-2000

Fall	Clusterzugehörigkeit 1998	Clusterzugehörigkeit 1999	Clusterzugehörigkeit 2000
1	1	1	2
2	1	1	2
3	2	2	5
4	3	3	3
5	1	1	1
6	1	1	2
7	1	1	2
8	2	2	5
9	1	2	1
10	1	1	2
11	4	1	1
12	1	2	2
13	1	2	1
14	4	2	2
15	4	4	2
16	3	3	3
17	4	4	1
18	1	2	2
19	1	2	2
20	2	2	5
21	2	2	5
22	1	2	2
23	1	3	1
24	1	2	2
25	3	3	3
26	1	1	1
27	1	2	2
28	1	2	2
29	1	2	2
30	1	1	1
31	1	2	2
32	2	1	1
33	4	4	5
34	4	4	4
35	1	2	2
36	1	1	4
37	4	3	2
38	2	2	5
39	2	2	2
40	2	5	5
41	1	5	5
42	2	2	5
43	3	1	2
44	2	2	2
45	1	1	1
46	2	5	5
47	3	3	3
48	3	3	3
49	3	3	3
50	4	4	4
51	3	3	3
52	4	4	4
53	1	1	1
54	1	1	3
55	3	3	3
56	2	5	5
57	1	1	1
58	4	4	4
59	4	4	5
60	4	2	5
61	3	3	3
62	4	5	5
63	4	2	2

Quelle: Eigene Berechnung.

Tab. 4b: Clusterzuordnungen von 1998-2000 der Neuzugänge

Fall	Clusterzugehörigkeit 1998	Clusterzugehörigkeit 1999	Clusterzugehörigkeit 2000
64		3	1
65		2	2
66		2	2
67		2	2
68			1
69			2
70			4
71			4
72			4
73			4
74			4

Quelle: Eigene Berechnung.

Mit freundlicher Unterstützung von:

F&C
Internationales Centrum für Franchising und Cooperation
In Zusammenarbeit mit der Universität Münster

OBI

DFV
DEUTSCHER FRANCHISE VERBAND E.V.

TUI REISECENTER

muehlhausmoers kommunikation

McDonald's

MOTOR LAND

Der Teeladen

Spinnrad

VNR Verlag für die Deutsche Wirtschaft AG

GPSR Compliance

The European Union's (EU) General Product Safety Regulation (GPSR) is a set of rules that requires consumer products to be safe and our obligations to ensure this.

If you have any concerns about our products, you can contact us on ProductSafety@springernature.com

In case Publisher is established outside the EU, the EU authorized representative is:

Springer Nature Customer Service Center GmbH
Europaplatz 3
69115 Heidelberg, Germany

Batch number: 10815964

Printed by Printforce, the Netherlands